annabac
HATIER 2001

corrigés

Français
1re STT, STI, STL, SMS

Sylvie Dauvin
professeur agrégée de lettres classiques
lycée International, Saint-Germain-en-Laye

Jacques Dauvin
professeur agrégé de lettres classiques
lycée La Bruyère, Versailles

Principe de couverture :
Lacombe-Pingaud

Réalisation :
François Lecardonnel

Maquette de principe :
Tout Pour Plaire

Mise en pages :
Alinéa

Coordination éditoriale :
Claire Dupuis et Josiane Attucci

Annabac sur Internet : www.editions-hatier.fr

© Hatier Paris août 2000   ISSN 1168-3775   ISBN 2-218-73326-9

Toute représentation, traduction, adaptation ou reproduction, même partielle, par tous procédés, en tous pays, faite sans autorisation préalable, est illicite et exposerait le contrevenant à des poursuites judiciaires. Réf. : loi du 11 mars 1957, alinéas 2 et 3 de l'article 41. Une représentation ou reproduction sans autorisation de l'éditeur ou du Centre Français d'Exploitation du droit de Copie (20, rue des Grands-Augustins, 75006 Paris) constituerait une contrefaçon sanctionnée par les articles 425 et suivants du Code pénal.

Avant-propos

Annabac Corrigés 2001 cible avec précision l'épreuve anticipée du baccalauréat 2001.

✪ Des corrigés entièrement rédigés

Annabac Corrigés séries technologiques propose **dix-huit** corrigés :
▶ les corrigés de sujets des sessions de juin 2000 et de septembre 1999, qui mettent en pratique la réforme annoncée par le *Bulletin officiel* ;
▶ six dissertations corrigées sur le roman naturaliste (au programme de l'année 2000-2001) : elles traitent les différents aspects du programme et permettent d'acquérir les connaissances indispensables.

✪ Un réel accompagnement pédagogique

▶ Chaque corrigé est accompagné d'un véritable **travail de préparation** détaillé, qui se divise en plusieurs sous-parties et vous évite des contresens. Les **conseils de méthode** proposent des démarches et des rappels des notions linguistiques, littéraires et historiques qu'il faut connaître. **Comprendre la consigne** analyse les termes des questions et fait le point sur les connaissances nécessaires pour bien répondre. **Ce que l'on vous demande** précise le type de travail qui est attendu (analyse, relevé, justification, plan ou non...), récapitule les différentes étapes à suivre pour la réponse. Cette rubrique apprend ainsi à effectuer ce travail indispensable, car c'est à partir de cette analyse que l'on peut dégager une problématique et choisir le plan qui convient (**Faire un plan**).
▶ **L'index des auteurs** facilite la recherche de documentation.
▶ **Le lexique** définit le vocabulaire littéraire et linguistique à acquérir pour réussir le bac. Les termes définis sont signalés par un astérisque lorsqu'ils sont utilisés dans les préparations des corrigés.
▶ **L'index des conseils de méthode** renvoie aux explications sur chaque type de travail.

Nouveauté :
▶ **En début de volume**, les *conseils de méthodes spécifiques* traitent des techniques à acquérir qui ne figurent pas dans les sujets corrigés mais sont utiles pour d'autres sujets du baccalauréat.

Sommaire

Index des sujets par académie et par type d'épreuve **6**
Tableau de correspondance entre *Annabac Corrigés*
et *Annabac Sujets* **7**
Instructions officielles **8**
Conseils de méthode **12**

PREMIER SUJET
ÉTUDE D'UN TEXTE ARGUMENTATIF

1 **Jouets et société** • Roland Barthes, *Mythologies*
(Polynésie, septembre 1999) **34**

2 **Notre siècle** • Christiane Collange, *Merci, mon siècle*
(Nouvelle-Calédonie, septembre 1999) **49**

3 **La justice** • Henri de Montherlant, *La Reine morte*
(Centres étrangers, septembre 1999) **67**

4 **Partir ou rester** • Bernardin de Saint-Pierre, *Paul et Virginie*
(France métropolitaine, septembre 1999) **82**

5 **Petit commerce contre grands magasins** • Émile Zola,
Au bonheur des dames (Guadeloupe-Guyane-
Martinique, septembre 1999) **94**

6 **Le dimanche** • J.-F. Duval, *Un port à l'aube de chaque lundi*
(France métropolitaine, juin 2000) **108**

DEUXIÈME SUJET
ÉTUDE LITTÉRAIRE

7 **Famille bourgeoise au XIXe siècle** • Guy de Maupassant,
Mon oncle Jules (Nouvelle-Calédonie, novembre 1999) **126**

8 **« Sommes-nous bien loin de Montmartre ? »** • Blaise Cendrars,
La Prose du Transsibérien (Polynésie, juin 2000) **139**

9 **Une apparition** • J.-M. G. Le Clézio, *Hasard*
suivi de *Angoli Mala*, (Pondichéry, juin 2000) **152**

10 **Voyage imaginaire** • Jean Giono, *Le Voyageur immobile*,
L'Eau vive (France métropolitaine, juin 2000) **162**

11 **La dent arrachée** • J.-K. Huysmans, *À rebours* (Maroc, juin 2000) **176**

12 **Plaisirs minuscules** • Philippe Delerm, *La Première Gorgée de bière et autres plaisirs minuscules*, (Guadeloupe-Guyane-Martinique, juin 2000) **189**

TROISIÈME SUJET
DISSERTATION SUR UN SUJET LITTÉRAIRE

Le naturalisme **202**

Sujets inédits

13 Le roman naturaliste : observation ou imagination ? **206**
14 La description dans le roman naturaliste **215**
15 La modernité du roman naturaliste **224**
16 Une nouvelle conception des personnages **233**

Sujets 2000

17 Une « œuvre de vérité » (France métropolitaine, juin 2000) ... **243**
18 Le sordide (Guadeloupe-Guyane-Martinique, juin 2000) **249**

Index des auteurs **261**
Index des conseils de méthode **264**
Index des notions expliquées **265**
Lexique **267**

Index des sujets

de septembre 1999 et juin 2000 par centre d'examen

Les chiffres renvoient aux numéros des sujets.

	Premier sujet	Deuxième sujet	Troisième sujet
Guadeloupe-Guyane-Martinique (septembre 1999 et juin 2000)	5	12	18
France métropolitaine (septembre 1999 et juin 2000)	4, 6	10	17
Centres étrangers (sept. 1999)	3		
Maroc (juin 2000)		11	
Nouvelle-Calédonie (nov. 1999)	2	7	
Polynésie (sept. 1999 et juin 2000)	1	8	
Pondichéry (juin 2000)		9	

Regroupements académiques

En 1999, l'Éducation nationale a mis en place quatre groupements académiques :

FRANCE MÉTROPOLITAINE ET DOM-TOM

CENTRES ÉTRANGERS GROUPE 1

Djibouti, Gabon, Guinée, Mali, Maroc, Sénégal, Tchad, Arabie saoudite, Émirats arabes unis, Italie, Turquie, Koweït, Qatar, Égypte, Éthiopie, Israël, Jordanie, Syrie, Bénin, Cameroun, Mauritanie, République centrafricaine, Togo, Burkina, Congo, Côte-d'Ivoire, Niger, Grèce, Tunisie, Espagne, Portugal, Afrique du Sud, île Maurice, Madagascar, Kenya.

CENTRES ÉTRANGERS GROUPE 2

Belgique, Grande-Bretagne, Pays-Bas, Luxembourg, Allemagne, Autriche, Danemark, Hongrie, Norvège, Pologne, Roumanie, Russie, Suède.

CENTRES ÉTRANGERS GROUPE 3

Brasilia, Colombie, Salvador, Haïti, Mexique, Canada, États-Unis d'Amérique, Australie, Chine (y compris Hong Kong), Indonésie, Japon, Singapour, Thaïlande, Argentine, Bolivie, Brésil (sauf Brasilia), Chili, Costa Rica, Pérou, Uruguay, Inde, Liban, Vanuatu.

Tableau de correspondance

entre Annabac Corrigés et Annabac Sujets

Annabac Corrigés	1	2	3	4	5	6	7	8	9
Annabac Sujets	11	21	10	3	6	24	34	37	53

Annabac Corrigés	10	11	12	13	14	15	16	17	18
Annabac Sujets	40	35	51	59	61	62	64	54	56

Instructions officielles

PREMIER SUJET
ÉTUDE D'UN TEXTE ARGUMENTATIF

○ **Bulletin officiel du 19 juillet 1994 (résumé)**
L'épreuve s'organise autour d'un texte argumentatif (éventuellement de deux textes), d'une longueur n'excédant pas 800 mots et avec toute la variété de choix que cette qualification autorise : passage d'un essai ou d'un ouvrage théorique, texte polémique ou pamphlet, article de presse, préface d'un ouvrage littéraire, poème à contenu argumentatif, etc.
On veille, dans le choix du ou des textes proposés, à la qualité de la langue et à la cohérence de la pensée.
Les coupures, que l'on s'efforce autant que possible d'éviter, sont signalées, conformément aux conventions typographiques en usage, par des points de suspension entre crochets droits [...].
L'épreuve comprend deux parties, notées chacune sur dix points.

○ **Première partie**
Trois ou quatre questions précises et progressives, liées à ce type de texte et guidant vers sa compréhension globale. Ces questions peuvent par exemple porter sur le système énonciatif (pronoms personnels, procédés de modélisation, modes de citation...), l'organisation lexicale, la structure logique et rhétorique, le maniement de l'implicite, les buts et les modalités de l'argumentation... Les réponses à ces questions doivent être entièrement rédigées.

○ **Seconde partie**
Un travail ou des travaux d'écriture visant, à partir de consignes précises, à évaluer la capacité du candidat à entrer dans le débat fixé par le ou les textes fournis, à en peser les choix argumentatifs, à discuter, réfuter, étayer, reformuler, résumer tout ou partie de l'argumentation ou des argumentations en présence.

○ **Bulletin officiel du 25 janvier 1996 (résumé)**
▶ **Les textes** peuvent être littéraires ou non, de genres et de siècles variés. Ils doivent clairement mettre en œuvre une ou des argumentations sous

des modalités diverses : vers ou prose, personnage de théâtre ou de roman, auteur ou narrateur employant ou non la première personne, etc. Le texte développe une thèse à propos d'une question qui mérite d'être examinée par les élèves de Première, dans des domaines littéraire, culturel, artistique, scientifique, technique ou en rapport avec la vie contemporaine. Cette thèse s'inscrit en réaction contre une ou plusieurs autres thèses auxquelles le texte se réfère plus ou moins explicitement ; elle appelle un débat et sa formulation vise à convaincre un destinataire, que celui-ci soit le lecteur ou un personnage désigné.
Les textes comprennent entre 700 et 800 mots. On peut faire comparer deux textes argumentatifs, qui traiteront naturellement la même question. On veillera à ne pas exclure les textes littéraires pour les séries technologiques.

▶ **Les questions**
– **Les questions d'observation** (10 points)
Elles sont liées aux caractéristiques du texte argumentatif. Elles guident l'élève vers sa compréhension globale. Elles permettent de vérifier si la thèse exposée ou les thèses en présence sont bien identifiées et si les arguments qui les appuient sont correctement saisis.
Un élève doit pouvoir y répondre en usant des termes courants et en se servant des outils qu'il a acquis pour mettre en œuvre une lecture méthodique. On considérera comme faisant partie de la langue courante des mots comme *débat, point de vue, thèse, argument, preuve, exemple, déduction, induction, ironie*, etc. Une approche de l'argumentation et de ses procédés peut être obtenue par des questions simples telles que : « Que veut démontrer l'auteur (ou le personnage) ?... Quels sont ses arguments pour justifier son point de vue ? Comment procède-t-il pour convaincre ou pour persuader son interlocuteur ? Dans quelle partie du texte expose-t-il la thèse qu'il rejette ?... Qui est désigné par tel ou tel pronom ?... Quelle valeur prend telle ou telle conjonction dans l'argumentation ?... »
– **Les travaux d'écriture** (10 points)
Ils évaluent la capacité du candidat à « entrer dans le débat ». Il doit montrer qu'il est, à son tour, capable de maîtriser l'argumentation en composant un texte de sa façon soit pour entrer directement dans le jeu argumentatif (étayer, reformuler, résumer tout ou partie de l'argumentation), soit pour argumenter lui-même sur le sujet et pour apprécier les thèses en présence (discuter, réfuter, nuancer).
On peut demander des travaux qui fassent appel à une certaine invention d'écriture. L'élève devra imaginer, par exemple, la réponse d'un person-

nage. L'emploi éventuel, dans le libellé, du verbe *imaginer* invite à une rédaction plus personnelle, mais n'autorise pas les élèves à négliger les caractéristiques du texte support, qu'elles concernent l'auteur, la nature de son argumentation, celle de ses interlocuteurs, réels ou fictifs, ou des personnages qui sont mis en présence. Lorsqu'un exercice de résumé est proposé, il n'impose pas de normes précises. La question devra préciser s'il faut ou non conserver la même situation d'énonciation.

DEUXIÈME SUJET
ÉTUDE LITTÉRAIRE

✪ **Bulletin officiel du 19 juillet 1994 (résumé)**
L'épreuve porte sur un texte *relevant des divers genres littéraires* (poésie, théâtre, récit, littérature d'idées…). La dimension du texte est d'une vingtaine de lignes ou de vers (sans exclure pourtant le sonnet ni, le cas échéant, un extrait d'une quarantaine de lignes d'une pièce de théâtre). Le texte ne doit porter aucune coupure. Il est accompagné de toutes les références et indications indispensables (titre de l'œuvre, date de sa publication, notes éventuelles et, si besoin est, indications sur le contexte précis dans lequel ce passage prend sens).

▶ **Les questions d'observation** (8 points)
Ces questions sont avant tout *de l'ordre du repérage et de l'examen méthodique*. Elles ont pour fin de guider l'investigation et d'ouvrir des perspectives sur le fonctionnement et l'interprétation du texte, qui seront pris en compte dans la seconde partie de l'épreuve.
Les réponses à ces questions doivent être *entièrement rédigées*.

▶ **Les questions d'analyse et d'interprétation** (12 points)
Cette partie de l'épreuve vise à susciter *une réflexion personnelle* sur le texte ou sur tel ou tel de ses aspects. Elle appelle la rédaction de *développements composés*.

✪ **Bulletin officiel du 25 janvier 1996 (résumé)**

▶ **Les questions d'observation sont de deux types :**
– Elles portent sur un élément lexical, syntaxique ou prosodique pour en préciser le sens ou le rôle.
– Elles demandent des relevés ou des classements.
On attend des réponses brèves mais étayées par des citations précises que les élèves devront apprendre à insérer dans leur réponses.

▶ **Les questions d'analyse et d'interprétation** permettent d'apprécier, d'un point de vue plus général, certaines caractéristiques du texte, en particulier sa tonalité, son style, sa valeur symbolique, la vision du monde qu'il propose. Elles appellent un commentaire plus personnel, mais qui doit toujours se fonder sur des références précises au texte.

TROISIÈME SUJET
DISSERTATION SUR UN SUJET LITTÉRAIRE

✪ **Bulletin officiel du 19 juillet 1994 (résumé)**
L'épreuve porte sur un programme national renouvelable chaque année. Elle consiste en une dissertation littéraire prenant appui sur une ou plusieurs des œuvres étudiées dans le cadre du programme. Le sujet porte sur une question que le candidat doit traiter grâce à la connaissance précise qu'il a des œuvres et, plus généralement, en faisant appel, à bon escient, à l'ensemble des connaissances qu'il a acquises.

✪ **Bulletin officiel du 25 janvier 1996 (résumé)**
Ce sujet ne doit pas être un sujet général, mais il doit proposer une problématique qui mobilise la réflexion et les connaissances de l'élève sur l'œuvre qu'il a étudiée.

Pour la session 2001, un roman naturaliste de Maupassant ou de Zola est au programme des classes technologiques.

Conseils de méthode

☐ Étude d'un texte argumentatif

LIRE LE(S) TEXTES

Une lecture de survol n'est pas suffisante. Consacrez au moins dix minutes à vous assurer d'une bonne compréhension du texte avant de répondre aux questions.
▶ **Organisation générale, typographie** : prenez connaissance du texte globalement.
▶ **Indications annexes** : date, auteur, ouvrage dont le texte est extrait, notes, etc.
Ces indications peuvent vous éviter de faire de graves contresens.
▶ **Vocabulaire** : vous n'avez pas droit au dictionnaire le jour de l'épreuve. Exercez-vous à émettre des hypothèses sur le sens des mots inconnus en prenant en compte le contexte.
▶ **Syntaxe** : le sens de certaines phrases complexes ou elliptiques n'apparaît qu'après analyse (quel est le verbe principal ? quel est son sujet ? etc.).
▶ **Type de texte** : les stratégies argumentatives sont illimitées ; l'auteur a fait des choix d'écriture.
À quel type et à quel genre de texte appartient l'extrait ?
▶ **Compréhension littérale** : vous devez être capable de déterminer quel est le thème du texte, de reformuler la ou les thèse(s) en présence et les principaux arguments, d'en faire un rapide résumé.

LES QUESTIONS ET LES TRAVAUX D'ÉCRITURE

▶ Prenez connaissance de toutes les questions. Normalement, elles sont progressives, répondez dans l'ordre.
▶ Chaque libellé doit être analysé précisément. Le(s) verbe(s) d'action qu'il contient est (sont) déterminant(s) : il y a de grandes différences entre « relever », « analyser », « montrer que », « commenter », etc. Demandez-vous ce qu'on attend de vous.

– S'il s'agit de « relever », devez-vous faire un relevé exhaustif ou partiel, devez-vous analyser votre relevé ?
– Attention aux questions implicites ; par exemple, on ne peut « analyser » sans, au préalable, « observer » le texte (relecture sélective), « repérer » (utilisez des surligneurs ou feutres de différentes couleurs), « relever » (organisez votre brouillon). Ensuite vient la phase d'**analyse** : vous devez classer, comparer, mettre en relation, pour **construire du sens**.

✪ Questions

Elles constituent une lecture méthodique du texte, dont vous n'auriez pas l'initiative, à l'inverse de la lecture méthodique de l'oral.
D'après le *Bulletin officiel*, les éléments de votre réponse doivent vous permettre d'approfondir votre lecture littérale, ils « aident à une lecture globale ».
Les questions portent sur l'observation de toutes les particularités du texte argumentatif, sur son fonctionnement : indices d'énonciation, d'organisation, lexicaux, enjeux de l'argumentation.
Pour y répondre, vous devez vous appuyer sur **des savoirs concernant le discours argumentatif**. Les sujets corrigés qui suivent rappellent pour chaque question les connaissances nécessaires à l'élaboration de la réponse.

✪ Travaux d'écriture

L'analyse du libellé de la question vous indique à quel niveau on vous incite à « entrer dans le débat ».
▶ **Rendre compte** : observer, reformuler, résumer.
Vous ne vous impliquez pas personnellement, vous paraphrasez le texte dans son contenu, vous en modifiez la forme.
▶ **Prendre en compte** : rechercher des arguments, étayer...
Vous ne vous impliquez pas personnellement car vous approfondissez les propos d'autrui, mais votre opinion peut apparaître. L'expression est personnelle.
▶ **S'engager** : peser les choix, discuter, réfuter.
Vous vous impliquez personnellement, vous défendez vos positions, vous les expliquez, vous les illustrez, vous les justifiez. L'expression est personnelle.

LA RÉDACTION

▶ Les réponses aux questions doivent être rédigées, c'est-à-dire que, concernant les réponses de la première partie, vous ne devez pas faire apparaître de listes ou de tableaux. Vous ne devez pas utiliser d'abréviations, l'expression doit être correcte.

▶ Le problème de l'**intégration des citations** du texte se pose, comme pour l'étude littéraire (conventions à connaître) : le texte doit être lisible par autrui (voir conseils de méthode pour l'étude littéraire, ci-après).

▶ Les réponses des **travaux d'écriture** doivent être construites. Les questions « prendre en compte » et « s'engager » demandent une recherche d'idées, d'exemples, une organisation interne signifiante. Faites un plan détaillé, rédigez introduction et conclusion. (Les indications en gras et entre crochets marquant la structure des réponses dans les corrigés ne doivent pas apparaître à la rédaction définitive.)

▶ **Gestion du temps limité : l'épreuve dure quatre heures.**
Divisez votre temps en fonction du nombre de questions et de leur difficulté prévisible. Si vous bloquez sur une question, avancez, vous y reviendrez après. Traitez toutes les questions.

▶ **Vous devez connaître votre propre rythme de travail** : observez-vous, voyez combien de temps vous consacrez au travail préparatoire à la rédaction, comment vous utilisez votre brouillon, comment vous passez du brouillon au propre (si vous rédigez tout, immédiatement au brouillon, vous perdez, en recopiant, le temps indispensable de planification qui assure la qualité de votre travail), combien de temps il vous faut pour rédiger une trentaine de lignes, combien de temps il vous faut pour tout relire et apporter les ultimes modifications.

CONSEILS DE MÉTHODE SUR DES NOTIONS SPÉCIFIQUES

✪ Étudier un exemple

▶ Déterminez :
– son *rôle* : il peut être illustratif (il confirme en la concrétisant une proposition) ou argumentatif (il a valeur d'argument) ;
– son *type* : emprunté à la réalité (historique, sociale, économique, scientifique ; il donne alors de l'authenticité ; il peut prendre la forme de statistiques) ou imaginé ; littéraire ou artistique ; narratif (fable, anecdote) ; proverbe, citation (valeur d'autorité) ;
– sa *place* : avant l'idée ou après ; précédé d'une idée et suivi d'une conclusion.

✪ Repérer une concession

*Concession***** : nuance qui indique une opposition, une restriction ; dans le raisonnement par concession, l'auteur admet des arguments qui s'opposent à sa thèse pour finalement nuancer ou maintenir son propre point de vue, voire pour mieux défendre ses arguments.

▶ Repérez les deux temps du raisonnement : le mouvement concessif* et le renversement argumentatif.

▶ Dans un premier temps, relevez les conjonctions de subordination *(bien que, quoique, quand bien même, même si...)*, les adverbes *(certes, bien entendu, sans doute, soit, bon...)*, les prépositions *(malgré, en dépit de)*, la subordonnée relative concessive* *(qui que..., quoi que..., quel que...)*, puis les procédés lexicaux comme le verbe *avoir beau*, les formules comme *il se peut, il est incontestable que, j'admets que, je sais que, sil est vrai que...*

▶ Dans un deuxième temps, relevez les conjonctions de coordination et les adverbes *(mais, cependant, toutefois, pourtant, néanmoins, en réalité, en fait, au fond, tout de même...)*, puis les tournures comme *il n'empêche, il n'en reste pas moins que...*

✪ Repérer une cause

▶ Repérez les mots de liaison ou les conjonctions de coordination et de subordination qui expriment une cause : *car, en effet, parce que, puisque, sous prétexte que, dans la mesure où...*

▶ S'il n'y en a pas (le rapport est implicite) :
– reformulez la thèse sous la forme d'une phrase simple ;
– continuez cette phrase avec la conjonction de subordination *parce que* ou l'expression : *cela est dû à/au fait que...*

▶ S'il y a plusieurs causes à repérer dans un texte ou à fournir de soi-même, recommencez en redisant à chaque fois la « phrase-thèse ».

▶ Attention ! Ne surlignez pas de paragraphes entiers : limitez au minimum le nombre de mots soulignés pour que la cause apparaisse clairement.

▶ Vérifiez que vous avez bien repéré une cause en commençant la phrase par : *[énoncé de la thèse]* + *parce que...* ou + *cela est dû à/au fait que...*

✪ Repérer une conséquence

▶ Repérez les mots de liaison ou les conjonctions de coordination et de subordination qui expriment une conséquence : *donc, c'est pourquoi, de là, d'où, de sorte que, si bien que, par conséquent...*

▶ S'il n'y en a pas (le rapport est implicite) :
– reformulez la thèse sous la forme d'une phrase simple ;
– continuez cette phrase avec la conjonction de subordination *si bien que* ou l'expression *il en résulte que...*

▶ S'il y a plusieurs conséquences à repérer dans un texte ou à fournir de soi-même, recommencez en redisant à chaque fois la « phrase-thèse ».

◉ **Repérer des indices, des justifications, des preuves**
▶ Reformulez la thèse sous la forme d'une phrase simple.
▶ Continuez cette phrase avec l'expression : *la preuve en est que… ;* ou *ce qui le montre, c'est que…*
▶ S'il y a plusieurs indices, justifications ou preuves à repérer dans un texte ou à fournir de soi-même, recommencez en redisant à chaque fois la « phrase-thèse ».

◉ **Étudier la structure argumentative et distinguer les étapes de l'argumentation**
▶ En travail préliminaire, explicitez d'abord – pour vous-même – la thèse* générale de l'auteur (en commençant votre phrase par l'expression : « *l'auteur veut montrer que…, veut nous convaincre que…* »).
▶ Repérez ensuite les « parties » du texte, en précisant s'il s'agit :
– de l'expression de la thèse ;
– d'arguments* à l'appui de cette thèse ;
– d'exemples* qui soutiennent les arguments.
▶ S'il y a des connecteurs* logiques qui articulent les phrases ou les paragraphes les uns avec les autres, repérez-les ; éclaircissez-en le sens en en donnant si possible un équivalent.
S'il n'y en a pas, s'ils sont implicites*, explicitez-les ; marquez le rapport qui unit les parties les unes aux autres.
▶ Récapitulez enfin :
– d'où l'auteur est parti,
– à quelle conclusion il arrive,
ce qui vous permettra de mesurer le chemin (argumentatif) parcouru. Revient-on au point de départ ? La thèse s'est-elle modifiée, précisée, compliquée ?
▶ Dans votre réponse rédigée, ayez le souci de vous appuyer sur des mots précis du texte, ceux qui sont essentiels et qui servent de « piliers » à chaque étape argumentative.

◉ **Comparer deux argumentations**
▶ Repérez avant tout et formulez brièvement le thème et les thèses* soutenues.
▶ Faites le plan des deux circuits argumentatifs*, sur deux colonnes, face à face.

Les ressemblances et les différences dans les types d'arguments et le parcours argumentatif apparaîtront alors clairement.
▶ Repérez et caractérisez la tonalité* de chaque argumentation et les procédés stylistiques mis en œuvre.
▶ Établissez des rapports entre les argumentations, c'est-à-dire repérez les thèmes communs et les positions prises sur ces thèmes communs :
– identique : c'est la convergence de vue, l'approbation, l'accord ;
– identique, mais avec des réserves : c'est la concession*, suivie de la discussion* ;
– opposée : c'est la divergence de vue, la réfutation*.
▶ Dans la réponse rédigée, ne traitez pas chaque texte séparément l'un après l'autre, mais procédez par confrontation permanente en groupant les remarques par rubriques ; par exemple : ressemblances, différences ; ou, selon les textes : comparaison : 1. des thèses ; 2. des situations d'énonciation ; 3. des arguments ; 4. des exemples ; 5. des procédés stylistiques...
Opérez un va-et-vient entre les deux textes.

✪ Repérer, expliciter et commenter les connecteurs* logiques

Un travail sur les *étapes* d'une argumentation et la façon dont elles sont *marquées* vous conduit nécessairement à étudier les connecteurs logiques entre les divers arguments. Vous devez donc en premier lieu repérer ces connecteurs logiques qui vous indiquent les étapes de l'argumentation.

Rapports logiques les plus courants :
Addition : ajoute un argument au précédent *(et, en outre, de plus, par ailleurs, d'une part, d'autre part...).*
Gradation * *:* ajoute un argument mais en soulignant une progression *(d'abord, ensuite, puis, enfin ; et même, bien plus...).*
Comparaison * *:* rapproche deux exemples ou deux faits *(de même, comme, ainsi que, tel).*
Opposition : oppose deux arguments ou deux faits qui se mettent en valeur par contraste *(mais, au contraire, alors que, tandis que, en revanche...).*
Concession * *:* admet une objection, un fait ou un argument qui soutient la thèse adverse *(certes, malgré, sans doute, bien que, quoique, s'il est vrai que...).*
Cause : donne la raison, l'explication d'un fait *(car, en effet, parce que, puisque, en raison de, dans la mesure où...).*
Conséquence : exprime le résultat, la suite logique d'un argument ou d'un fait *(donc, c'est pourquoi, si bien que, de sorte que, par conséquent).*

Synthèse*/conclusion : permet de faire le point, de tirer une conclusion de l'argumentation *(donc, en somme, bref, en résumé).*

Attention ! Le rôle de connecteur* logique peut être pris en charge par des mots (par exemple, *en apparence*) ou par la ponctuation (les deux points, par exemple).

✪ Repérer et commenter les termes modalisateurs*

Ils expriment le degré de certitude, de vérité ou de fausseté accordé à l'énoncé.

▶ Il peut s'agir :
– d'adverbes ou de locutions adverbiales : *à coup sûr, certainement, sans aucun doute, peut-être, vraisemblablement...* ;
– de verbes ou d'expressions : *être sûr, être certain, croire, s'imaginer, penser...* ;
– d'expressions comme *c'était comme, avoir un air de, paraître, sembler...*

▶ Ils peuvent servir à exprimer une perception, une opinion ou un degré de probabilité ou encore à rendre crédibles des éléments fantastiques et ainsi à faire croire à l'incroyable.

▶ Ils peuvent équivaloir à une comparaison* ou à une métaphore*, en créant l'analogie*.

✪ Repérer les procédés de la distanciation, de l'implicite*, de l'ironie*...

Distanciation : recul (par rapport aux arguments ou à une description) des personnages qui marque un certain esprit critique, un jugement.
Plusieurs expressions ou procédés peuvent créer cette impression de distanciation :
– les dénominations qui servent à désigner les personnages ;
– la caricature et ses différentes formes ;
– la façon de rapporter les propos d'autrui et leur teneur : par exemple, en les rendant ridicules, en en faisant ressortir la naïveté, les paradoxes*, l'absurdité ;
– l'antiphrase qui crée l'ironie*.

Implicite* : est implicite ce que l'auteur ou le narrateur sous-entend, fait comprendre sans le dire directement. Il peut prendre la forme de l'ironie*.

Ironie* : c'est une façon de se moquer qui consiste à dire le contraire de ce que l'on pense et de ce que l'on veut faire entendre ; elle a souvent recours à l'implicite* à travers l'exagération, la caricature, l'antiphrase...

Antiphrase : procédé de style qui consiste à exprimer une idée par son contraire ; elle donne un ton ironique aux propos.

✪ Rédiger un travail d'écriture qui consiste à étayer une thèse

Étayer (une thèse) : soutenir, enrichir, développer, en la justifiant, ou encore défendre la thèse donnée, à l'aide d'arguments qui viennent s'ajouter à ceux déjà fournis par l'auteur.

▶ Explicitez* la thèse à étayer en la reformulant de manière à montrer la validité du point de vue qu'elle défend.

▶ Développez les arguments et les exemples apportés par l'auteur lorsqu'ils sont donnés de manière allusive.

▶ Développez de nouveaux arguments favorables : arguments logiques ou arguments d'autorité (sous forme de citations d'auteurs connus, par exemple).

▶ Prévenez les objections* qui pourraient être formulées contre la thèse que vous défendez en utilisant par exemple un contre-argument.

▶ Donnez des exemples nouveaux pris dans l'histoire ou l'actualité, dans les domaines les plus variés (société, politique, économie, sciences, arts, littérature).

✪ Rédiger un travail d'écriture qui consiste à réfuter une thèse

Réfuter (une thèse) : donner des arguments* pour montrer que la thèse (considérée comme fausse par l'énonciateur*) est erronée et pour la rejeter en en montrant les failles.

▶ Dans un premier temps, reformulez en une ou deux phrases ce que soutient la thèse proposée.

▶ Dans un deuxième temps, formulez en une ou deux phrases l'opinion qui va être soutenue, inverse de la première.

▶ Une fois ces deux thèses contradictoires brièvement formulées, fournissez des arguments contre la première thèse. Pour cela, on peut partir des concessions que l'auteur a pu faire dans le texte de base et les exploiter à fond.

▶ Enfin, soutenez chaque argument par un ou deux exemples.

✪ Rédiger un travail d'écriture dont le sujet exploite une phrase du texte d'appui

▶ Pour l'introduction, utilisez les éléments du texte d'appui pour étoffer la mention du thème à traiter.

▶ Utilisez les conclusions auxquelles vous ont amené les questions qui précèdent.

☐ Étude littéraire

LIRE LE TEXTE

▶ Contrairement au texte du premier sujet qui peut être un texte littéraire ou non, mais toujours argumentatif, le texte du second sujet est choisi en raison de sa valeur littéraire.
▶ L'étude littéraire évaluera la qualité de votre lecture personnelle qui se construit à partir des indices prélevés. Lisez attentivement toutes les notes annexes. Date, auteur, notes de vocabulaire, situation vous empêcheront de faire des contresens.
▶ Vous savez déjà que le sens d'un texte n'est pas produit uniquement par le sens des mots qui le composent. D'autres dimensions doivent impérativement être prises en compte, il faut interroger le texte :
– Quelle est la nature du texte ? son genre, son (ses) type(s), les caractéristiques de son écriture (réaliste, fantastique…) ? Que savez-vous déjà sur l'époque, l'auteur ?
– Quelle est la fonction de ce texte ? convaincre, faire rire, faire pleurer, distraire, dénoncer, faire savoir ? A-t-il plusieurs fonctions ? Laquelle prédomine ?
– Comment progresse le texte ? Quelle est sa composition ? Qui parle ? Qui raconte ? Qui voit ? Quel est le mode d'énonciation (récit, discours) ?
– Un texte littéraire est presque toujours polysémique*, il a plusieurs sens : y a-t-il de l'implicite ? des termes polysémiques (métaphores) ? de l'ironie ?
▶ Au cours de l'étude, vous verrez que votre compréhension initiale va évoluer. Toute observation, toute analyse du texte doit mener à une construction de sens*, une interprétation qui dépasse la compréhension littérale. Inversement, toute interprétation doit être fondée et justifiée par une observation précise de l'extrait.

LES QUESTIONS

▶ Les questions d'observation sont liées aux questions d'analyse : traitez-les dans l'ordre, il y a une logique que vous ne percevez peut-être pas tout de suite, mais qui doit vous aider dans votre commentaire.
▶ Comme pour l'étude d'un texte argumentatif, la compréhension de la consigne est fondamentale : une bonne réponse hors sujet ne vaut presque rien !
▶ Les verbes d'action de la consigne ont un sens précis : « observer, relever » sont les premières étapes de « analyser », qui précède « com-

menter, interpréter », mais tout est lié (reportez-vous aux conseils de méthode du sujet 1).

✪ Questions d'observation

▶ Ce sont des questions de « repérage et d'examen méthodique » dont les éléments de réponse peuvent être repris dans les questions d'analyse. Sans vous répéter littéralement, vous devez vous appuyer sur le résultat de ces recherches pour la suite : soit en faisant référence à une réponse (ex. : « Comme nous l'avons vu dans la question... »), soit en reprenant des éléments de réponse mais en les reformulant, ou en les résumant. Repérez dans les corrigés ces types de reprises.

▶ Partez du principe essentiel qu'il ne faut pas séparer la forme et le fond. Vous devez construire du sens à partir des repérages.

✪ Questions d'analyse et d'interprétation

▶ Les réponses doivent être entièrement rédigées, vous ne pouvez donc présenter de liste, de tableau. Les citations sont intégrées grammaticalement dans les phrases, il n'y a pas d'abréviations, la langue du vocabulaire littéraire doit être utilisée avec précision.

▶ Ce sont des questions « d'analyse, d'interprétation ou de commentaire ». Si elles imposent davantage que les autres la construction de sens ou invitent à « susciter une réflexion personnelle », elles ne peuvent faire l'économie de l'observation, du repérage, de la prise d'indices qui assureront la pertinence de votre lecture.

▶ Ces réponses doivent être construites, vous devez faire un plan, qui peut comprendre deux à quatre parties. Chacune de ces parties contient un ou plusieurs paragraphes, établissant un mouvement constant entre l'observation du texte et son interprétation.

LA RÉDACTION

La langue (lexique, syntaxe, orthographe) doit être correcte.

✪ Les citations

Le recours au texte doit être constant ; or, l'intégration des citations est un problème d'écriture délicat.

Pensez avant tout à votre lecteur. Votre texte doit être lisible, compréhensible. Votre lecteur va devoir faire un constant va-et-vient entre le texte initial et votre étude. Donnez-lui les informations nécessaires. Mettez toujours entre guillemets les extraits choisis.

▶ Vous avez plusieurs possibilités pour faire référence à une section de texte :
- **citation intégrale** : une phrase (ou partie d'une phrase) entre guillemets respectant intégralement le texte ;
- **citation tronquée** : des fragments de phrase nécessaires à votre observation, reliés par des points de suspension. Attention à ne pas déformer le sens du texte (ex. : « un homme... qui court droit au but ») ;
- **éléments épars** : un relevé des mots qui forment un champ* lexical. Donnez-en une liste en mettant les mots entre guillemets et en les séparant par une virgule (« funèbre », « mort ») ;
- **résumé** : toujours extrêmement court, pour éviter une citation trop longue. Attention à la paraphrase, un des dangers du commentaire ;
- **référence** à une ligne, à un paragraphe, à une strophe, à un personnage, etc. (ex. : « Comme nous le voyons ligne 3... »).
▶ D'autre part, vos citations doivent être grammaticalement intégrées dans votre texte. Si, pour la concordance des temps, vous devez faire des modifications de temps des verbes, celles-ci doivent être mises entre crochets ou parenthèses (« march[e] » pour « marchait »).
▶ La citation doit être pertinente, elle doit s'imposer dans votre démonstration.

✪ Présentation du devoir

▶ Présentez les questions dans l'ordre, numérotez-les, recopiez le libellé s'il n'est pas trop long.
▶ Aérez votre devoir : passez des lignes entre les réponses.
▶ Dans les réponses, faites des paragraphes avec des alinéas qui correspondent à des unités de sens ; séparez introduction, développement et conclusion par des lignes blanches, soignez l'écriture.
Les indications en gras et entre crochets marquant la structure des réponses dans les corrigés ne doivent pas apparaître à la rédaction définitive.

LA GESTION DU TEMPS LE JOUR DE L'ÉPREUVE

▶ L'épreuve dure quatre heures et peut compter entre quatre et six questions, d'inégale difficulté bien sûr. Après avoir lu le texte et les questions attentivement, partagez vos quatre heures, pas forcément également (les questions de deuxième partie sont notées sur douze points !), tenez-vous impérativement à ce découpage, en sachant que pour chaque question, vous devez consacrer globalement un quart à un tiers du temps à la préparation sur brouillon et le reste à la rédaction directement au propre et à la relecture. Minutez-vous.

▶ Si vous êtes en panne sur une question, passez à la suivante. Répondez à toutes les questions, même partiellement en cas de grosse difficulté (mais n'écrivez pas n'importe quoi !).
▶ Vous devez vous entraîner en temps limité avant l'examen. Observez votre rythme de travail. N'oubliez pas que les méthodes d'approche des textes littéraires ne s'inventent pas, mais s'acquièrent par la pratique.

CONSEILS DE MÉTHODE SUR DES NOTIONS SPÉCIFIQUES

✪ Lire les questions

Avant de commencer à répondre à quelque question que ce soit – même la plus facile –, lire toutes les questions au moins deux fois, pour repérer les « échos » entre elles et être mieux guidé par leur cohérence.

✪ Traiter une question qui met en jeu toutes les réponses qui la précèdent

Ce type de sujet amène, par la nature même des questions posées, à des redites : les questions d'analyse et d'interprétation font appel à tout ce qui a déjà été étudié dans les réponses précédentes. Comment éviter de se répéter et, éventuellement, de retranscrire des phrases telles quelles ?
▶ Privilégier dans les questions d'observation :
– les relevés et classements dont on donne les critères ;
– l'interprétation détaillée des procédés précis à étudier.
▶ Travailler plutôt dans les questions d'analyse et d'interprétation :
– la structure (le plan) de la réponse ;
– les remarques de synthèse que viennent appuyer seulement quelques exemples bien choisis à titre de « preuves » ;
– pour cela, extraire des réponses d'observation l'essentiel, le plus significatif ;
– ne pas chercher à être ici exhaustif, mais privilégier la progression dans la démonstration, plutôt que l'analyse détaillée ;
– construire un « sens », une progression à la réponse.

✪ Relever et commenter un champ lexical

Champ lexical* ou lexique* de... : notion de base, à différencier du **champ sémantique*** ; le premier (champ lexical) est un ensemble de mots qui se réfèrent au même domaine (nature, lumière...) ; le second (champ sémantique) est l'ensemble des significations d'un même mot (*rouge* : « le *rouge* de la honte », « boire un verre de *rouge* », « il voit *rouge* »...) ; à distinguer aussi de la **famille de mots** : c'est l'ensemble

des mots issus de la même racine étymologique (« aquarelle », « aquatique », « aqueduc »... font partie de la famille de mots dérivés de *aqua*, « eau » en latin).
▶ Ne faites pas de liste en vrac ; groupez les mots par affinité – c'est-à-dire par ressemblance. Et indiquez ce qui a justifié votre classement.
▶ Indiquez l'effet produit par le champ lexical relevé (création d'une tonalité, éclairage sur un personnage...).

✪ Repérer l'effet produit par un procédé de style
▶ Ne signalez jamais un procédé stylistique sans le mettre en relation avec son importance dans le texte : quelle impression crée-t-il ? quel effet ? à quoi sert-il ? que traduit-il ? *(exaltation, lyrisme, harmonie, équilibre, rigidité, monotonie, traduction d'un sentiment ou d'un état...)* ?
▶ Pour chaque sorte de procédé de style repéré, jugez son efficacité. Pour mieux trouver, demandez-vous : *Quel effet cela produit-il sur l'auditeur ?*
▶ Aux passages qui paraissent particulièrement travaillés ou un peu différents d'une expression ordinaire, reformulez la même idée avec des mots différents, avec ceux « de tous les jours ».
▶ Comparez les deux formulations : elles produisent un effet différent ; la différence entre les deux permet de mesurer l'efficacité du procédé de style.
Exemple : *Ne va-t-on pas la déchirer à belles dents ? = On va la critiquer sans pitié :*
– procédés : métaphore + question rhétorique ;
– effet : violence de l'image effrayante + accusation plus forte qui met en valeur la cruauté (comparable à celle de chiens) ; force de persuasion de la question, par la prise à parti qu'elle suppose.
▶ Dans la réponse, liez dans une même phrase la qualification de la construction et le commentaire, en citant, à l'intérieur de la réponse, les mots essentiels qui soutiennent le procédé ou la construction repérés.
▶ Préférez autant que possible au schéma : procédé stylistique → impression créée, la construction : impression ou idée mise en valeur ← procédé(s) stylistique(s), qui permet :
– d'éviter le catalogue, un peu stérile, de procédés ;
– d'éviter l'éparpillement des remarques ;
– de structurer la réponse par thème ou idée à laquelle on peut associer plusieurs procédés de style qui concourent au même effet ;
– exemple : *L'impression de violence est créée par la juxtaposition des phrases, mais aussi par leur rythme heurté, ou encore par les phrases nominales...*

▶ Évitez la répétition des mêmes verbes pour lier idée et le procédé de style. En voici un certain nombre pour ne pas se répéter :
– [cette idée] *est soulignée par, est rendue par, est mise en valeur par, est marquée par, est mise en évidence par, est traduite par, s'appuie sur* ;
– [par ce procédé, l'auteur ou ce procédé] *traduit, souligne, met en évidence, rend compte de, révèle, crée l'impression de / que, suggère, transmet, a pour effet de* ;
– [ce procédé] *sert à, concourt à l'effet de...*

✪ Étudier une construction syntaxique

▶ Repérez et nommez avec le terme juste les éléments de construction *(parallélisme, symétrie, chiasme*, anaphore*, construction binaire*, ternaire* ou accumulative*, alternative, rupture de construction* – appelée *anacoluthe*, phrases nominale* ou elliptique*, construction exclamative, interrogative, impérative...)*
▶ Ne vous bornez pas à la construction d'ensemble, mais fouillez la construction interne des membres de phrases remarquables.
▶ Ne repérez jamais ni ne qualifiez sans commenter, c'est-à-dire définissez l'impression créée, l'effet produit par cette construction : *exaltation, lyrisme, harmonie, équilibre, rigidité, monotonie, traduction d'un sentiment (trouble, joie,...) ou d'un état...*
▶ Dans la réponse, liez dans une même phrase la qualification de la construction et le commentaire, en citant, à l'intérieur de la réponse, les mots essentiels qui soutiennent la construction repérée.

✪ Repérer et commenter les types de phrase

Les types de phrases : on distingue les phrases déclaratives, exclamatives, impératives et interrogatives ; à l'intérieur de chacune de ces catégories, les phrases peuvent être affirmatives ou interrogatives.

✪ Commenter des interrogations

▶ Il existe divers types d'interrogations :
– une question peut soit être une réelle demande d'information et attendre une réponse inconnue de celui qui la formule ;
exemple : *Qui a frappé ?*
– une question peut en fait ne pas être une demande d'information. C'est alors une question rhétorique ou oratoire.
▶ **Question rhétorique* ou oratoire :** fausse question qui n'attend pas de réponse et qui équivaut à une phrase déclarative, car elle contient impli-

citement* la réponse ; elle permet de solliciter davantage l'attention et d'emporter – par force – l'adhésion de l'auditeur.
Exemple : *Ne trouvez-vous pas que ce spectacle est superbe ?*

✪ Repérer et commenter des notations temporelles

▶ Si vous devez repérer les expressions du temps, pensez à tous les moyens grammaticaux : il peut s'agir d'adverbes et de groupes nominaux compléments circonstanciels, mais aussi du temps des verbes.

▶ Citez-les en les caractérisant (grammaticalement, par exemple ou du point de vue de leur sens) et dites exactement à quelle époque ces notions renvoient ; en effet, un *aujourd'hui* ou un *de nos jours* peut faire allusion à tout un siècle (le nôtre, le xxe) ou à une période beaucoup moins large (la date d'écriture d'un texte, celle de l'énonciation), selon les expressions auxquelles ils sont opposés.

✪ Étudier la valeur des voix*

Il existe trois voix verbales : l'actif, le passif, la voix pronominale.

▶ **L'actif** met l'accent sur la personne ou la chose qui fait l'action (c'est le sujet) ;
exemple : *Les blés montent.*

▶ **Le passif** met l'action sur le personne ou la chose qui subit l'action (c'est le sujet) ;
exemple : *Que l'amour soit donné.*

▶ **La voix pronominale** : exprime une action qui revient sur le sujet (réfléchie) ou qui est réciproque ;
exemple : *Il se regarde ; ils se sourient.*

✪ Étudier la valeur des modes*

Le mode d'un verbe indique comment est présenté ou envisagé le fait exprimé par le verbe : réel, possible, souhaitable, regretté, nécessaire,...

▶ **L'indicatif** est le mode de la réalité, de la détermination dans le temps ;
exemple : *Ils ont froid.*

▶ **Le subjonctif** marque une interprétation des faits : le fait est présenté comme souhaité, possible, douteux,... Le subjonctif remplace l'impératif aux personnes qui n'existent pas à l'impératif (1re et 3e du singulier, 3e du pluriel). Dans les subordonnées, il s'emploie auprès des verbes de sentiments (*J'ai peur que, je crains, je me réjouis que...*) ou de volonté.

▶ **L'impératif** exprime un commandement, un ordre, un conseil, une prière, un désir...

✪ Repérer et commenter des temps verbaux

Dans un système au passé, les temps récurrents sont le passé simple, le passé composé et l'imparfait.

▶ **L'imparfait et ses diverses utilisations** : il peut prendre plusieurs valeurs :
– il peut exprimer une action de durée non définie, un état en cours dans le passé, par opposition au passé simple ;
– il peut être le temps de la description : il sert à évoquer les circonstances d'un récit, à mettre en place la « toile de fond » (l'arrière-plan) sur laquelle viennent se dérouler les événements ou les péripéties du récit ; c'est donc le temps de la description ;
– il peut donner une impression de fixité, d'immobilisme ou de progression très lente ;
– il peut exprimer la répétition dans le passé ; on l'appelle alors imparfait itératif ;
– il peut se trouver dans un style indirect libre et rapporter les pensées intérieures d'un personnage (soyez alors attentif au contexte : *il n'avait pas envie de lutter* : sous-entendre *il pensa(it) que...*).

▶ **Le passé simple** situe une action dans le passé bien défini, limitée dans le temps, rapportée dans sa brièveté et sa soudaineté.

▶ Pour l'analyse des verbes, il est parfois utile d'étudier la voix (active, passive, pronominale) à laquelle ils sont employés :
– l'actif peut permettre de personnifier un objet ;
– le passif souligne l'état, l'inertie ;
– la voix pronominale *(se cabrer, se délivrer)* souligne que le sujet est l'auteur, mais aussi l'objet de l'action (idée d'action interne, réfléchie qui revient sur le sujet, lui-même « champ d'action ») ; la voix pronominale peut ainsi isoler le sujet par rapport à ce qui se passe autour de lui.

▶ Identifiez les temps des verbes et, éventuellement, leur voix.

▶ Classez-les. Remarquez la fréquence de chacun d'eux, les changements de temps.

▶ Appréciez la valeur de chacun de ces temps :
– à quel « personnage » se rapportent :
les verbes à l'imparfait : ont-ils la même valeur selon leur sujet ?
les verbes au passé simple ?
– quel effet, quelle impression produit ce changement ?

✪ Commenter le rythme d'une phrase

▶ Le rythme est créé, dans la prose, par :
– la longueur des phrases (brèves, longues) ;

– les pauses que constitue la ponctuation, notamment les virgules et, par conséquent,
– la longueur des membres de phrases ou groupes syntaxiques qu'elle crée ;
– la juxtaposition* ou la liaison des phrases : la juxtaposition rend le rythme plus heurté, la liaison l'assouplit et le rend plus harmonieux ;
– les systèmes binaires* ou ternaires*.
Cela permet d'étudier :
– la progression et l'alternance dans la longueur : amplification, progression croissante, décroissante, répétition, chute* ;
– les effets de balancements, de déséquilibre.
▶ Mettez toujours en relation les remarques sur le rythme avec l'effet qu'il produit sur le lecteur ou l'éclairage qu'il apporte sur une situation ou un personnage.

⊙ Commenter les procédés introducteurs des éléments descriptifs

Il s'agit des moyens utilisés pour présenter un élément de la description.
▶ Celui-ci peut être présenté de façon neutre, objective. On trouve alors des expressions introductrices comme : *il y a, on/il peut voir, on/il distingue, on/il perçoit...*
▶ Il peut aussi être présenté ou vu à travers le regard de quelqu'un (l'auteur ou un personnage) de façon subjective et le plus souvent déformante (la réalité est déformée par l'émotion du personnage ou par une intention de l'auteur). On trouve alors des expressions comme : *on/il croit voir, c'est quelque chose comme, il y a dû..., cela semble..., cela ressemble à...*

⊙ Expliquer un mot ou une expression : le sens propre et le sens figuré

▶ La plupart des mots possèdent un sens propre, ou *dénoté** – et un sens figuré – ou *connoté** :
– le premier (sens dénoté) correspond à la définition première du dictionnaire. Exemple : *Masquer = mettre un masque sur le visage de quelqu'un* ;
– le second (sens connoté) est un sens particulier que le mot prend en fonction du contexte. Exemple : *Il a masqué la vérité = il a caché, dissimulé la vérité.*
Un mot peut ainsi avoir de nombreuses connotations (le blanc = la couleur, mais aussi la pâleur, le linge blanc, la personne de race blanche, le vin blanc...)
▶ Pour rendre compte du sens d'un mot, il faut indiquer son sens dénoté et ses sens connotés (il faut alors le mettre en relation avec son contexte).

☐ Dissertation sur un sujet littéraire

ANALYSER LE SUJET

▶ Le sujet peut contenir une citation d'un critique, d'un auteur, portant une appréciation sur le roman naturaliste ou une question plus ou moins explicite (la consigne).
Attention aux ambiguïtés, aux termes polysémiques. Vous devez faire une analyse des mots-clés et tenter de reformuler le sujet. Demandez-vous quels en sont les présupposés ou informations implicites.
▶ On peut vous demander d'approfondir une thèse, sans prendre position (« expliquez », « illustrez », « développez… ») et ou de réfuter cette thèse (« discutez », « que pensez-vous de »…).

ÉNONCER UNE PROBLÉMATIQUE

▶ Si la problématique n'est pas énoncée, il faut la retrouver. Plusieurs problématiques sont envisageables pour un même sujet. Demandez-vous à quelle(s) question(s) répond la citation.
▶ Certains sujets sont thématiques et n'énoncent pas de problématique littéraire (ex. : l'analyse des lieux dans le roman naturaliste).

ÉLABORER UN PLAN

▶ La dissertation doit poser un problème, qui est traité dans la développement et auquel on apporte une réponse en conclusion.
▶ Le développement est composé de deux ou trois parties, chacune traitée en plusieurs sous-parties (de deux à quatre).
▶ Les paragraphes présentent une unité de sens. Ils développent une affirmation à partir de l'étude du texte.
L'ensemble doit être cohérent, l'ordre des grandes parties est significatif.

RÉDIGER ET RELIRE

✪ Assurer la cohésion d'ensemble
Annoncez en début de chaque partie l'essentiel de son contenu, utilisez les connecteurs logiques qui font le lien entre les paragraphes (*d'abord, ensuite, enfin…*) ; les transitions entre les parties doivent contenir des bilans partiels et annoncer la suite. Reprenez, en début de conclusion, la question initiale.

✪ Rédiger l'introduction et la conclusion

▶ L'introduction comprend trois parties :
– le « chapeau » qui introduit le sujet en le situant dans un contexte ;
– le sujet : vous devez recopier la citation (le cas échéant), puis l'analyser rapidement pour en déduire une problématique ;
– l'annonce du plan ;
▶ La conclusion est formée de deux parties :
– le bilan de votre réflexion sous forme de réponse à la question posée en introduction ;
– l'élargissement de votre réflexion à un autre constat, problème, etc.

✪ Assurer la correction de l'expression

▶ Utilisez un vocabulaire précis. Le vocabulaire du roman n'est pas celui du théâtre ou du poème. Référez-vous au glossaire, efforcez-vous d'employer le mot juste.
▶ L'évaluation porte également sur la correction de la syntaxe et de l'orthographe. Les citations doivent être mises entre guillemets. Aérez votre devoir en faisant des paragraphes marqués par des alinéas et en sautant des lignes.

✪ Gérer le temps

▶ Vous devez vous organiser dans le temps (épreuve de quatre heures). Reculez le moment de la rédaction : la phase préparatoire du devoir assure sa qualité, il faut y consacrer entre une heure et une heure et demie.
▶ Préparez un plan très détaillé au brouillon, rédigez toujours au brouillon introduction et conclusion en dernier lieu ; rédigez le reste directement au propre. Prévoyez un temps suffisant pour la relecture.

☐ La référence aux œuvres

✪ La référence au roman naturaliste que vous aurez étudié

▶ Vous devez bien connaître le roman. Vous pouvez, bien sûr, faire référence à d'autres romans naturalistes.
▶ Vous devez faire des citations exactes de l'œuvre que vous devez choisir et apprendre par cœur avant l'épreuve : vous ne disposez pas des textes pendant l'épreuve. Vous devez absolument éviter paraphrase et résumé systématique de l'action.

▶ Apprenez (et orthographiez correctement) les noms des personnages et des lieux principaux.

✪ Les références à la culture littéraire et générale
▶ Il faut connaître l'auteur que vous aurez étudié pendant l'année, ses principes, ainsi que les caractéristiques générales du roman naturaliste.
▶ Il est conseillé d'acquérir quelques connaissances sur le XIXe siècle, sur les principaux courants littéraires de ce siècle.

CONSEILS DE MÉTHODE SUR DES NOTIONS SPÉCIFIQUES

✪ Analyser un sujet littéraire
▶ Soulignez systématiquement :
– d'une couleur les mots qui vous renseignent sur le thème, la notion à traiter, en somme le *fond* (= ***de quoi*** vous allez devoir traiter) ; exemple : *le réalisme, la conception de la femme...* ;
– d'une autre couleur les indices données sur la *forme* que doit prendre le devoir, les indications sur le plan (par exemple les points d'interrogation, les expressions comme *dans quelle mesure..., en quoi..., quels aspects..., comment jugez-vous..., analysez..., pensez-vous..., comparez...*).
▶ Si l'intitulé est court, analysez chaque mot qui vous paraît important et élargissez son sens pour voir toutes les implications du sujet.

✪ Choisir et exploiter des exemples
▶ Au cours de vos lectures successives de l'œuvre, vous devez faire des fiches sur les passages ou les aspects que vous avez repérés comme importants.
▶ Choisissez des exemples particulièrement significatifs (pour un sujet sur l'importance des objets chez Zola, par exemple, la description de l'alambic du père Colombe dans *L'Assommoir*).
▶ Notez précisément la référence (chapitre, page) pour pouvoir retrouver votre exemple.
▶ Consignez quelques remarques (ce qui serait les axes de l'explication méthodique du passage) en les classant.
▶ Enfin, relevez une ou deux courtes citations qui ont valeur de preuve pour chacune des idées que vous voulez illustrer ; vous aurez ainsi un canevas pour une éventuelle explication (pensez au hors liste !), mais surtout un exemple exploitable de façon convaincante dans l'essai littéraire : un exemple simplement mentionné et non caractérisé ou analysé perd une grande partie de sa valeur.

▶ Exemple : pour un sujet sur les descriptions dans le roman naturaliste
– Référence à la description de la grande maison ouvrière : *L'Assommoir*, chapitre 2 : 1. L'aspect documentaire, le « reportage » ; 2. Le dépassement du réalisme*, l'amplification épique*.
– Citations : « la forge d'un *serrurier* y flambait ; on entendait plus loin des coups de *rabot* d'un *menuisier* ; tandis que, près de la loge, un *laboratoire de teinturier* lâchait à gros bouillons ce ruisseau d'un rose tendre... » ; « Gervaise [...] surprise de cette énormité, se sentant au milieu *d'un organe vivant* [...], intéressée par la maison, comme si elle avait eu devant elle *une personne géante.* »

Étude d'un texte argumentatif

PREMIER SUJET — 1

Jouets et société	34
Notre siècle	49
La justice	67
Partir ou rester	82
Petit commerce contre grands magasins	94
Le dimanche	108

Jouets et société

1 POLYNÉSIE • SEPTEMBRE 1999
SÉRIES STI, SMS, STL, STT

Roland Barthes (1915-1980)
Mythologies
(1957)

Jouets

Que l'adulte français voit l'Enfant comme un autre lui-même, il n'y pas de meilleur exemple que le jouet français. Les jouets courants sont essentiellement un microcosme[1] adulte; ils sont tous reproductions amoindries d'objets humains, comme si aux yeux du public l'enfant
5 n'était en somme qu'un homme plus petit, un homunculus[2] à qui il faut fournir des objets à sa taille.

Les formes inventées sont très rares : quelques jeux de construction, fondés sur le génie de la bricole, proposent seuls des formes dynamiques. Pour le reste, le jouet français signifie toujours quelque chose,
10 et ce quelque chose est toujours entièrement socialisé, constitué par les mythes ou les techniques de la vie moderne adulte : l'Armée, la Radio, les Postes, la Médecine (trousses miniatures de médecin, salles d'opération pour poupées), l'École, la Coiffure d'Art (casques à onduler), l'Aviation (parachutistes), les Transports (Trains, Citroëns, Vedettes,
15 Vespas, Stations-Services), la Science (Jouets martiens).

Que les jouets français préfigurent littéralement l'univers des fonctions adultes ne peut évidemment que préparer l'enfant à les accepter toutes, en lui constituant avant même qu'il réfléchisse, l'alibi d'une nature qui a créé de tout temps des soldats, des postiers et des vespas. Le
20 jouet livre ici le catalogue de tout ce dont l'adulte ne s'étonne pas : la guerre, la bureaucratie, la laideur, les Martiens, etc. [...] Seulement, devant cet univers d'objets fidèles et compliqués, l'enfant ne peut se constituer qu'en propriétaire, en usager, jamais en créateur; il n'invente pas le monde, il l'utilise : on lui prépare des gestes sans aventure, sans
25 étonnement et sans joie. On fait de lui un petit propriétaire pantouflard qui n'a même pas à inventer les ressorts de la causalité adulte; on les lui fournit tout prêts : il n'a qu'à se servir, on ne lui donne jamais rien à parcourir. Le moindre jeu de construction, pourvu qu'il ne soit pas trop raf-

finé, implique un apprentissage du monde bien différent : l'enfant n'y crée nullement des objets significatifs, il lui importe peu qu'ils aient un nom adulte : ce qu'il exerce, ce n'est pas un usage, c'est une démiurgie[3] : il crée des formes qui marchent, qui roulent, il crée une vie, non une propriété ; les objets s'y conduisent eux-mêmes, ils n'y sont plus une matière inerte et compliquée dans le creux de la main.

Mais cela est plus rare : le jouet français est d'ordinaire un jouet d'imitation, il veut faire des enfants usagers, non des enfants créateurs.

L'embourgeoisement du jouet ne se reconnaît pas seulement à ses formes, toutes fonctionnelles, mais aussi à sa substance. Les jouets courants sont d'une matière ingrate, produits d'une chimie, non d'une nature. Beaucoup sont maintenant moulés dans des pâtes compliquées : la matière plastique y a une apparence à la fois grossière et hygiénique, elle éteint le plaisir, la douceur, l'humanité du toucher. Un signe consternant, c'est la disparition progressive du bois, matière pourtant idéale par sa fermeté et sa tendreur, la chaleur naturelle de son contact ; le bois ôte, de toute forme qu'il soutient, la blessure des angles trop vifs, le froid chimique du métal ; lorsque l'enfant le manie et le cogne, il ne vibre ni ne grince ; il a un son sourd et net à la fois ; c'est une substance familière et poétique, qui laisse l'enfant dans une continuité de contact avec l'arbre, la table, le plancher. Le bois ne blesse, ni ne se détraque ; il ne se casse pas ; il s'use, peut durer longtemps, vivre avec l'enfant, modifier peu à peu les rapports de l'objet et de la main ; s'il meurt, c'est en diminuant, non en se gonflant, comme ces jouets mécaniques qui disparaissent sous la hernie d'un ressort détraqué. Le bois fait des objets essentiels, des objets de toujours. Or il n'y a presque plus de ces jouets en bois, de ces bergeries vosgiennes, possibles, il est vrai, dans un temps d'artisanat. Le jouet est désormais chimique, de substance et de couleur ; son matériau même introduit à une cénesthésie[4] de l'usage, non du plaisir. Ces jouets meurent d'ailleurs très vite, et une fois morts, ils n'ont pour l'enfant aucune vie posthume.

---

1. *Microscome* : monde réduit.
2. *Homunculus* : petit être vivant.
3. *Démiurgie* : une activité créatrice.
4. *Cénesthésie* : ici, signifie que l'enfant reconnaît l'objet sans affectivité particulière.

Questions (10 points)

▶ **1.** Reformulez la thèse soutenue par Roland Barthes dans cet extrait. (2 points)

▶ **2.** Dans le passage suivant : « Seulement (l. 21)… enfants créateurs (l. 36) », vous analyserez la progression de l'argumentation et dégagerez les procédés d'écriture utilisés. (5 points)
▶ **3.** Vous mettrez en évidence les oppositions dans le dernier paragraphe et préciserez leur fonction dans l'argumentation. (3 points)

Travail d'écriture (10 points)

▶ « [...] l'enfant ne peut se constituer qu'en propriétaire, en usager, jamais en créateur ; il n'invente pas le monde, il l'utilise : on lui prépare des gestes sans aventure, sans étonnement et sans joie » (l. 22-25). En songeant aux jouets et jeux actuels, vous réfuterez, justifierez ou discuterez cette affirmation de Roland Barthes.

❏ Travail de préparation

PRÉPARER LES QUESTIONS

✪ **Question 1**

▶ **Comprendre la consigne**
Reformuler : c'est dire avec d'autres mots la thèse soutenue dans le texte.
Thèse* : proposition, opinion ou théorie que l'énonciateur considère comme vraie et dont il veut convaincre la personne à laquelle il s'adresse, le destinataire. Elle s'appuie sur des arguments.
Attention, la thèse se distingue du thème*. Le **thème,** c'est le sujet du texte, ce dont il « parle ».

▶ **Conseils de méthode pour trouver le thème d'un texte**
• Vous pouvez examiner d'abord le paratexte* (s'il y en a un).
• Puis, examinez le titre du texte. Ici, « Jouets ». Souvent, ce titre ne fournit qu'une partie du thème (ce qui est le cas ici) et vous devez compléter votre recherche en allant dans le texte.
• Le troisième indice peut être les champs lexicaux* ou les répétitions de mots qui parcourent le texte. Ici, vous trouverez trois champs lexicaux, qui permettront d'affiner la recherche du thème du texte : celui du *jouet français*, mais aussi celui de *l'enfant* et celui de la modernité : *ne... plus* (l. 54), *maintenant* (l. 40), *disparition* (l. 43), *dans un temps* (l. 54) impliquent que l'auteur parle des jouets modernes (par opposition au passé).

- Le vrai thème du texte n'est donc pas « les jouets », mais « les jouets français modernes et l'enfant » ou : « les rapports du jouet moderne avec l'enfant ».
- Ce n'est qu'après avoir bien défini le **thème d'un texte** que vous pouvez trouver la **thèse** soutenue dans ce texte.

▶ **Ce que l'on vous demande**
- Posez-vous la question : « Que pense (ou : que veut montrer...) l'auteur des jouets français modernes et de ses rapports avec l'enfant ? » Essayez d'y répondre en quelques mots.
- Cherchez si la thèse est contenue (tout ou partie) dans une ou deux phrases-clés du texte.
- Reformulez, avec d'autres mots, la même idée.

▶ **Conseils de méthode pour le repérage, la reformulation ou l'expression brève d'une thèse soutenue dans un texte**
- Toujours essayer de repérer et surligner dans le texte la ou les phrases-clés (pas plus de deux en général) qui contiennent l'essentiel de la thèse.
- Lorsque l'on reformule en une ou deux phrases une **thèse**, on doit pouvoir la faire précéder de l'expression *« Je veux / il veut prouver que..., convaincre que... »* Cette formulation – qui ne doit pas forcément apparaître dans la réponse rédigée (car elle peut rendre l'expression lourde) – est très efficace pour vérifier que c'est bien une thèse (et non un argument ou un exemple) que vous reformulez.
Exemple : [Je soutiens que / Je veux vous convaincre que] la lecture est utile.

✪ **Question 2**

▶ **Comprendre la consigne**
- La « **progression de l'argumentation** » (appelée aussi « circuit argumentatif »). Dans une argumentation, on distingue :

Thèse* : proposition, opinion ou théorie que l'énonciateur considère comme vraie et dont il veut convaincre la personne à laquelle il s'adresse, le destinataire. Elle s'appuie sur des arguments.

Argument* : preuve destinée à appuyer, à démontrer une thèse. Il est illustré par des exemples.

Exemple : fait concret et précis qui vient appuyer et illustrer un argument.

- **Analyser la progression argumentative**, c'est :
– dire où se trouve la thèse (au début ? au milieu ? à la fin ?), comment elle est exprimée (explicitement* ? implicitement* ?) ;

– qualifier les arguments* : leur type, le domaine auquel ils sont empruntés ;
– montrer comment s'enchaînent les arguments ;
– qualifier les exemples* : leur nature, le domaine auquel ils sont empruntés ;
– qualifier le type de raisonnement : par déduction ? par induction ? par opposition ? par concession ?
– dire quels mots assurent le lien entre ces différents éléments (on parle de connecteurs logiques*) ; remarquer éventuellement une absence de lien (asyndète*) qui crée la surprise ou souligne une opposition.

• Les **procédés d'écriture** (appelés aussi « figures de style ») : il s'agit de moyens d'expression peu ordinaires, travaillés.
Ils sont multiples, mais peuvent se classer par affinité. Il peut s'agir de :
– procédés syntaxiques : il s'agit alors de la construction des phrases (types de phrases : affirmative, négative, interrogative ; nominale...) ;
– procédés rythmiques : il s'agit des rythmes binaire* et ternaire* ; du rythme ample, lent, haché ou précipité des phrases ;
– procédés lexicaux : il s'agit du choix de certains mots ou champs lexicaux* ;
– figures comme la comparaison*, la métaphore*, la personnification* ; la périphrase* ; l'antithèse*, le paradoxe* ou l'oxymore ; l'hyperbole*, l'anaphore*, la gradation*.

• Voici quelques **procédés essentiels** :
Comparaison* : figure de style qui consiste à rapprocher un élément (le comparé) d'un autre élément (le comparant) par un point commun, à l'aide d'un mot-outil de comparaison *(comme, tel...)*.
Métaphore : figure de style qui rapproche un élément (le comparé) d'un autre élément (le comparant) pour souligner leur ressemblance, mais *sans* mot-outil de comparaison.
Antithèse* : figure qui consiste à opposer fortement deux mots ou deux expressions.
Phrase simple / phrase complexe : une phrase simple n'a qu'un seul verbe ; la phrase complexe comprend une proposition principale et une ou plusieurs subordonnées.
Phrase composée : elle comporte deux indépendantes (ou plus) coordonnées ou juxtaposées.
Phrase nominale* : c'est une phrase sans verbe, construite autour d'un nom.
Phrase elliptique* (du verbe, du sujet...) : phrase à laquelle il manque (le verbe, le sujet...).
Juxtaposition* : c'est le fait de mettre à côté deux groupes de mots (le

plus souvent des propositions) sans mot de liaison (remplacé par un point ou une virgule).

Asyndète* : absence ou suppression de liaison (conjonction, connecteur logique ou temporel) entre deux groupes de mots étroitement liés par le sens *(bon gré, mal gré)*.

Anaphore* : répétition d'un même mot ou d'un même groupe de mots, d'une même construction au début de phrases ou de propositions qui se succèdent *(Il y a..., il y a..., il y a...)*.

• Ne signalez jamais un procédé stylistique sans le mettre en relation avec son importance dans le texte : quel effet crée-t-il ? à quoi sert-il ?

▶ **Ce que l'on vous demande**
La réponse doit s'orienter dans deux directions. Après avoir brièvement dit quelle thèse soutient le passage (l. 21-36), vous devez indiquer :
– par quels types d'arguments l'auteur appuie sa thèse ; comment ces arguments s'enchaînent, le rapport des uns avec les autres (analogie*, opposition, concession*…) ;
– par quels procédés de style l'auteur met ces arguments en valeur ; quel effet produisent ces procédés d'écriture.

○ **Question 3**
▶ **Ce que l'on vous demande**
• Vous devez d'abord repérer, en vous appuyant sur des mots du texte, quels sont les deux éléments qui sont opposés et les préciser au début de la réponse.
• Relevez ensuite les mots et les expressions qui, à propos de ces deux éléments, s'opposent.
• Il ne suffit pas de citer, il ne faut pas faire une liste « en vrac » des oppositions, mais trouver sur quels points, dans quels domaines apparaissent ces oppositions et les classer de façon logique.
• Vous devez enfin dire quel rôle ont ces oppositions pour soutenir la thèse : en quoi servent-elles l'argumentation ? En quoi leur emploi est-il habile pour convaincre ?

PRÉPARER LE TRAVAIL D'ÉCRITURE

▶ **Comprendre la consigne**
Le sujet se compose de deux éléments :
• **La citation** extraite du texte. Il faut bien analyser ses termes, en avoir bien compris le sens, en extraire les mots les plus importants.

– N'oubliez pas que la phrase a un contexte (matérialisé par le signe [...]) et que c'est à la lumière de ce contexte que vous la comprendrez à fond.
– Ainsi, ici, même si, tronquée, elle ne comporte pas l'expression « jouets modernes », elle y fait allusion. C'est la question qui suit qui, par l'expression « jouets actuels », vous le rappelle. Il ne s'agit donc pas de parler des jouets en général, mais des jouets les plus récents.
– Servez-vous de la réponse à la question 2 pour bien comprendre le sens de la citation.
– Reformulez avec vos propres mots la thèse : « les jouets actuels ne sollicitent pas l'inventivité de l'enfant et ne le stimulent pas, lui présentent une vie terne et triste ».
• **La consigne** proprement dite, qui comporte trois verbes : *soutenir, réfuter, discuter*.
Vous devez choisir entre trois types d'argumentation (c'est le mot « ou » qui vous l'indique) : abonder dans le sens de Barthes, lui opposer l'opinion contraire ou « peser le pour et le contre ».

▶ **Conseils de méthode pour un travail d'écriture qui consiste à étayer une thèse**
Étayer (une thèse) : soutenir, enrichir, développer, en la justifiant, bref, défendre la thèse donnée à l'aide d'arguments qui viennent s'ajouter à ceux déjà fournis par l'auteur.
• Explicitez* la thèse à étayer en la reformulant de manière à montrer la validité du point de vue qu'elle défend.
• Développez les arguments et les exemples apportés par l'auteur lorsqu'ils sont donnés de manière allusive.
• Développez de nouveaux arguments favorables : arguments logiques ou arguments d'autorité (sous forme de citations d'auteurs connus, par exemple).
• Prévenez les objections* qui pourraient être formulées contre la thèse défendue en utilisant par exemple un contre-argument.
• Donnez des exemples nouveaux pris dans l'histoire ou l'actualité, dans les domaines les plus variés (société, politique, économie, sciences, arts, littérature).

▶ **Conseils de méthode pour un travail d'écriture qui consiste à réfuter une thèse**
Réfuter (une thèse) : donner des arguments* pour montrer que la thèse (considérée comme fausse par l'énonciateur*) est erronée et pour la rejeter en en montrant les failles.
• Dans un premier temps, reformulez en une ou deux phrases ce que soutient la thèse proposée (elle est ici clairement exprimée dans le sujet).

- Dans un deuxième temps, formulez en une ou deux phrases l'opinion qui va être soutenue, inverse de la première.
- Une fois ces deux thèses contradictoires brièvement formulées, fournissez des arguments* contre la première thèse. Pour cela, on peut partir des concessions que l'auteur a pu faire dans le texte de base et les exploiter à fond.
- Enfin, soutenez chaque argument par un ou deux exemples.

▶ **Conseils de méthode pour un travail d'écriture qui consiste à discuter une thèse**
Discuter (une thèse) : peser les arguments pour cette thèse et ses contre-arguments, pour, après avoir délibéré, prendre votre position personnelle qui peut être nuancée.

▶ **Faire un plan**
Nous avons choisi de « discuter » l'opinion de Barthes. Une discussion repose souvent sur un plan dialectique*, sur le schéma traditionnel : thèse*/antithèse*/synthèse*. Mais, de la première à la deuxième partie, il ne faut pas vous contredire, il faut changer de point de vue. On peut :
– utiliser une structure concessive* avec dépassement, articulée autour des liens logiques : *Certes... / Mais... / Par ailleurs...* ;
– énoncer les arguments pour *(Certes)*, puis les arguments contre *(Cependant)* et apporter enfin des nuances *(Il faut observer certaines conditions, Tout dépend de...).*

Introduction
(Certes...)

1. Les jouets actuels présentent des inconvénients.
1.1. Ils limitent la créativité et l'imagination.
1.2. Ils présentent une vision toute faite du monde, souvent superficielle et violente.
1.3. Ils sont trop complexes.
(Cependant...)

2. Les jouets actuels présentent des qualités.
2.1. Ils initient au monde moderne et préparent à « l'aventure » de la vie.
2.2. Certains d'entre eux ouvrent les portes d'un monde nouveau.
2.3. Certains reposent sur des stratégies inventives.
(Tout dépend... de l'enfant et du jouet)

3. Une question de nuance...
3.1. Tout dépend du jouet : les limites à respecter, nécessité d'une « éducation » des concepteurs de jouets.

3.2. En fait, tout dépend de l'enfant : le jouet est ce que l'enfant en fait ; l'inventivité innée des enfants.

Conclusion

❏ Corrigé des questions

✪ Question 1
Les jouets modernes, notamment les jouets français, calqués sur la réalité adulte, ne sollicitent aucunement l'inventivité et la créativité des enfants et les incitent à se comporter en simples utilisateurs et consommateurs. À l'inverse des jouets d'autrefois, moins réalistes et moins complexes, les jouets actuels brident l'imagination et l'affectivité enfantines et ne laissent aucune marge à la fantaisie ou à la poésie. Ils n'ont aucune valeur esthétique ou sentimentale.

✪ Question 2
Pour soutenir son réquisitoire contre les jouets modernes, Roland Barthes construit habilement son paragraphe : celui-ci débute par l'énoncé de la thèse (« l'enfant ne peut se constituer qu'en usager, non en créateur ») ; puis, dans les lignes qui suivent (l. 21-34), l'auteur fait reposer son argumentation sur le principe de l'opposition, qui structure le paragraphe autour d'un contraste entre le jeu d'aujourd'hui et le jeu d'hier (représenté par « le moindre jeu de construction »). Cette confrontation l'amène à reformuler en fin de paragraphe une phrase de conclusion où il réaffirme – presque dans les mêmes termes (« des enfants usagers, non des enfants créateurs ») sa thèse (l. 35-36), qui découle tout naturellement de cette comparaison et la couronne.

Le paragraphe argumentatif se divise ainsi en deux parties : la progression argumentative consiste à souligner d'abord les défauts du jeu moderne (l. 21 à 28), puis à les rendre encore plus évidents par le biais de la comparaison rendue explicite par l'expression « bien différent » (l. 27-34) : aux défauts du jouet actuel sont opposés tous les aspects positifs du jouet d'autrefois, qui sert de repoussoir*.

L'opposition est aussi le principe de structure à l'intérieur des phrases : Barthes, dans chacune d'elles, souligne les méfaits du jouet moderne (« ne peut se constituer qu'en propriétaire, en usager ») et, tout de suite après, les bienfaits qu'il serait censé présenter pour l'enfant (« en créateur »). Ceci met en valeur les lacunes des jeux actuels, les manquements à leur mission. Barthes recourt pour cela à plusieurs reprises à la même construction syntaxique : un membre de phrase à la tournure affirmative et l'autre à la forme négative ; à « on fait de lui un petit propriétaire... » répond « qui n'a même pas à inventer les ressorts de la causalité adulte » ; à « ce n'est pas un usage » répond « c'est une démiurgie ».

D'un point de vue syntaxique encore, Barthes joue constamment sur l'asyndète* qui crée la surprise et intensifie le contraste : aucun lien logique ne marque le passage de l'évocation du jouet moderne au jouet du passé (l. 28). Les phrases elles-mêmes reposent sur la juxtaposition abrupte : « il n'a qu'à se servir, on ne lui donne jamais rien à parcourir » (l. 27-28).

La progression argumentative est soulignée par d'autres procédés d'écriture dont le plus frappant est, du point de vue du vocabulaire, l'antithèse, souvent bien frappée. Pour décrire les effets néfastes du jouet moderne, Barthes multiplie les négations (« ne... que », négation restrictive, à deux reprises ; « ne... même pas », « ne... jamais... rien ») et recourt à un réseau de termes péjoratifs (tels que « pantouflard » ou « usagers »). Au contraire, pour évoquer le jeu de construction, il emploie des mots mélioratifs (tels que « créateurs » « apprentissage », « démiurgie », « crée », « vie ») et des verbes d'action ou de mouvements (« conduisent eux-mêmes », « marchent », « roulent ») : l'antithèse (« usagers » / « créateurs ») oppose le pouvoir quasi divin de l'enfant devant un jouet créatif à sa passivité de consommateur devant un jouet moderne.

Enfin, Barthes donne de la force à son argumentation par un rythme rapide, parfois ternaire et par là oratoire (« sans aventure, sans étonnement et sans joie »), par des répétitions dynamiques (« il crée... il crée ») ou encore par des images, dont la plus frappante est la métaphore : « c'est une démiurgie ».

Le paragraphe, soutenu par tous ces procédés, forme un tout logique qui semble ne pas pouvoir souffrir la contradiction.

✪ Question 3

Le dernier paragraphe repose sur un jeu d'oppositions qui met en regard dans divers domaines « les jouets courants » en plastique ou en métal de « maintenant » (l. 40) et le jouet « en bois » d'autrefois (dont Barthes déplore la « disparition progressive », l. 43). La différence des matières, les unes synthétiques, « produits d'une chimie », l'autre naturelle (« nature »), détermine toute une série d'oppositions.

C'est d'abord du point de vue des sensations qu'ils procurent que ces deux types de jouets s'opposent : le bois sollicite agréablement les sens, les matières nouvelles les heurtent. En ce qui concerne le toucher d'abord, le plastique « éteint [...] l'humanité du toucher », tandis que le bois est une « matière [...] idéale par sa fermeté et sa tendreur » qui modifie « les rapports de l'objet et de la main » ; le métal est associé au « froid chimique », le bois à « la chaleur naturelle ». En conséquence, les « jouets courants » apportent la « blessure des angles trop vifs », alors que le bois est associé à la « douceur », « ne blesse pas ». Il en va de même pour l'ouïe : les uns produisent des sons désagréables (« vibre » « grince »), le bois « a un son sourd et net ». Ainsi, aux jouets en bois est associée la notion de « plaisir » sensuel et de sécurité, aux jouets « chimiques » la notion de désagrément, de danger et de blessure.

L'opposition se situe aussi dans le domaine affectif : l'enfant s'attache au jouet en bois, qui « vit avec » lui et lui est « familier » ; il est fait de contrastes et de complexité (à la fois tendre et ferme) ; le jouet « chimique », lui, « introduit une cénésthésie » qui exclut toute affectivité et ne laisse aucun souvenir (« aucune vie posthume »).

Le rapport de ces jouets au temps est aussi différent : par sa solidité (« il ne se casse pas »), le bois « peut durer longtemps » et la longévité de cette matière vivante l'amène à mourir de vieillesse (« il s'use ») et peut-être même devenir éternelle (« de toujours ») ; au contraire, les « jouets mécaniques », fragiles, sont éphémères et promis à une mort violente (« hernie d'un ressort détraqué »).

Le bois est associé à la nature, « l'arbre, la table, le plancher », les jouets modernes, par leur aspect utilitaire, à une société factice et artificielle, « mécanique ».

Toutes ces oppositions concourent à soutenir l'opposition fondamentale entre ces deux types de jouets : le bois, « essentiel », est profondément « poétique », c'est-à-dire qu'il permet de (re) créer **un** monde ou **des** mondes, le jouet chimique est essentiellement utilitaire et se borne à refléter **le** monde.

Ainsi, les oppositions concernent-elles tous les domaines humains : physique, affectif, social, spirituel et même métaphysique.

❏ Corrigé du travail d'écriture

Attention ! Les indications entre crochets ne sont qu'une aide pour la lecture et ne doivent pas figurer dans votre rédaction.

[Introduction]
Pédagogues, éducateurs et parents sont désormais tous convaincus de l'importance du choix des jouets pour l'avenir et la construction de la personnalité de l'enfant. Les fabricants, profitant de cette prise de

conscience mais aussi des progrès industriels dans les matières modernes – plastique, matériaux de synthèse –, ont redoublé d'efforts pour lancer sur le marché des articles « modernes » qui ont renouvelé la conception des jeux et des jouets. On peut s'interroger sur le bien-fondé de cette évolution et se demander si voitures téléguidées, poupées parlantes et jeux vidéos marquent un progrès sur la pâte à modeler, les poupées de chiffon ou les peluches d'autrefois. Certains, comme le philosophe et critique Roland Barthes, regrettent que « l'enfant », devant ces « jouets courants », ne puisse « se constituer qu'en propriétaire, jamais en créateur » et soit réduit à l'état de consommateur. Mais il faut sans doute reconnaître à ces jouets des qualités que Roland Barthes feint d'ignorer et se montrer plus nuancé : l'intérêt du jouet dépend plus de l'utilisation qu'en fait l'enfant que de sa matière ou de sa modernité.

(Certes...)

[1. Les jouets actuels présentent des inconvénients]
Les jouets actuels présentent certes des inconvénients, peut-être même des dangers pour l'enfant.

[1.1. Ils limitent la créativité et l'imagination]
Les psychologues ont démontré que l'enfant a besoin, pour se développer harmonieusement, d'une grande part de rêve, d'évasion et d'imagination et d'occasions d'exercer sa créativité pour structurer sa personnalité. Or, les jeux et jouets modernes ont tendance à limiter les possibilités d'inventivité, parce qu'ils sont souvent trop « préfabriqués » et ne se prêtent pas à de multiples manipulations et transformations : une voiture téléguidée n'offre que peu de variété d'utilisation.
De même, les jouets modernes brident l'imagination : le plus souvent, ils figent non seulement notre quotidien – sous la forme de reconstitutions fidèles de ce qui nous entoure (garages, maisons de poupées) –, mais vont même jusqu'à stéréotyper les mondes inexplorés et à donner l'allure de la réalité à des espaces et des êtres encore inconnus dont pourraient se nourrir l'imagination : les figurines représentant des extra-terrestres, telles que GI Joe qui reproduit des soldats américains, donnent une forme trop réaliste et figée à des êtres qui pourraient être magiques et permettre l'évasion imaginative.

[1.2. Ils présentent une vision toute faite du monde, souvent superficielle et violente]
Par ailleurs, la vision stéréotypée qu'ils donnent du monde est souvent violente et exclut tout rêve d'un monde meilleur et enchanteur : au-delà des carabines et des pistolets à billes, la ribambelle de « Double Dragon » inspirée du kung-fu ou le jeu vidéo Doomlike avec son arsenal

varié et menaçant plonge l'enfant dans un univers brutal et terrible, inspiré de violences réelles le plus souvent. Dans ces univers, la « joie » que peut éprouver l'enfant prend un goût étrange de perversité et il voit ses instincts les plus brutaux se réveiller.

Le jouet et le jeu modernes créent ainsi un monde schématique superficiel, stéréotypé – on pense aux Barbie –, manichéen le plus souvent, qui exclut les nuances, où l'on ne saurait être que « tout blanc » ou « tout noir » : dans le « Monde de Mario », deux « *pizzaioli* », profondément « gentils », se battent contre des créatures fantastiques profondément « méchantes » – Gumba, Koopa –. Le tout se trouve aseptisé par la technique des « pixels » qui créent des formes grossières, géométriques, accompagné d'une musique mécanique, robotique peu nuancée. L'enfant vit peut-être une « aventure », mais d'une grande pauvreté affective, excluant la finesse, la délicatesse.

[1.3. Ils sont trop complexes]
Enfin, ces jouets et ces jeux sont souvent tellement complexes que l'enfant ne peut en fait en être réellement maître. « Propriétaire » de son jouet, il l'est ; mais « usager », il ne le reste que tant qu'il le maîtrise et que le jouet n'est pas cassé. Du reste, on voit souvent les parents se passionner davantage que leurs enfants pour les avions téléguidés. Par ailleurs, quel enfant sait réparer son « Nintendo » ou sa « Sega » victimes de « virus » ou détraqués à la moindre secousse ? Le jouet moderne, une fois cassé, perd aussitôt de sa magie qui ne résidait que dans sa « sophistication ». La poupée parlante qui devient muette a des relents de mort. La poupée en chiffon reste toujours aussi douce et ne risque pas de perdre son identité, « l'essence » de son intérêt.

[2. Les jouets actuels présentent des qualités]
Cependant, il semble que la position de Roland Barthes manque de nuances et que, par désir de convaincre, il systématise trop sa pensée. Il faut en effet reconnaître aux jouets actuels des qualités qu'il serait injuste de passer sous silence.

[2.1. Ils initient au monde moderne et préparent à « l'aventure » de la vie]
Dans un temps où tout va plus vite qu'autrefois, où le monde change très vite, l'enfant a besoin de rêver mais aussi de se préparer à la vie ; et les jouets actuels, tout en l'initiant au monde moderne, tout en lui offrant l'occasion d'une première « expérimentation » personnelle de la vie qu'il mènera, savent lui fournir une première « expérience ». Le jeu de Meccano, où l'enfant doit concevoir des constructions assez savantes, parfois animées par des systèmes d'engrenages, de treuils, de moteurs – grues, ponts mobiles, machines-outils –, lui apprend, sans

même qu'il s'en rende compte, les lois de la physique et du génie civil. Le Monopoly initie les enfants à la gestion et au commerce.

[2.2. Certains d'entre eux ouvrent les portes d'un monde nouveau]
Découverte, mais aussi invention... En effet, cette fonction formatrice n'exclut pas la « joie » et ne « prépare » pas de « gestes sans aventure » : en effet, de nombreux jeux incitent à explorer et cet apprentissage peut avoir le goût d'une « aventure » qui ouvre un monde nouveau. Le jeu Sim City 3000 invite l'enfant à construire des villes virtuelles et à y « gérer » l'allocation des ressources : il les voit naître sous ses yeux, selon ses vœux ; l'utilisateur s'initie ainsi aux schémas de la vie moderne, mais, *en même temps*, il crée **sa** ville, unique au monde. Le jeu a alors réussi à combiner l'initiation à la vie future et l'« aventure » personnelle, alliée à la « joie » de voir sa « création » prospérer. N'est-ce pas cela aussi « inventer le monde » ?
Parfois le jeu ouvre les portes d'un univers totalement nouveau : la gamme « Espace » de Lego, les figurines de Star Wars amènent à s'imaginer la vie dans l'Espace, par exemple. Mieux : dans le jeu vidéo « Creatures », les êtres biologiques que l'enfant a « créés » évoluent dans un environnement entièrement construit par lui, puis subissent des mutations diverses qui « étonnent ».

[2.3. Certains reposent sur des stratégies inventives]
Enfin, certains jeux actuels font appel à des stratégies inventives qui excluent que l'enfant se conduise en simple « usager ». Les très populaires jeux de rôle exigent que l'enfant crée un scénario et devienne metteur en scène dans un monde imaginaire fantastique qu'il invente et conçoit lui-même.

(Tout dépend... de l'enfant et du jouet)

[3. Une question de nuance...]
Barthes aurait-il alors tort dans sa condamnation sans appel des jouets et jeux actuels ? Ne pose-t-il pas un faux problème ? En fait, la question ne doit pas être : les jouets actuels sont-ils bons ou mauvais ? Mais : qu'est-ce qu'un bon jouet, indépendamment de sa nouveauté ? Par ailleurs, le jouet n'est-il pas ce que l'enfant lui-même en fait ?

[3.1. Tout dépend du jouet : les limites à respecter, nécessité d'une « éducation » des concepteurs de jouets]
Qu'un jouet soit créatif ou non, cela ne dépend pas de sa matière ou de sa modernité, mais de sa conception. Il a existé autrefois des jouets peu créatifs, il en existe aujourd'hui de très stimulants. Ainsi, il y a des « limites » à respecter : le jouet ne doit pas être trop compliqué et dépasser

les facultés de compréhension et d'utilisation d'un enfant; il ne doit pas être pure imitation du monde réel et doit offrir des tremplins pour l'imagination ; il ne doit pas être dangereux et trop violent. Il faut en somme que les règles du bon sens et de la « morale » ne soient pas bousculées, mais qu'une fantaisie pleine d'appétit de vivre préside à son invention.

Voilà pourquoi la nécessité d'une « éducation » des concepteurs de jouets se fait sentir : il faudrait que, oublieux de tout primauté donnée à l'intérêt commercial, de toute idéologie aussi, ils n'aient en vue que l'épanouissement physique, affectif et intellectuel des enfants.

[3.2. En fait, tout dépend de l'enfant : le jouet est ce que l'enfant en fait ; l'inventivité innée des enfants]

Mais surtout, il semble bien plutôt que la valeur d'un jouet dépende de l'enfant lui-même : il est ce que l'enfant en fait. Les petits ont en effet une prodigieuse faculté à « inventer », à « créer », quel que soit le « support » qui leur est fourni. Barthes admet qu'un enfant peut créer un monde à partir de la plus simple des pâtes à modeler d'autrefois. Soit. Mais il oublie que la voiture téléguidée peut aussi servir de tremplin à ses imaginations les plus folles, sans nécessairement brider son inventivité. Combien d'adultes seraient étonnés de voir que l'enfant le plus souvent « détourne » le jouet de son utilisation première, le « remodèle » à sa façon en imagination et que c'est dans ce pouvoir même qu'il exerce sur les jouets qu'il prend sa véritable source de plaisir, d'« étonnement » et de « joie ».

Et, s'il est vrai qu'il y a quelques précautions à prendre dans le choix d'un jouet, il faut aussi faire confiance à l'inventivité et à la capacité d'innovation des enfants que rien ne saurait vraiment entraver. C'est cette faculté qu'il faut savoir cultiver et sauvegarder chez l'enfant qu'il faut « éduquer » au jouet, en suscitant chez lui, comme pour sa vie d'adulte à venir, une attitude qui ne soit pas passive.

[Conclusion]

On ne saurait souscrire à la généralisation de Barthes qui, sur un sujet délicat, affirme péremptoirement son opinion avec des « jamais » catégoriques et des présents de vérité générale... discutables. Mais c'est que Barthes déplace le véritable problème, mettant en cause « en bloc » notre monde moderne, alors qu'il s'agit plutôt de définir une éthique du jouet et d'éduquer les jeunes à la joie de jouer, de leur apprendre à trouver leurs ressources les plus riches en eux-mêmes et dans leur imagination plus que dans l'objet concret qui lui sert de support et dont ils ne doivent pas rester prisonniers ou esclaves.

Notre siècle

2 NOUVELLE-CALÉDONIE • NOVEMBRE 1999
SÉRIES STI, SMS, STL, STT

Christiane Collange
Merci, mon siècle
(1998)

Merci, mon siècle.
Quel dynamisme il t'a fallu pour bouleverser tout en même temps : les modes de pensée, les façons d'être, les rythmes de vie, les relations entre les personnes. Je ne pense pas qu'il y ait jamais eu dans
5 l'histoire de l'humanité un tel chambardement du quotidien des individus dans un laps de temps aussi court.
Je l'ai déjà dit, mais je le redis et j'insiste, car tel est le propos de ce livre : nous te sommes redevables de trois authentiques « révolutions » – pas de simples améliorations des conditions de vie par rapport au
10 passé, mais bien des changements radicaux dans nos destinées individuelles :
1) l'amélioration de la santé et sa conséquence directe : l'allongement de l'espérance de vie en bonne forme ;
2) la transformation des conditions de vie matérielles et sa consé-
15 quence directe : la redistribution du temps de vivre ;
3) le contrôle des naissances et sa conséquence directe : la remise en question du destin des femmes, de leurs relations avec les hommes, et par conséquent la transformation des structures familiales.
Quels cadeaux tu nous as faits, mon siècle, en quelques dizaines
20 d'années ! Seulement voilà : tu nous les as offerts en vrac, sans que nous ayons vraiment eu le temps d'apprendre à nous en servir. Il nous a fallu vivre dans un monde en pleine transformation avec des idées et habitudes d'une autre époque – entre ce que l'on tente d'enseigner à ses enfants et ce qu'ils ont à vivre plus tard, n'y a-t-il pas inévitablement
25 une ou deux générations de décalage ? « Nouveaux pères », « nouvelle vague », « nouvelle cuisine », « nouveau roman », « nouvelle philosophie » : dans ton troisième quart, tout se devait d'être « in » (insolite, inouï, inusité, inconnu, inédit, etc.). Sans y être préparés, nous

avons eu la responsabilité d'inventer des modes d'emploi et des règles du jeu pour cette « nouvelle » société. Alors, forcément, nous avons commis beaucoup de bêtises, et laissé au bord du chemin beaucoup de victimes désemparées par l'ampleur de cette révolution.

Pour ne pas avoir à remettre toute leur vie et leur personne en question, certains se sont réfugiés frileusement à l'abri des principes et des comportements du passé, sans se rendre compte qu'ils prenaient ainsi le risque d'étouffer les jeunes et la société en devenir. Il n'y a pas de changement sans dangers ! D'autres, à l'inverse, enivrés par tant de possibles, ont foncé au mépris de toutes les aspirations et règles de jadis. Ils ont ignoré les données « éternelles », les besoins profonds de la nature humaine, au risque de vouer à l'angoisse et aux exactions une partie des jeunes générations privées de repères moraux et de structures familiales. Entre les uns et les autres, les conflits – plus souvent de mentalités que de générations – se sont exacerbés. Il en est résulté un tohu-bohu généralisé, dans les destins individuels aussi bien que dans le devenir des sociétés, qui rend cette fin de millénaire à la fois passionnante et terrible.

Avec ces nouvelles cartes en main, les cinquante ans qui viennent pourront engendrer le pire ou le meilleur.

Le pire interviendra si un matérialisme foncier finit de se substituer à la morale, si l'individualisme généralise le « chacun-pour-soi », si le refus de se soumettre à la moindre discipline collective dégénère en barbarie. Ce pire est toujours menaçant, prêt à surgir au gré des déraillements individuels ou des folies collectives. Quand un individu ou une société « disjoncte » et verse dans le mal, il ne faut jamais laisser faire par paresse ou par faiblesse. Nous le savons, nous qui avons payé si cher la démission de presque tous face à Hitler ! Il ne faut pas que le prochain siècle ni les suivants oublient cette leçon-là.

En revanche, dès les tout premiers temps du troisième millénaire, des perspectives vraiment nouvelles pourraient bouleverser l'existence. Grâce à une meilleure formation, à une liberté de choix fraîchement acquise, à la maîtrise des petites misères physiologiques, l'occasion sera offerte de mettre pleinement à profit et d'enrichir les capacités affectives et intellectuelles de chacun. Les générations de demain pourraient alors avoir la chance de consacrer l'essentiel de leurs forces et de leur temps à vivre mieux, et pas uniquement à survivre.

Contrairement à d'aucuns qui gémissent sur les difficultés des jeunes dans le monde d'aujourd'hui, excusant presque par avance leurs démissions et leurs désespoirs, je ne plains pas un instant ceux qui, en l'an 2000, auront toute la vie devant eux. Nous leur avons forgé les instruments de la modernité, à eux d'inventer le sens qui va avec ! À regarder vivre les vingt ans, je suis persuadée qu'ils en seront capables. Ils savent d'ores et déjà tellement plus de choses que nous n'en connaissions à leur âge !

Questions (10 points)

▶ **1.** Par quels procédés de style l'auteur marque-t-il son enthousiasme ? (4 points)
▶ **2.** Dites quels sont les principaux temps verbaux utilisés au(x) mode(s) personnel(s) et justifiez leur emploi. (3 points)
▶ **3.** Quelles craintes Christiane Collange éprouve-t-elle pour les cinquante ans à venir ? Relevez-les, explicitez-les. (3 points)

Travaux d'écriture (10 points)

▶ **1.** Christiane Collange constate que nous sommes redevables au XXe siècle de trois « authentiques révolutions ». Quelle est celle qui vous semble personnellement la plus importante et pourquoi ? Vous vous appuierez sur des exemples et faits précis dans un développement composé. (5 points)
▶ **2.** L'auteur évoque avec confiance « ceux qui, en l'an 2000, auront toute leur vie devant eux ». Pensez-vous comme elle que ce soit une chance de vivre à cette époque ou redoutez-vous l'avenir ? Vous justifierez votre point de vue sur des exemples précis. (5 points)

❏ Travail de préparation

PRÉPARER LES QUESTIONS

✪ **Question 1**

▶ **Comprendre la consigne**
• **Les procédés de style** : moyens d'expression peu ordinaires, travaillés. Ils sont multiples, mais peuvent se classer par affinité. Il peut s'agir de :
– procédés syntaxiques : il s'agit alors de la construction des phrases (types de phrases : affirmative, négative, interrogative ; nominale...) ;

– **procédés rythmiques** : il s'agit des rythmes binaire* et ternaire* ; du rythme ample, lent, haché ou précipité des phrases ;
– **procédés lexicaux** : il s'agit du choix de certains mots ou champs lexicaux* ;
– **figures** comme la comparaison*, la métaphore*, la personnification* ; la périphrase* ; l'antithèse*, le paradoxe* ou l'oxymore ; l'hyperbole*, l'anaphore*, la gradation*.

• Voici quelques **procédés utiles à connaître** (voir aussi sujet 1) :
Types de phrases : on distingue les phrases déclaratives, exclamatives, impératives et interrogatives ; à l'intérieur de chacune de ces catégories, les phrases peuvent être affirmatives ou interrogatives.
Apostrophe* : interpellation directe qui implique la personne ou la chose interpellée dans le discours.
Énumération* : procédé de style qui juxtapose des termes pour former une liste.
Accumulation* : procédé de style qui allonge de façon sensible une énumération et multiplie les termes juxtaposés.
Champ lexical* : ensemble de mots formant un réseau dans le texte, qui appartiennent au même domaine (champ lexical de la médecine) ou renvoient à une même réalité ou notion (champ lexical de la douceur...).
Lexique emphatique : mots qui expriment un jugement positif sur quelqu'un ou quelque chose, qui le valorise.
Personnification* : figure de style qui consiste à représenter une chose ou un animal sous les traits d'une personne, à le faire agir comme une personne ou à lui parler comme à une personne.

Ne signalez jamais un procédé stylistique sans le mettre en relation avec son importance dans le texte : quel effet crée-t-il ? à quoi sert-il ?

▶ **Ce que l'on vous demande**
• Recherchez les mots, les tournures, les types de phrases, les rythmes, les moyens d'énonciation* qui sortent de l'ordinaire et qui rendent compte de l'enthousiasme de l'auteur et en donner quelques exemples que vous qualifierez avec précision.
• Ne les citez pas « en vrac ». Classez-les (par exemple, par types de procédés : syntaxiques, lexicaux, rythmiques...) et analysez-les brièvement.
• Pour cela, munissez-vous de surligneurs de couleurs variées et affectez une couleur à chaque type de procédé de façon à ce que le classement s'opère visuellement et par conséquent plus facilement. Cela vous permettra aussi de repérer à quel endroit du texte se concentrent ces procédés (ce qui peut vous fournir une brève remarque pour conclure votre réponse).

▶ **Conseil de méthode en ce qui concerne les relevés**
Munissez-vous de surligneurs de couleurs qui vous permettront d'effectuer de façon instantanément visible le relevé des groupes de mots qu'il faut associer : au moment de la rédaction de la réponse et de l'insertion toujours délicate des citations dans votre réponse, vous les retrouverez facilement.

✪ Question 2

▶ **Comprendre la consigne**
Mode verbal : un mode verbal est un groupe de temps verbaux. Il existe sept modes. Certains comprennent des temps qui se conjuguent : ce sont les *modes personnels* (il y en a quatre : indicatif, subjonctif, conditionnel, impératif). Certains modes ne se conjuguent pas : ce sont les *modes impersonnels* (il y en a trois : infinitif, participe, gérondif).
Chaque mode présente l'action sous un angle particulier, différent des autres modes, et a une valeur particulière (indicatif = action dans sa réalité ; subjonctif = action présentée comme virtuelle, non réalisée, souhaitée… ; impératif = action sous forme d'ordre ou de conseil ; conditionnel = action qui se réaliserait si une condition était remplie).
Temps verbal : chaque temps verbal a aussi ses valeurs, ses utilisations. Par exemple, le présent de l'indicatif peut être un présent d'énonciation* (= désigner le moment où la personne parle ou écrit) ou d'actualité, mais aussi un présent de vérité générale (comme dans les proverbes), ou être un présent de narration (qui équivaut à un temps passé dans le récit).

▶ **Ce que l'on vous demande**
• Repérez les différents temps dominants (surlignez chacun d'eux d'une couleur spécifique) et préciser leur mode.
• Demandez-vous ensuite à quel moment chaque temps fait référence, quelle est sa valeur.
• Vous pouvez aussi remarquer où chaque temps prédomine dans le texte.

✪ Question 3

▶ **Ce que l'on vous demande**
• La question est facile à comprendre. Vous devez dire ce que craint l'auteur pour les années à venir. Cependant, certaines de ces craintes sont exprimées implicitement*, c'est-à-dire sous-entendues, non ouvertement formulées. Vous devez les « expliciter ».
Expliciter : énoncer clairement ce que l'auteur formule de façon voilée.
• N'oubliez pas de justifier ce que vous avancez par des références précises au texte.

PRÉPARER LES TRAVAUX D'ÉCRITURE

✪ Travail 1

▶ Comprendre la consigne

• La question fait référence à un passage précis du texte que vous devez d'abord repérer grâce à l'expression extraite du texte : « authentiques révolutions » (l. 8).
• Vous devez ensuite *choisir* une des trois « révolutions » (« quelle est celle... ? »). Pour orienter votre choix, laissez-vous guider par votre jugement personnel (« vous semble personnellement »). Vous aurez alors déterminé la **thèse** que vous défendrez.
• Le mot « pourquoi » implique que vous exposiez les **raisons** de votre choix. Vous aurez alors trouvé les **arguments** qui soutiendront la thèse choisie. Ce sera l'essentiel de votre réponse. Vous ne devez en effet pas discuter cette thèse : vous devez la soutenir (l'étayer).
• Mais ayez soin de choisir une direction dans laquelle vous sentez que vous aurez des « **exemples et faits** précis », c'est-à-dire que vous connaissez bien, le plus souvent par expérience (voir plus bas : « Faire un plan »). Un développement sans exemples sera pénalisé.
• Vous pouvez chercher vos exemples dans le xxe siècle, mais aussi, *a contrario*, pour bien marquer qu'il y a eu « révolution », dans les siècles qui précèdent : le roman naturaliste que vous avez étudié cette année, les connaissances historiques que vous avez acquises sur le xixe siècle doivent vous fournir des exemples (voir *Germinal* ou *L'Assommoir* de Zola ; la révolution industrielle...)

Thèse* : proposition, opinion ou théorie que l'énonciateur considère comme vraie et dont il veut convaincre la personne à laquelle il s'adresse, le destinataire. Elle s'appuie sur des arguments.

Argument* : preuve destinée à appuyer, à démontrer une thèse. Il est illustré par des exemples.

Exemple* : fait concret et précis qui vient appuyer et illustrer un argument.

Étayer* (une thèse) : soutenir, enrichir, développer, en la justifiant, ou encore défendre la thèse donnée, à l'aide d'arguments.

• Attention : votre subjectivité ou votre enthousiasme ne doit pas exclure la rigueur de la réponse (« développement **composé** ») : vous devez faire un plan.

▶ Faire un plan

Nous avons choisi la deuxième « révolution », car elle nous semble la plus riche en exemples pour des adolescents (la première concerne plus directement les adultes ou les personnes âgées ; la troisième concerne plutôt les adultes qui ont fondé une famille).

Introduction
1. Des conditions de vie matérielles qui ont évolué depuis le XIXe siècle dans tous les domaines
1.1. À la maison.
1.2. Dans le travail.
1.3. Dans les transports et la communication.
2. Les conséquences de ces progrès matériels sont essentielles pour la redistribution du temps de vivre
2.1. Le temps libéré.
2.2. Les loisirs permis.
2.3. Le savoir et l'information comme libertés.
Conclusion

✪ **Travail 2**

▶ **Comprendre la consigne**

• L'expression : « ceux qui, en l'an 2000, auront toute leur vie devant eux » vous indique le **thème** à traiter ; cette périphrase* empruntée au texte pourrait se traduire plus simplement par « vous », qui avez entre 16 et 20 ans cette année. La consigne précise le thème : *vivre à cette époque* (= la vôtre et les années à venir).

• La consigne vous indique aussi la **forme** que doit prendre votre réponse : il s'agit de donner votre avis personnel (*votre point de vue* ; *pensez-vous...*) et deux directions vous sont proposées : *une chance* s'oppose à *redoutez-vous* ; ces deux termes vous invitent à deux positions opposées :
– l'un vous propose de faire l'éloge de votre époque ; vous soutenez alors la thèse de l'auteur : *je ne plains pas un instant ceux qui, en l'an 2000, auront toute la vie devant eux.* Vous montrez les bons côtés, les avantages de votre temps. Vous utilisez alors des termes mélioratifs ;
– l'autre vous suggère de la condamner (ou du moins de la blâmer) ; vous réfutez alors la thèse ci-dessus. Vous montrez les défauts, les inconvénients de votre temps en exprimant vos craintes *(redoutez)*. Vous utilisez des termes péjoratifs ;
– mais, dans la mesure où le sujet est très personnel, vous pouvez aussi prendre une position plus nuancée ; vous discutez alors la thèse ci-dessus. Il est cependant conseillé, à la fin du devoir, de pencher vers un des avis indiqués : vous pouvez alors faire apparaître sous forme de concession* l'avis inverse.

▶ **Reformulation de la question**
Vivre aujourd'hui, est-ce une chance ou une malchance ?

▶ **Explorer le champ argumentatif :**
• Le thème du modernisme et du progrès est très courant et donne souvent lieu à des clichés* que vous devez essayer d'éviter. Vous y arriverez si vous prenez des *exemples précis* qui donneront de l'originalité à votre travail.
Mais vous ne devez pas faire un catalogue ou une description des progrès techniques ou des dangers ; ceux-ci ne doivent intervenir que comme exemples qui appuient des idées.
• Diversifiez les directions et les domaines dans lesquels vous chercherez ces exemples : domaine matériel, médical, professionnel, éducatif, social, politique, moral, mondial...

▶ **Faire un plan**
Nous avons choisi de souligner nos craintes face au siècle à venir (pour varier, car le premier sujet d'écriture développe déjà un aspect positif de notre temps), mais en concédant d'abord que l'avenir présente des espoirs (car un pessimisme extrême serait la marque d'un manque de réflexion).

Introduction
1. Les conquêtes du XXe siècle et les espoirs du XXIe siècle : certes, un monde en plein progrès *(concession)*.
1.1. Les progrès médicaux et les « miracles » à venir.
1.2. Les conditions de travail qui ne font que s'améliorer.
1.3. Confort et facilités dans la vie quotidienne.
1.4. Vie sociale : liberté et assistance.
Transition : une foule d'avantages très spectaculaires, mais un très sérieux revers à la médaille...
2. Mais un monde inquiétant.
2.1. Un progrès industriel qui détruit la nature.
2.2. Les crises économiques et professionnelles.
2.3. Une vie sociale difficile.
2.4. La perte des valeurs morales.
Transition : le bilan paraît plutôt équilibré à l'échelle de notre petit monde personnel, mais si nous dépassons la vision étroite égoïste...
3. Et surtout, à l'échelle du monde, des perspectives alarmantes.
3.1. Des pays dans une situation de détresse : le tiers-monde.
3.2. Des menaces d'oppression et de dictatures.
3.3. La menace des conflits toujours présente, aggravée par des moyens plus radicaux et plus sophistiqués.
Conclusion

❏ Corrigé des questions

✪ Question 1

Le texte de Christiane Collange exprime un optimisme qu'elle souhaite faire partager au lecteur ; pour communiquer son enthousiasme pour le xxe siècle, elle recourt à toute une palette de procédés de style, tant dans le mode d'énonciation que dans la syntaxe, le lexique, les images ou le rythme des phrases.

Le titre de l'extrait et du livre même – mis en relief typographiquement – donne tout de suite le ton : l'interpellation directe au « siècle », que l'auteur fait sien d'emblée par l'adjectif possessif « mon » et qu'elle s'annexe par un vif tutoiement (« il t'a fallu », « nous te sommes... », « tu nous as faits », « tu... as offerts »), crée un élan plein d'engouement. Cette apostrophe appelle une personnification du siècle par le biais de verbes tels que « bouleverser », « faire des cadeaux », « offrir » ou de mots comme « dynamisme ».

La passion de l'auteur se marque aussi dans la syntaxe : le texte est émaillé de phrases exclamatives, qui souvent ouvrent les paragraphes (l. 2, 19) : « *Quel* dynamisme... », « *Quels* cadeaux... ». Parfois l'exclamation prend la forme d'une phrase elliptique du verbe condensée et par là d'autant plus passionnée : « À eux d'inventer le sens qui va avec ! » Des termes intensifs, comme « tel (chambardement) » ou « radicaux », viennent soutenir ces exclamations, ou encore des tournures catégoriques qui ne souffrent pas la contradiction : « Je *ne* pense pas qu'il y ait *jamais* eu... », « je ne plains *pas un instant*... », des perspectives *vraiment* nouvelles ».

Le choix d'un vocabulaire très fort – « bouleverser », par exemple – ou en majorité mélioratif, qui renvoie à des réalités très positives – « dynamisme », « maîtrise », « liberté », « cadeaux », « offerts » / « offertes », « chance », « enrichir » – souligne l'enthousiasme de Christiane Collange. Il en va de même des nombreux comparatifs de supériorité (« mieux », « meilleur » à deux reprises), que l'on retrouve aussi sous forme de radical dans le terme répété « *amélio*ration ».

La passion de l'auteur passe aussi par l'abondance du champ lexical du changement : elle parle de « bouleverser » (au début et à la fin du texte), de « chambardement », de « révolution », de « transformation » et utilise même l'anglicisme très à la page : être « in ». Les répétitions qui tournent presque au leit-motiv rythment le texte de façon enthousiaste : on ne compte pas moins de huit fois l'adjectif « nouveau / nouvelle ». L'auteur les appuie de formes d'insistance qui reposent sur un rythme ternaire oratoire, telles que « je l'ai dit, mais je le redis et j'insiste ».

En effet, Christiane Collange imprime à la plupart de ses phrases un rythme alerte qui repose sur le procédé de l'accumulation et emporte le lecteur dans un élan impétueux : « les modes de pensée, les façons d'être, les rythmes de vie... » ou encore : « Nouveaux pères », « nouvelle vague », « nouvelle cuisine », « insolite, inouï, inusité »...
Cet enthousiasme répandu dans tout le texte est à coup sûr un ton propre à persuader les adolescents.

○ Question 2

Les temps verbaux dominants utilisés dans le texte rendent compte de la démarche et de la réflexion chronologiques de l'auteur, qui effectue un survol du temps, en commençant par une rétrospective sur le siècle écoulé pour finir par un aperçu sur les décennies à venir.

Ainsi le passé composé de l'indicatif lui permet de jeter un regard en arrière sur le siècle qui vient de s'écouler (le texte date de fin 1999) : ce temps, qui comporte une partie passée (le participe passé) et une partie présente (l'auxiliaire) exprime non pas, comme le passé simple, une action complètement rejetée dans le passé, coupée de la situation d'énonciation, mais bien le résultat présent d'une action passée. L'auteur, par cet emploi, marque bien que nous sommes aujourd'hui redevables de bien des « changements » qui ont eu lieu dans le siècle écoulé, que nous en recueillons les fruits (« Quels cadeaux tu nous *as faits* », « nous leur *avons forgé* les instruments de la modernité ») ou en subissons les conséquences (« Il en *est résulté* un tohu-bohu généralisé »). Ce temps prédomine dans la première moitié du texte.

Le présent de l'indicatif, très fréquent lui aussi dans le texte, est ici un présent actuel et se rapporte directement à la situation d'énonciation (« Je le *redis* et j'*insiste*, car tel est le propos de ce livre », « je ne *plains* pas [...] ceux qui... »). Par endroits, le présent prend la valeur d'un présent de vérité générale : « Quand un individu [...] *disjoncte* [...] il ne faut jamais laisser faire... »

S'inscrivant tout naturellement dans la démarche chronologique du texte, apparaît le futur de l'indicatif qui est utilisé pour parler du siècle à venir, dans ce qu'il promet avec certitude : « les cinquante ans qui viennent *pourront* engendrer le pire et le meilleur » ou encore : « je suis persuadée qu'ils en *seront* capables ».

Enfin, le conditionnel présent, qui apparaît vers la fin du texte, convoie les espoirs de l'auteur. Comme ces conjectures sont le fruit d'un sentiment subjectif (optimisme), le conditionnel se justifie : « Dès les tout premiers temps du troisième millénaire, des perspectives vraiment nouvelles *pourraient* bouleverser l'existence » ; « Les générations de demain *pourraient* alors avoir la chance... »

La palette des temps verbaux traduit ainsi dans ses nuances le circuit argumentatif du texte et suit la démarche de l'auteur dans sa réflexion.

✪ Question 3
Malgré son optimisme, l'auteur exprime ses craintes face à certains « dangers » que présente l'avenir. Ces peurs sont formulées dans les lignes 48-56 (« Le pire interviendra... leçon-là »).

Elle redoute d'abord l'éventuelle émergence de l'égoïsme et de « l'individualisme », du « chacun pour soi » qui amène un individu à ne plus prendre en considération la collectivité et le bien-être de celle-ci. Elle craint aussi la conséquence directe de cet égoïsme : le refus de se plier aux lois et à la « discipline » du groupe. Ce refus de solidarité fait des victimes dans un monde dur et sans pitié pour ceux qui n'ont pas les moyens de réussir.

L'auteur a aussi peur de la « barbarie », c'est-à-dire des « folies » meurtrières qui n'épargnent personne et se moquent des lois morales et humaines. Toutes ces dérives constituent pour Christiane Collange le « mal » ou même le « pire ».

Mais implicitement, on comprend que ce dont l'auteur a peur, c'est non seulement de la malveillance des uns, mais aussi du fatalisme, de la « paresse » et de la « faiblesse » des autres, de la « démission » et de la soumission qui permettent aux mauvaises natures de s'épanouir et de provoquer les désastres des guerres mondiales (évoquées par le biais de la référence à Hitler).

En somme, Christiane Collange exprime là des craintes qui ne sont pas nouvelles et que toutes les époques ont connues, mais le contexte économique et les crises qui se multiplient dans un monde où tout va plus vite et où les comportements sont de plus en plus imprévisibles les rendent encore plus aiguës. Voilà pourquoi elle croit utile de les rappeler à ses contemporains.

❏ Corrigé des travaux d'écriture

Attention ! Les indications entre crochets ne sont qu'une aide à votre lecture et ne doivent pas figurer dans votre rédaction.

✪ Travail 1
[Introduction]
« Où vont tous ces enfants dont pas un seul ne rit ? [...]
Ils s'en vont travailler quinze heures sous des meules :

Ils vont, de l'aube au soir, faire éternellement
Dans la même prison le même mouvement. [...]
Jamais on ne s'arrête, jamais on ne joue » (Hugo, *Les Contemplations*, « Melancholia »).
Si j'avais eu dix-sept ans au temps de Hugo ou de Zola, j'aurais eu le sort de ces enfants ou celui de Catherine dans *Germinal*. C'est grâce à la « transformation des conditions de vie matérielles » de notre siècle dont parle Christiane Collange que nous avons la chance d'avoir « le temps de vivre ». Plus que toute autre « révolution » de notre temps, c'est celle-ci qui me paraît primordiale, d'abord parce qu'elle touche presque tous les domaines – domestique, professionnel, social –, puis parce qu'elle a permis une « redistribution du temps » pour nous libérer du travail et accéder aux loisirs et qu'elle nous a donné une plus grande liberté.

[1. Des conditions de vie matérielles qui ont évolué depuis le XIXe siècle dans tous les domaines]
C'est une évidence que les diverses machines ont déchargé chacun de nous de bon nombre de contraintes dans notre vie, domestiques ou professionnelles.

[1.1. À la maison]
Notre existence à la maison s'est vue grandement simplifiée et améliorée par toutes les inventions électroménagères et les auxiliaires domestiques – lave-linge, lave-vaisselle, aspirateur, robots divers. Les tâches quotidiennes ont pu être effectuées d'une part beaucoup plus rapidement, d'autre part avec moins de peine et d'effort. Il faut se souvenir des heures passées par les femmes au lavoir – on pense ici aux scènes fameuses de Zola dans *L'Assommoir*, par exemple.

[1.2. Dans le travail]
Professionnellement aussi, la « pénibilité » du travail a beaucoup diminué. Nous avons peine même à concevoir le côté inhumain des conditions de vie dans les usines ou les chantiers au XIXe siècle ; ce sont désormais les romans de l'époque qui permettent de les imaginer : il faut songer à l'enfer du travail dans une forge du XIXe siècle, décrit par Alphonse Daudet, dans *Jack*, ou au « travail de bagne » des mineurs dépeint dans *Germinal*. Désormais, les monte-charge, les machines-robots allègent la tâche des hommes qui n'ont plus à fournir de travaux de force. Mais il ne s'agit pas uniquement de la peine physique : dans le domaine administratif même, les photocopieuses, les fax et autres moyens de reproduction évitent les activités fastidieuses et répétitives qui, par leur monotonie, généraient l'ennui.

[1.3. Dans les transports et la communication]
Pour se déplacer – et même précisément pour se rendre sur son lieu de travail – les moyens de transports ont réduit l'espace, épargné le temps et facilité l'accession au travail : autrefois, on ne pouvait travailler que près de son lieu d'habitation, ce qui réduisait les choix professionnels. Les moyens de communication – téléphone, fax, courrier électronique – ont ouvert la voie à des activités nouvelles et relié des mondes qui, jusqu'ici, s'ignoraient.

[2. Les conséquences de ces progrès matériels sont essentielles pour la redistribution du temps de vivre]
Ces innovations ont eu un triple effet : elles ont autorisé, notamment aux femmes, l'accès au travail, elles ont entraîné un gain considérable de temps et, par là, une diversification des occupations grâce à ce temps libéré.

[2.1. Le temps libéré]
Dans les milieux professionnels, de l'industrie aux emplois administratifs, la modernisation du matériel a permis d'aller plus vite, d'épargner les énergies, d'être plus efficace. L'ordinateur, un des derniers-nés de la vague moderne, réduit les déplacements et, par là, les distances, et fait gagner à beaucoup d'entre nous un temps précieux. Il permet aussi l'accès au travail pour les personnes handicapées ou incapables de se déplacer. Toutes ces améliorations ont amené à repenser la « semaine de travail » – et le débat actuel sur les trente-cinq heures en témoigne – et à considérer le temps comme un dû, une richesse.
Il s'agit bien là d'une forme essentielle de liberté. Du reste, bien peu de gens accepteraient de revenir au temps du porteur d'eau et du travail au lavoir... ou d'abandonner la voiture pour la marche à pied.

[2.2. Les loisirs permis]
De ce « temps perdu » autrefois et « retrouvé » aujourd'hui, chacun peut disposer à sa guise. Et la mécanisation, même si d'aucuns lui reprochent des conséquences néfastes par ailleurs, a ainsi pour résultat bénéfique de nous permettre de nous consacrer davantage aux loisirs, qui, puisqu'ils sont choisis, laissent ainsi à la personnalité et aux goûts de chacun la liberté de s'exprimer. L'un cultive son corps en s'adonnant au sport, l'autre exerce ses dons artistiques, un troisième voyage. On objectera peut-être que certaines de ces activités ne sont pas financièrement abordables. Certes, mais l'essentiel, pour garder son « quant-à-soi », sa personnalité, n'est pas forcément de posséder plus, mais bien plutôt de se garder un espace de temps vital dont on dispose en toute indépendance. Le temps ne s'achète pas, il se crée. C'est cela qui permet de cultiver les loisirs.

[2.3. Le savoir et l'information comme libertés]
Cette marge d'indépendance nous est aussi consentie par le savoir que notre société technologique nous dispense : en améliorant nos conditions de vie matérielles, nous améliorons aussi notre vie spirituelle. Mieux formé qu'au début du siècle, mieux informé aussi, l'homme moderne peut consacrer son temps à cultiver son esprit et voit son niveau culturel s'élever, ses connaissances se multiplier et, pour peu qu'il consacre le temps qu'il a pu « économiser » à se cultiver ou à s'informer, il acquiert la liberté que confèrent les connaissances. Comprendre et maîtriser le monde où l'on vit donne du recul et une indépendance que l'ignorance interdit. Savoir, c'est être en mesure de penser, de juger et de choisir. Or, penser, c'est préserver son originalité et sa liberté. Ainsi, les choix politiques, grâce aux médias et à leur constante information, se font de façon plus réfléchie. La recherche d'une carrière est facilitée par les moyens de communication qui se sont multipliés ; or, l'accession au travail n'est pas aliénation, mais plutôt libération.

[Conclusion]
Grâce à cette « transformation des conditions de vie matérielle », nous pouvons de nos jours « consacrer l'essentiel de (nos) forces et de (notre) temps à vivre mieux « et non à « survivre », nous maîtrisons ainsi une bonne partie de notre vie, de notre destin. Qui peut le nier ? Cependant, notre chance est-elle uniquement là ? N'est-elle pas aussi – et peut-être avant tout – d'être nés dans des pays où le niveau de vie est très élevé, où presque tous nous avons accès aux divers avantages du progrès ? Si, aujourd'hui même, j'avais dix-sept ans en Colombie ou au Pakistan, pourrais-je parler de libération, quand, avec des moyens artisanaux et des conditions de travail misérables, « de l'aube au soir », je ferais « éternellement dans la même prison le même mouvement », je consumerais tout mon temps à fabriquer des ballons de football pour que les jeunes des pays riches puissent consacrer une bonne part de leurs temps à se délasser dans les stades ?

✪ Travail 2
[Introduction]
Après des décennies qui ont vu deux guerres mondiales bouleverser les sociétés, la littérature du XXe siècle s'est fait l'écho des angoisses existentielles et des peurs pour l'avenir. Mais, face à ces interrogations, des voix, comme celle de Christiane Collange, s'élèvent pour dire leur optimisme, leur confiance en l'avenir. Qui croire ? Vivre aujourd'hui, est-ce une chance ou une malchance ? Il semble que la réponse à cette interrogation dépende de la perspective que l'on adopte : si les conquêtes du

XXe siècle sont indéniables et donnent lieu à de grands espoirs, nous entrons cependant dans un monde inquiétant, surtout à l'échelle mondiale, qui offre des perspectives alarmantes.

[1. Les conquêtes du XXe siècle et les espoirs du XXIe siècle : certes, un monde en plein progrès]
Notre temps a multiplié les découvertes scientifiques et technologiques, qui ont trouvé des applications dans tous les domaines qui touchent l'individu, cela en un temps record.

[1.1. Les progrès médicaux et les « miracles » à venir]
Les recherches médicales et scientifiques ont marqué de grandes avancées bénéfiques pour le corps et sa santé, et les années à venir vont sans doute nous amener à de véritables « miracles » biologiques. Vaccins, chirurgie (même esthétique...), greffes ont déjà considérablement augmenté l'espérance de vie ; on pense que bientôt le clonage permettra de constituer des « banques » d'organes pour soigner des malades qui aujourd'hui sont condamnés.

[1.2. Les conditions de travail qui ne font que s'améliorer]
Parallèlement, grâce à la multiplication des machines, des robots, des ordinateurs, le travail devient de moins en moins pénible : l'agriculteur n'est plus soumis aux travaux de force d'autrefois ; pourtant son rendement augmente. Les tâches sont moins malsaines, moins répétitives... Enfin, le temps consacré aux activités professionnelles s'est considérablement réduit, ce qui a permis de mener une vie plus équilibrée.

[1.3. Confort et facilités dans la vie quotidienne]
Le confort domestique accru – grâce aux multiples appareils ménagers et à l'amélioration de l'habitat – rend la vie plus agréable et moins pénible. Voitures, trains et avions nous font encore gagner du temps, nous permettent de découvrir d'autres horizons et de multiplier les voyages, professionnels ou d'agrément. Les moyens de communications variés tels que le téléphone, le fax, et, bien sûr, l'informatique avec son courrier électronique, mais aussi le développement des médias – radio, télévisions, connexions par satellites – nous relient au monde entier sans peine et sans perte de temps. Le temps libéré peut alors être consacré aux loisirs sportifs, artistiques...

[1.4. Vie sociale : liberté et assistance]
Moins spectaculaires, moins concrets, mais tout aussi primordiales, les avancées dans la vie sociale et politique ont changé notre vie, et l'habitude rend pour nous banal ce qui au fond est un privilège. La démocra-

tie et la liberté nous ont offert une liberté d'opinion autrefois rare, notamment dans la presse. Mieux encore, tout un système de protection sociale nous apporte aide et sécurité : l'école assure l'instruction pour tous, souvent gratuite ; les caisses de solidarité, comme la Sécurité sociale, nous garantissent une aide financière ; enfin, l'être humain est mis au centre des préoccupations et nos pays ne connaissent pratiquement plus la torture...

[Transition]
Devant cette foule d'avantages très spectaculaires, il semble que l'on ne puisse que s'émerveiller et nourrir de grands espoirs. Pourtant on ne peut ignorer qu'il y a un très sérieux revers à la médaille...

[2. Mais un monde inquiétant]
Les perspectives qui s'ouvrent pour les « cinquante ans » à venir nous font entrevoir un monde inquiétant à plusieurs titres.

[2.1. Un progrès industriel qui détruit la nature]
Les bonds technologiques et industriels qui assurent notre confort personnel sont en train de détruire la nature sans laquelle l'homme ne saurait vivre. Déjà, dans son poème « Arbres », Prévert lançait un cri d'alarme et un S.O.S. en faveur des arbres, et il faut craindre les suites de la « déforestation » dans les pays de l'Est, en Allemagne et surtout en Amérique du Sud.
La vie humaine elle-même se trouve en danger : les pluies acides menacent la santé, une nourriture moins saine, mais aussi les matériaux modernes multiplient les risques de cancer, de nouvelles maladies naissent, dont certaines, psychologiques, telles que le fameux « stress », seront plus difficiles encore à soigner.

[2.2. Les crises économiques et professionnelles]
Au-delà de la simple survie, sur le plan professionnel, les crises économiques rendent les perspectives d'avenir très floues ou incertaines, réduisent les choix de carrières, engendrent souvent le chômage et nourrissent les craintes des jeunes qui arrivent sur le marché du travail.

[2.3. Une vie sociale difficile]
La vie sociale, notamment dans les grands centres urbains qui ne cessent de se développer démesurément, rend les rapports entre les gens souvent difficiles : l'indifférence au milieu même de la foule, l'insécurité qui amène à se murer dans l'individualisme engendrent l'angoisse et le malaise.

[2.4. La perte des valeurs morales]
Enfin, la rapidité des progrès et la difficulté à s'adapter sans cesse semblent mener insensiblement à une crise de civilisation et on peut

craindre une disparition des valeurs humaines, celle-là même que redoute Christiane Collange. Les liens familiaux se distendent, le respect de l'autre ne prévaut plus – on cherche à «gagner» coûte que coûte et la notion de rendement prime souvent – et, parallèlement, le progrès aidant, la notion de l'effort se perd. Certains craignent que tout sens moral disparaisse.

[Transition]
En somme, sur le plan individuel et dans nos pays favorisés, à l'échelle de notre petit monde, le bilan peut paraître équilibré. Mais c'est compter sans le monde plus vaste qui nous entoure.

[3. Et surtout, à l'échelle du monde, des perspectives alarmantes]
En effet, si, nous sentant citoyens du monde, nous dépassons une vision étroite égoïste, les sujets de crainte se multiplient et l'emportent radicalement.

[3.1. Des pays dans une situation de détresse : le tiers-monde]
Bien des pays se trouvent dans une situation de détresse qui va s'aggravant. Certains, bien qu'entourés de «voisins» opulents, meurent de malnutrition sous les yeux du monde : au Ghana, on souffre d'insuffisance alimentaire ; dans les *favellas* de Rio de Janeiro, les enfants meurent dans la rue. Les paysans chinois gagnent quinze fois moins que leurs homologues européens, mais les paysans africains, dont les conditions de travail sont très pénibles, quarante fois moins...
La femme africaine subit un sort qui nous paraîtrait insupportable : tous les jours, elle doit «marcher plus de deux heures pour se rendre à son travail, portant cinquante kilos de charges sur la tête, sur le dos son dernier enfant, et dans le ventre, bien souvent, un enfant à naître», explique le professeur d'économie Daniel Cohen. Les filles sont au travail dès dix ans... Et les enfants en Amérique du Sud travaillent quinze heures par jour dans des conditions malsaines et pénibles. Peut-on dire que ces enfants qui, en l'an 2000, ont «toute leur vie devant eux», ont de la «chance» de vivre à cette époque ?
Et que penser devant la surpopulation imminente sur terre ?

[3.2. Des menaces d'oppression et de dictatures]
Certains pays vivent aussi sous la menace de la montée de l'oppression et de la dictature. Si nous jouissons des libertés de circulation, d'opinion, qui du reste nous paraissent élémentaires, de nombreux êtres humains en sont privés, terrorisés par un pouvoir injuste. Dictature en Libye, en Irak, en Serbie, en Corée du Nord, au Zimbabwe... Il suffit de constater le nombre de prisonniers politiques pour lesquels Amnesty International tente de militer.

[3.3. La menace des conflits toujours présente, aggravée par des moyens plus radicaux et plus sophistiqués]

Comme s'il ne suffisait pas aux hommes de lutter contre des conditions de vie de plus en plus difficiles, ils semblent s'ingénier à concourir à leur propre perte : la menace de conflits de plus en plus graves est toujours présente. En effet, d'une part les guerres font planer désormais le risque d'un élargissement à l'échelle mondiale, alors qu'autrefois, elles étaient relativement circonscrites ; d'autre part, le progrès technologique et scientifique a permis de créer des armes de plus en plus meurtrières, radicales et sophistiquées. Après le nucléaire, on s'essaie à la guerre bactériologique, qui exploite perversement les découvertes médicales les plus récentes.

Guerre en Yougoslavie, guerre au Kosovo, guerre en Afghanistan, guerre en Afrique... Combien de fois entend-on des mises en garde contre cette « troisième guerre mondiale » que tout le monde redoute ? N'y a-t-il pas là de quoi faire « redouter l'avenir » ?

[Conclusion]

Les mutations fulgurantes de la seconde moitié du XXe siècle peuvent certes faire rêver d'un monde où tout sera plus facile et où l'homme aura l'impression de devenir le maître de sa vie, de son temps et même du monde. Mais c'est là une attitude qui s'en tient à un point de vue individuel – et individualiste (?) – de personnes qui vivent dans un pays relativement nanti. Si, comme moi, on se considère comme citoyen du monde et homme au premier chef, les perspectives semblent bien sombres et peuvent faire craindre « le pire » qu'évoque Christiane Collange. Le sort de l'humanité est sans aucun doute entre ses propres mains et, Rabelais le disait déjà au XVIe siècle, qui présente bien des similitudes avec le nôtre : « Science sans conscience n'est que ruine de l'âme. »

La justice

Henri de Montherlant (1895-1972)
La Reine morte (acte II, scène I)
(1942)

L'action se passe au Portugal, au XIVe siècle. Pour des raisons politiques, le roi Ferrante souhaite marier son fils Pedro à l'Infante de Navarre. Mais le jeune homme refuse cette union, car il a épousé en secret une dame de la cour, Inès de Castro, qui attend un enfant de lui. Furieux, le roi donne l'ordre d'arrêter Don Pedro.

Au début du deuxième acte, Ferrante s'entretient avec son premier ministre, Egas Coehlo, et un conseiller, Alvar Gonçalvès.

EGAS COELHO
[…] Votre majesté nous demande notre avis. En notre âme et conscience, nous faisons le vœu que doña Inès ne puisse plus être à l'avenir une cause de trouble dans le royaume.

FERRANTE
Qu'elle soit emprisonnée? exilée?

EGAS COELHO
5   Qu'elle passe promptement de la justice du roi à la justice de Dieu.

FERRANTE
Quoi! la faire mourir! Quel excès incroyable! Si je tue quelqu'un pour avoir aimé mon fils, que ferais-je donc à qui l'aurait haï? Elle a rendu amour pour amour, et elle l'a fait avec mon consentement. L'amour payé par la mort! Il y aurait grande injustice.

EGAS COELHO
10   L'injustice, c'est de ne pas infliger un châtiment mérité.

ALVAR GONÇALVÈS
Et les offenses publiques ne supportent pas de pardon.

FERRANTE
Le Prince et Inès sont également coupables. Mais Inès seule serait tuée !

ALVAR GONÇALVÈS
Tacite[1] écrit : « Tous deux étaient coupables. Cumanus seul fut exécuté, et tout rentra dans l'ordre. »

FERRANTE
N'est-ce pas cruauté affreuse, que tuer qui n'a pas eu de torts ?

ALVAR GONÇALVÈS
Des torts ! Elle en a été l'occasion.

EGAS COELHO
Quand une telle décision ne vient pas d'un mouvement de colère, mais du conseil de la raison, elle n'est pas une cruauté, mais une justice.

FERRANTE
Oh ! l'impossible position de la raison et de la justice !

EGAS COELHO
D'ailleurs, y aurait-il ici injustice, la création de Dieu est un monceau d'innombrables injustices. La société des hommes aurait-elle l'orgueil infernal de prétendre être plus parfaite ?

FERRANTE
Je suis prêt à mettre doña Inès dans un monastère.

EGAS COELHO
Dont le Prince, en prison ou non, l'aura fait enlever avant trois mois.

FERRANTE
Je puis l'exiler.

EGAS COELHO
Où elle sera, elle sera un foyer de sédition[2]. Le Prince groupera autour d'elle tous vos ennemis. Ils attendront votre mort, ou peut-être

la hâteront, puisqu'il suffit de cette mort pour qu'Inès règne. Non : tout ou rien. Ou le pardon avec ses folles conséquences, ou la mort.

Alvar Gonçalvès

Sans compter que – monastère ou exil – on penserait que Votre Majesté, a eu peur de verser le sang. Ce qui conviendrait mal à l'idée qu'on doit se faire d'un roi.

Ferrante

Si j'étais homme à me vanter du sang que j'ai répandu, je rappellerais que j'en ai fait couler assez, dans les guerres et ailleurs.

Egas Coelho

Le sang versé dans les guerres ne compte pas.

Ferrante

J'ai dit : et ailleurs. Il me semble que, sous mon règne, les exécutions n'ont pas manqué.

Egas Coelho

On dira, que, ce coup, vous avez bien osé tuer un ministre de Dieu ; mais non une femme, seulement parce que femme.

Ferrante

La nature ne se révolte-t-elle pas, à l'idée qu'on ôte la vie à qui la donne ? Et doña Inès, de surcroît, est une femme bien aimable.

Alvar Gonçalvès

D'innombrables femmes sont aimables.

Egas Coelho

Plus d'un monarque a sacrifié au bien de l'État son propre enfant, c'est-à-dire ce qu'il y avait de plus aimable pour lui, et Votre Majesté hésiterait à sacrifier une étrangère, une bâtarde qui a détourné votre fils de tout ce qu'il doit à son peuple et à Dieu ! Mais la question est encore plus haute. Des centaines de milliers d'hommes de ce peuple sont morts pour que les Africains ne prennent pas pied au Portugal. Et vous seriez arrêté par la mort d'un seul être !

Ferrante

Il n'y a pas de proportion !

EGAS COELHO

Non, en effet il n'y a pas de proportion ! et ce sont toujours les hommes qui sont tués, jamais les femmes : cela n'est pas juste. Bien plus, à égalité de crime devant la loi, une femme n'est pas tuée : cela n'est pas juste. Une femme, par sa trahison, livre l'armée : elle est emprisonnée à vie, et s'accommodant peu à peu, puisqu'il est dans la nature que tout ce qui dure se relâche, elle en vient à tirer une vie qui n'est pas dénuée de tout agrément. Mais un homme, pour le même forfait, est retranché d'un coup. Si doña Inès vous disait : « Pourquoi me tuez-vous ? », Votre Majesté pourrait lui répondre : « Pourquoi ne vous tuerais-je pas ? »

FERRANTE

Je ne puis croire que la postérité me reproche de n'avoir pas faire mourir une femme qui est innocente quasiment.

EGAS COELHO

La postérité appellerait cet acte une clémence, s'il se plaçait dans une suite d'actes énergiques. Dans le cas présent, elle l'appellera faiblesse.

---

1. *Tacite :* historien latin (55-120 apr. J.-C.).
2. *Sédition :* trouble, révolte contre l'ordre établi.

Questions (10 points)

▶ **1.** Par quels arguments Alvar Gonçalvès et Egas Coelho justifient-ils l'assassinat de doña Inès ? (3 points)
▶ **2.** Identifiez trois procédés rhétoriques par lesquels s'expriment les hésitations de Ferrante face à la requête de ses conseillers. (3 points)
▶ **3.** Quelles sont les conceptions de la justice qui s'affrontent ? Vous vous appuierez sur le texte pour justifier votre réponse. (4 points)

Travail d'écriture (10 points)

▶ « Pourquoi me tuez-vous ? » (l. 60). Imaginez l'argumentation que développerait doña Inès pour plaider sa cause.

❏ Travail de préparation

PRÉPARER LES QUESTIONS

✪ Question 1

▶ **Comprendre la consigne**
Argument* : preuve destinée à appuyer, à démontrer une thèse. Il est illustré par des exemples.

▶ **Conseils de méthode pour le repérage des arguments dans un texte**
• Pour vérifier que c'est bien un **argument** que l'on a repéré (et non une thèse ou un exemple), on doit pouvoir, après avoir formulé la thèse, faire précéder l'argument de *en effet* ou *la preuve en est que...*
• Pour alléger le style de votre réponse, vous pouvez, au moment de la rédaction, « gommer » ou formuler de façon plus élégante ce lien.
Exemple : [Je soutiens que la lecture est utile] ; *(en effet / la preuve en est que...)* elle permet de se cultiver.

▶ **Ce que l'on vous demande**
• Repérez des arguments qui soutiennent la thèse : « il faut assassiner doña Inès », en utilisant la méthode ci-dessus.
• Reformulez ces arguments ; s'ils sont formulés implicitement* (par une périphrase*, par exemple), c'est-à-dire de façon voilée, éclaircissez-les.
• Pour chacun d'eux, précisez de quel type d'argument il s'agit : matériel, moral, personnel, argument *ad hominem* (= mise en cause non plus des idées, mais de la personne, d'autorité).
• Précisez aussi comment les arguments s'enchaînent, quelle progression est suivie.
• Appuyez votre réponse sur des mots précis du texte.
• Les arguments sont nombreux mais certains sont du même type ou s'appuient sur la même notion : pour ne pas composer de réponse trop longue ou « fouillis », groupez-les par affinité.

✪ Question 2

▶ **Comprendre la consigne**
Rhétorique* : c'est l'art de bien parler (pour convaincre).
• Les procédés sont multiples, mais peuvent se classer par affinité. Il peut s'agir :
– de figures comme la comparaison*, la métaphore*, la personnification* ; la périphrase* ; l'antithèse*, le paradoxe* ou l'oxymore ; l'hyperbole*, l'anaphore*, la gradation* ;

LA JUSTICE

– de la construction et du rythme des phrases ; on étudie alors la structure des phrases : sont-elles affirmatives ? interrogatives ? exclamatives ? On peut avoir affaire à une question rhétorique* (voir plus bas) ;
– de la récurrence* de sonorités pour produire un effet.

• Voici quelques procédés essentiels :

Comparaison* : figure de style qui consiste à rapprocher un élément (le comparé) d'un autre élément (le comparant) par un point commun, à l'aide d'un mot-outil de comparaison (*comme, tel*...).

Métaphore* : figure de style qui rapproche un élément (le comparé) d'un autre élément (le comparant) pour souligner leur ressemblance, mais *sans* mot-outil de comparaison.

Antithèse* : figure qui consiste à opposer fortement deux mots ou deux expressions.

Phrase simple / phrase complexe : une phrase simple n'a qu'un seul verbe ; la phrase complexe comprend une proposition principale et une ou plusieurs subordonnées.

Phrase composée : elle comporte deux indépendantes (ou plus) coordonnées ou juxtaposées.

Phrase nominale* : c'est une phrase sans verbe, construite autour d'un nom.

Phrase elliptique* *(du verbe, du sujet...)* : phrase à laquelle il manque (le verbe, le sujet...).

Juxtaposition* : c'est le fait de mettre à côté deux groupes de mots (le plus souvent des propositions) sans mot de liaison (remplacé par un point ou une virgule).

Asyndète* : absence ou suppression de liaison (conjonction, connecteur logique ou temporel) entre deux groupes de mots étroitement liés par le sens *(bon gré, mal gré)*.

Anaphore* : répétition d'un même mot ou d'un même groupe de mots, d'une même construction au début de phrases ou de propositions qui se succèdent *(Il y a..., il y a..., il y a...)*.

Question rhétorique* *ou oratoire* : fausse question qui n'attend pas de réponse et qui équivaut à une phrase déclarative, car elle contient implicitement* la réponse ; elle permet de solliciter davantage l'attention et d'emporter — par force — l'adhésion de l'auditeur.

• La question n'est pas très heureusement posée, à cause du mot *hésitations* ; en effet, d'après sa formulation, on attendrait des procédés qui marquent l'embarras, l'indécision, comme des phrases interrompues par des points de suspension, des répétitions qui soulignent l'incertitude. Or, ici, il s'agit plutôt de résistance assez déterminée et d'opposition à l'avis des conseillers.

• Par ailleurs, « hésiter » (ne pas être très sûr de son avis) et « chercher à convaincre » (idée contenue dans le mot « rhétorique ») sont deux notions presque incompatibles.
• Vous trouverez cependant dans les répliques de Ferrante des procédés rhétoriques, c'est-à-dire des « façons de parler peu communes ». C'est cela qu'il faut repérer.

▶ **Ce que l'on vous demande**
• Cherchez les procédés rhétoriques utilisés par Ferrante.
• Nommez-les et qualifiez-les (dites en quoi ils consistent).
• Indiquez l'impression qu'ils créent ou ce qu'ils traduisent.

✪ Question 3

▶ **Comprendre la consigne**
Conception : idée, vue, point de vue sur…
• Vous devez dire ce que représente pour les personnages en scène la notion de justice. Ici, les propos de Ferrante traduisent une idée de la justice qui s'oppose à celle des conseillers.
• Pour cela, en travail préliminaire, relevez d'abord le champ lexical de la justice tout au long du texte et, selon les répliques, repérez quels autres champs lexicaux lui sont associés, par exemple, dans la réplique d'Alvar Goncalvès (l. 11) apparaît l'expression « pas de pardon » et dans celle d'Egas Coelho (l. 45-52) le mot « justice » est associé à « bien de l'État » ; dans la réplique de Ferrante (l. 20), « impossible » et « justice » sont associés.
• Tirez de ces relevés des idées sur la façon dont les personnages conçoivent la justice.
• Vous devez classer ensuite les remarques : la conception de Ferrante d'une part, celle de ses conseillers d'autre part.

▶ **Ce que l'on vous demande**
• Formulez clairement, en les ordonnant, les conceptions de la justice qui ressortent des propos des personnages.
• Appuyez toutes vos affirmations sur des mots ou des expressions du texte.

PRÉPARER LE TRAVAIL D'ÉCRITURE

✪ Travail 1

▶ **Comprendre la consigne**
Le sujet comprend une citation et une consigne, qu'il faut mettre étroitement en relation. Trois termes sont particulièrement importants.

• « Argumentation » vous indique clairement le **type de texte** à produire : vous devez trouver des arguments, c'est-à-dire des preuves que vous proposez une bonne solution.
– Le **thème** de cette argumentation se trouve dans une citation, mais qui n'appartient pas au texte d'appui. Il vous faut donc bien comprendre au compte de qui elle est à mettre ; c'est la consigne qui vous l'indique : « doña Inès ».
– La **thèse** vous est implicitement indiquée par le mot « plaider ». Ici Inès doit donner des raisons à Ferrante pour qu'il ne la « tue » pas. La thèse est donc : « Il ne faut pas me tuer. »
Plaidoyer : discours prononcé en justice pour défendre le droit, la cause de quelqu'un.
Réquisitoire : discours prononcé en justice pour accuser quelqu'un.
– Vous devrez donc avoir recours aux procédés de l'art oratoire* : questions rhétoriques*, exclamations*, hyperboles*, images saisissantes rythmes ternaires* (voir plus haut).
• « Que développerait doña Inès » vous indique la **situation d'énonciation** qui est la suivante : qui parle ? Inès, une jeune femme amoureuse ; à qui ? à Ferrante, un roi, un père ; quand ? avant que Ferrante ne prenne sa décision finale sur son sort.
– Cela implique que vous preniez les formes d'expression d'un sujet envers son souverain (ne pas oublier que l'on est au Portugal, au XIVe siècle) : apostrophe (« Majesté », « Sire »...), vouvoiement, formes de respect...
– Votre travail ne doit donc pas avoir la **forme** ni le **ton** d'un essai, mais ceux d'une réplique de théâtre.
– Vous devez aussi tenir compte de ce que vous savez de doña Inès, une jeune femme, amoureuse, qui attend un enfant. Prêtez-lui le style qui convient :
• à sa personne : celui de l'amour et de la tendresse, de la jeunesse, qui peut s'appuyer sur des images poétiques. Elle parle le langage des sentiments. Le **ton** (ou **tonalité**, ou **registre**) sera lyrique*;
• à l'enjeu : celui de la vie, ce qui la met dans une situation dramatique (expression de l'angoisse). Le **ton** sera pathétique* ;
– Vous devez enfin tenir compte de Ferrante, un roi soucieux de la gloire de sa famille et de son pays, qu'il faut aussi essayer de convaincre par la raison. Le **ton** sera solennel.
Lyrique : qui porte la marque parfois exaltée des sentiments, des émotions. Indices : première personne, anaphores, exclamations, interrogations... ; vocabulaire des sentiments, du bonheur / malheur... ; évocation des grands thèmes humains : nature, amour, mort...
Pathétique : qui porte la marque de la souffrance, de la tristesse, de la

douleur pour apitoyer. Indices : hyperboles, interjections… ; vocabulaire de la souffrance, de la douleur.
• « Imaginez » : il vous faut inventer, mais en partant des indices donnés dans le paratexte* et dans le texte.

▶ **Explorer le champ argumentatif**
– Pour trouver des arguments, partez des personnes qui entourent Inès et que sa mort affecterait, donc des conséquences négatives de l'éventuelle décision de Ferrante sur elles : Inès ; son enfant à naître ; Pedro – son mari et le futur roi – ; Ferrante lui-même ; enfin, au-delà, le Portugal et Dieu (dont il est question dans le texte d'appui).

▶ **Faire un plan**
Le réquisitoire ne doit pas avoir la rigidité de structure d'un essai ; les arguments peuvent être ordonnés selon une progression dramatique (il s'agit d'un texte de théâtre) plutôt que logique (l'architecture qui soutient le discours ne doit pas être trop visible). Mais vous devez tout de même observer une progression (ménagez des paragraphes) et rendre sensibles les différents « paliers » du discours, par des indices d'organisation de la pensée.

Apostrophe (ou adresse) au roi.
1. Le chef d'accusation.
1.1. Je sais de quoi on m'accuse.
1.2. Est-ce un crime ?
2. Une lourde responsabilité.
2.1. Par rapport à Dieu.
2.2. Par rapport à l'enfant à naître.
3. Je ne suis pas un danger pour vous.
3.1. Je n'ai pas d'ambitions politiques.
3.2. Vos conseillers vous abusent.
4. Soyez homme et père.
4.1. Roi ou homme ?
4.2. Roi ou père ?
5. L'après-crime : de terribles conséquences.
5.1. La rancune d'un fils contre son père.
5.2. Le mépris de soi-même.
5.3. Un roi malheureux ne saurait assurer le bonheur de son peuple.
6. S'il faut parler raison…
6.1. Nous sommes tous deux coupables : il faut nous punir tous deux.
6.2. Le monde n'a pas besoin de sang, mais d'amour.
Péroraison : appel à la clémence.

❏ Corrigé des questions

✪ Question 1

Alvar Gonçalvès et Egas Coelho cernent Ferrante par leurs arguments, variés, pour le convaincre d'assassiner doña Inès.

Les premiers arguments sont exprimés de façon voilée, à l'aide de périphrases (« qu'elle ne puisse être... un cause de trouble » signifie « tuer »), pour ne pas prendre le roi de front. Peu à peu, ils deviennent plus directs et prennent alors de l'ampleur (les répliques d'Egas Coelho, l. 45-51, l. 54-62, s'étendent sur plusieurs lignes). Par ailleurs, certains arguments sont repris sous diverses formes, à des endroits différents de l'entretien entre le roi et ses conseillers.

Un premier groupe d'arguments tourne autour de la culpabilité de doña Inès : elle doit mourir parce qu'elle est coupable : ainsi Egas Coelho parle d'un « châtiment mérité ».

Le premier argument, formulé par Egas Coelho, souligne le danger que doña Inès a fait courir au royaume : morte, elle ne sera plus « une cause de trouble dans le royaume ». L'argument est d'ordre politique et invoque la raison d'État. Il est repris par Alvar Gonçalvès, sous la forme d'un argument d'autorité, par le biais d'une citation du fameux historien latin Tacite, qui comporte l'expression : « rentrer dans l'ordre ». Plus loin, Egas Coelho revient sur ce point avec l'expression « sacrifier au bien de l'État » (l. 45). S'ils concèdent que doña Inès n'a pas directement troublé l'ordre public, les conseillers allèguent qu'elle est cependant indirectement coupable, pour avoir été à l'origine du mal : « Des torts ! Elle en a été l'occasion » ; plus loin : « elle a détourné votre fils de tout ce qu'il doit à son peuple et à Dieu ».

Ce premier groupe d'arguments s'appuie sur la notion de justice : des lignes 1 à 20, le champ lexical de la justice domine. L'argument prend beaucoup de force, car les conseillers allèguent non pas la justice « des hommes », mais celle « de Dieu », autre argument d'autorité. De ce point de vue, les conseillers vont même plus loin et prétendent qu'il vaut mieux commettre une injustice que de risquer le trouble dans l'État (l. 21-23).

Les deux hommes, par la suite, utilisent un argument assez cynique et prennent une perspective plus pragmatique : doña Inès doit mourir non pour ses méfaits passés, mais pour éviter les risques de récidive (« où elle sera, elle sera un foyer de sédition »). Emprisonnée, elle pourrait s'échapper. La mort est une solution plus sûre, en somme.

Puis, les arguments se font plus personnels et touchent directement le roi, dans sa fonction et dans sa personne (les conseillers usent alors de

la deuxième personne du pluriel, qui implique davantage Ferrante dans le débat). Doña Inès représente aussi un danger pour le roi lui-même : « ils attendront votre mort ». En bref, si ce n'est pas le roi qui fait assassiner Inès, ce sera Inès qui le fera tuer, par ambition de « régner ». Les conseillers la présentent donc comme une rivale pour le roi.
Même si elle ne nuisait pas à la vie du roi, elle risque en tout état de cause de ternir la renommée du roi (« l'idée qu'on doit se faire d'un roi ») : celui-ci déchoirait en manquant d'énergie, en faisant preuve de « faiblesse » (l. 66). Les arguments se font alors provocateurs et essaient de piquer au vif le roi.

Les arguments suivants, d'ordre éthique, marquent une progression dans la mesquinerie et montrent le peu de respect des deux conseillers pour la vie humaine et pour la femme : doña Inès peut être aisément remplacée (« D'innombrables femmes sont aimables »), c'est une « étrangère, une bâtarde » – sa vie n'a donc aucune valeur. Enfin, tuer « un seul être », ce n'est pas un grand crime, au regard des milliers de victimes dans les guerres. Les conseillers minimisent là l'éventuelle faute de Ferrante.

Certains arguments sont très spécieux : faire mourir doña Inès, qui est femme, c'est réparer l'injustice faite aux multiples hommes qui ont été tués dans les guerres – argument sexiste – et incohérent.

Enfin, les deux hommes terminent par un argument irrationnel, qui repose sur un raisonnement par l'absurde : le roi a autant de raisons de tuer doña Inès que de la laisser vivre et il pourra alléguer son bon vouloir, son caprice, supérieur à toute morale et qui peut s'exercer impunément sur la vie humaine : « Pourquoi ne vous tuerais-je pas ? » ; le roi n'aurait même pas de justification à fournir. Il peut tuer si tel est son bon plaisir.

Les arguments sont donc d'ordre très varié : politiques, religieux, personnels, moraux... Ils deviennent, au fil du texte, de plus en plus faibles, absurdes et surtout cyniques.

✪ Question 2

Ferrante s'oppose à ses conseillers qui essaient d'ébranler sa résolution, mais il leur résiste. Néanmoins son trouble est sensible dans la façon dont il s'exprime.

C'est d'abord la syntaxe qui rend compte de son état d'esprit : ainsi, dès le début de la scène, il multiplie les interrogations, qui en fait sont des questions rhétoriques, c'est-à-dire qui n'appellent pas de réponse : « Si je tue quelqu'un pour avoir aimé mon fils, que ferais-je donc à qui l'aurait haï ? » (l. 6-7), ou encore « N'est-ce pas une cruauté affreuse, que tuer

qui n'a pas eu de torts ? ». L'ensemble de la scène est scandé par ces questions oratoires (l. 6-7, 16, 42).
Puis c'est le mode exclamatif qui prend le relais, parfois soutenu par une interjection (« Quoi ! », « Oh ! »), une construction elliptique du verbe et un infinitif d'indignation : « Quoi ! la faire mourir ! Quel excès incroyable ! » ; parfois l'exclamation s'exprime par un groupe nominal, qui donne à la phrase sa brièveté incisive : « L'amour payé par la mort ! » Il en va de même à la ligne 20, où apparaissent la lassitude et le scepticisme du roi : « Oh ! l'impossible position de la raison et de la justice ! »
La pensée et les répliques de Ferrante s'organisent aussi le plus souvent autour d'oppositions (on remarque la conjonction de coordination « mais », l. 12) qui prennent la forme d'antithèses : Ferrante souligne par là l'incohérence de la solution suggérée par ses conseillers et l'écartèlement qu'elle entraînerait. Ainsi, « avoir aimé » s'oppose à « aurait haï » (l. 7), « ôte la vie » à « la donne » (l. 42), « Le Prince *et* Inès » à « Inès *seule* », « l'amour » à « la mort » ; ici, l'antithèse joue sur la brièveté des deux mots et sur leurs sonorités. Parfois l'antithèse est implicite : « tuer » et « qui n'a pas de torts » ne s'opposent pas dans leur sens littéral, mais dans une logique de justice, s'excluent (on ne tue pas un innocent), de même que « mourir » et « innocente » et, selon la logique et l'expérience de Ferrante, « raison » ne peut cohabiter avec « justice ».
Enfin, Ferrante a souvent recours à l'hyperbole, qui marque son désarroi et la révolte que la conduite qu'on lui souffle suscite en lui. Ainsi, il parle « d'excès incroyable » (l. 6), de « cruauté affreuse » (l. 16).
Ces procédés rhétoriques soutiennent la délibération de Ferrante et confèrent de la force à sa résistance et à sa lutte contre la requête de ses conseillers.

✪ Question 3
Dans cette scène qui s'organise autour des notions de culpabilité, d'innocence, de châtiment, de clémence, s'affrontent deux conceptions de la justice : celle des conseillers du roi et celle de Ferrante.
Pour les premiers, la justice doit être expéditive (« qu'elle passe *promptement...* »), implacable et inflexible, sans nuances, sans cas de conscience, sans compromis, comme le montre la forme même de leurs répliques, souvent négatives et péremptoires : « les offenses publiques *ne* supportent *pas* de pardon » ; « Non : tout ou rien ». Inhumaine, souvent injuste, parce qu'admettant ou conseillant la punition sans preuve tangible de culpabilité ou même pour une simple présomption de culpabilité à venir (« elle sera un foyer de sédition »), la justice, pour les conseillers de Ferrante, n'est pas une valeur, mais un simple outil au service du pouvoir,

un moyen soumis à la « raison d'État », au « bien de l'État ». Elle fait peu de cas de la mort d'« un seul être ». Pour Egas Coelho, on ne peut prétendre à la perfection dans l'exercice de la justice qui est, par nature faillible (« La société des hommes aurait-elle l'orgueil infernal de prétendre être [...] parfaite ? ») ; il en arrive même à formuler un paradoxe peu admissible : la justice admet « l'injustice » (l. 21). Il s'agit là d'une conception tout à fait machiavélique et cynique de la justice.

Pour Ferrante, au contraire, la justice est une valeur supérieure non pas soumise à l'exercice du pouvoir mais liée à la « nature » : « La nature ne se révolte-t-elle pas à l'idée qu'on ôte la vie à qui la donne ? » Comme elle est perfection et absolu, l'homme, être imparfait, l'atteint difficilement et risque l'erreur dans son exercice : de là les débats de conscience dans lesquels le jette l'exécution de cette justice et dont témoignent les nombreuses phrases interrogatives du roi. Pour Ferrante, la justice ne saurait se soumettre à la seule « raison » (l. 20) et doit obéir à des considérations humaines, répugner à toute « cruauté », tenir compte des individus (« Et doña Inès [...] est une femme bien aimable ») et des circonstances (« une femme qui est quasiment innocente »). Elle laisse place aux compromis, aux demi-mesures (le roi propose de « mettre doña Inès dans un monastère »), tout cela par crainte de commettre une injustice (l. 9). Pour lui, est juste celui qui accepte de ne pas condamner sans appel, quitte à être trop clément. C'est une conception profondément chrétienne et sensible de la justice, qui admet le « pardon » (l. 31).

La scène illustre donc bien l'éternel débat entre l'exercice du pouvoir et la justice, souvent « impossible(s) » à concilier.

❏ Corrigé du travail d'écriture

Majesté, pourquoi me tuez-vous ?
On me dit coupable... Oh ! je sais de quoi on m'accuse : d'avoir désobéi aux lois de l'État, aux lois de la politique, aux lois du royaume... Oui, j'ai bravé votre volonté, oui, j'ai brisé vos projets d'alliance avec l'Espagne, oui, je vous ai caché mon bonheur...
Mais quel est mon crime ? L'amour, celui-là même qui, quand les dures lois des hommes n'ont pas encore entaché et alourdi la vie insouciante des êtres vivants, les pousse à s'unir et à se soutenir dans les joies et les épreuves. Interdit-on à la colombe d'aimer ?

Et, quand bien même cela serait un crime aux yeux des hommes, en est-ce un aux yeux de Dieu, de ce Dieu aimant et clément, dont vous-même vous tenez votre pouvoir et à qui, à l'heure dernière, vous aurez à rendre des comptes, à justifier l'assassinat d'une femme aimante et d'une future mère ? Oui, car votre crime sera double. Me punir ? Je me soumettrais : je n'ai pas peur de mourir. Mais trancher la vie d'un enfant avant même qu'elle ne lui soit donnée et qu'il n'ait un seul instant vu le jour ! Défaire ce qu'a fait Dieu ! Ce n'est pas digne d'un roi, ce n'est pas digne d'un homme.

Vous croyiez que je satisfaisais, en m'unissant à Pedro, une ambition dévorante de puissance, mais j'ignore la politique et n'aspire qu'au bonheur en ce monde. Honneurs, pouvoirs, gloire... sont pour moi de vains ornements. Vous n'avez rien à craindre de moi. Sujette, soumise, femme enfin, je ne suis pas un danger pour vous. Ne vous laissez pas corrompre par les conseils perfides de ministres jaloux et envieux, pour qui la vie humaine ne compte plus, pour qui seul le pouvoir et le rang ont des attraits, dont le cœur cynique a été asséché par les complots et les ambitions. Mais s'il ne s'agissait que de moi et de mon enfant à naître... Bien sûr, nous ne sommes rien pour vous, nous pesons peu face au royaume tout-puissant de Portugal et à ses galions chargés d'or et de gloire.

Mais suspendez le temps, puisque vous êtes tout-puissant, et, l'espace d'un instant, écoutez votre sang et les battements d'un cœur, oubliez que vous êtes roi et redevenez père... Pour être roi ou prince, en est-on moins homme ? Doit-on toujours se sacrifier à une raison d'État qui fait de vous un maître infaillible et non une créature humaine ? Doit-on cesser d'être père en devenant roi ? Pedro vous aime... Rendez-lui son amour en ne lui ôtant pas le sien. Laissez fléchir un cœur devant le bonheur de votre enfant. Si vous ne le faites pour moi, faites-le pour lui.

Et demain ? Qu'en sera-t-il de Pedro, quand il me verra morte, et exécutée de la main de son père même ? Il vous faudra supporter sa colère, son mépris, sa haine peut-être... Peut-être vous haïrez-vous vous-même d'avoir commis un acte irréversible. Mais ne nous arrêtons pas à vous : un roi sait sacrifier ses sentiments à l'État. Mais le Portugal a-t-il besoin d'un souverain sombre, malheureux, désespéré ? Prend-on des décisions saines et justes quand, dans le cœur, se sont amassées la rancune, l'amertume et la sécheresse ? Le bonheur d'un souverain est comme une onde qui rejaillit sur son peuple : les rois heureux forgent des peuples joyeux. Sans moi, Pedro sera un roi sans âme.

Faut-il que j'en vienne à des extrémités absurdes et qu'oubliant le cœur, j'appelle à mon secours la raison et la froide équité ? Pesez ce raisonnement-ci, de grâce, si seule la raison peut vous convaincre : si je mérite la mort, sachez que Pedro et moi, nous sommes également coupables, que

pas un instant, il n'a hésité à vous désobéir pour goûter un bonheur partagé. Soyez juste et tuez-nous tous deux ou laissez-nous tous deux vivre. Unis, notre sort sera plus doux, fût-ce dans la mort. Autour de vous, vous aurez fait place nette et votre cœur n'aura plus à être déchiré : justice vous semblera faite. Mais à quel prix ?
Le monde est fatigué des meurtres et trop abreuvé de sang ; le Portugal exsangue en appelle à la miséricorde. Entendez les femmes et les enfants des centaines de milliers d'hommes tués à la guerre crier : « Grâce ! Pour elle au moins, innocente et aimante, pour un petit être à naître, fruit de l'amour et de la paix ! » Sire, laissez aux femmes le temps de semer dans votre pays les germes de la tendresse et de la jeunesse.
Soyez roi, soyez père, soyez un exemple pour votre pays et votre peuple ! Que votre clémence soit votre plus beau titre de gloire, votre plus belle victoire sur vous-même, votre plus bel ornement ! Dieu reconnaîtra les siens !

Partir ou rester

4 | FRANCE MÉTROPOLITAINE • SEPTEMBRE 1999
SÉRIES STI, SML, STS, STT

Bernardin de Saint-Pierre (1737-1814)
Paul et Virginie
(1788)

Les héros du roman, Paul et Virginie, ont été élevés comme frère et sœur par leurs mères respectives dans l'île Maurice. Mme de la Tour, la mère de Virginie, a prévu le départ de cette dernière vers l'Europe pour assurer son avenir.

— « Il faut, répondit Virginie, que j'obéisse à mes parents, à mon devoir. — Vous nous quittez, reprit Paul, pour une parente éloignée que vous n'avez jamais vue ! — Hélas ! dit Virginie, je voulais rester ici toute ma vie ; ma mère ne l'a pas voulu. Mon confesseur m'a dit que la volonté
5 de Dieu était que je partisse ; que la vie était une épreuve... Oh ! c'est une épreuve bien dure !

— Quoi, repartit Paul, tant de raisons vous ont décidée, et aucune ne vous a retenue ! Ah ! il en est encore que vous ne me dites pas. La richesse a de grands attraits. Vous trouverez bientôt, dans un nouveau
10 monde, à qui donner le nom de frère, que vous ne me donnez plus. Vous le choisirez, ce frère, parmi des gens dignes de vous par une naissance et une fortune que je ne peux vous offrir. Mais, pour être plus heureuse, où voulez-vous aller ? Dans quelle terre aborderez-vous qui vous soit plus chère que celle où vous êtes née ? Où formerez-vous une
15 société plus aimable que celle qui vous aime ? Comment vivrez-vous sans les caresses de votre mère, auxquelles vous êtes si accoutumée ? Que deviendra-t-elle elle-même, déjà sur l'âge, lorsqu'elle ne vous verra plus à ses côtés, à la table, dans la maison, à la promenade où elle s'appuyait sur vous ? Que deviendra la mienne, qui vous chérit autant qu'elle ? Que
20 leur dirai-je à l'une et à l'autre quand je les verrai pleurer de votre absence ? Cruelle ! je ne vous parle point de moi : mais que deviendrai-je moi-même quand le matin je ne vous verrai plus avec nous, et que la nuit viendra sans nous réunir ; quand j'apercevrai ces deux palmiers plantés à notre naissance, et si longtemps témoins de notre amitié mutuelle ? Ah !

puisqu'un nouveau sort te touche, que tu cherches d'autres pays que ton pays natal, d'autres biens que ceux de mes travaux, laisse-moi t'accompagner sur le vaisseau où tu pars. Je te rassurerai dans les tempêtes, qui te donnent tant d'effroi sur la terre. Je reposerai ta tête sur mon sein, je réchaufferai ton cœur contre mon cœur ; et en France, où tu vas chercher de la fortune et de la grandeur, je te servirai comme ton esclave. Heureux de ton seul bonheur, dans ces hôtels où je te verrai servie et adorée, je serai encore assez riche et assez noble pour te faire le plus grand des sacrifices, en mourant à tes pieds. »

    Les sanglots étouffèrent sa voix, et nous entendîmes aussitôt celle de Virginie qui lui disait ces mots entrecoupés de soupirs… « C'est pour toi que je pars…, pour toi que j'ai vu chaque jour courbé par le travail pour nourrir deux familles infirmes. Si je me suis prêtée à l'occasion de devenir riche, c'est pour te rendre mille fois le bien que tu nous as fait. Est-il une fortune digne de ton amitié ? Que me dis-tu de ta naissance ? Ah ! s'il m'était encore possible de me donner un frère, en choisirais-je un autre que toi ? Ô Paul ! Ô Paul ! tu m'es beaucoup plus cher qu'un frère ! Combien m'en a-t-il coûté pour te repousser loin de moi ! Je voulais que tu m'aidasses à me séparer de moi-même jusqu'à ce que le Ciel pût bénir notre union. Maintenant je reste, je pars, je vis, je meurs ; fais de moi ce que tu veux. Fille sans vertu ! j'ai pu résister à tes caresses, et je ne peux soutenir ta douleur ! ».

    À ces mots Paul la saisit dans ses bras, et la tenant étroitement serrée, il s'écria d'une voix terrible « Je pars avec elle, rien ne pourra m'en détacher. » Nous courûmes tous à lui. Mme de la Tour lui dit : « Mon fils, si vous nous quittez qu'allons-nous devenir ? »

    Il répéta en tremblant ces mots « Mon fils… mon fils… Vous ma mère, lui dit-il, vous qui séparez le frère d'avec la sœur ! Tous deux nous avons sucé votre lait ; tous deux, élevés sur vos genoux, nous avons appris de vous à nous aimer ; tous deux, nous nous le sommes dit mille fois. Et maintenant vous l'éloignez de moi ! Vous l'envoyez en Europe, dans ce pays barbare qui vous a refusé un asile, et chez des parents cruels qui vous ont vous-même abandonnée. Vous me direz : Vous n'avez plus de droits sur elle, elle n'est pas votre sœur. Elle est tout pour moi, ma richesse, ma famille, ma naissance, tout mon bien. Je n'en connais plus d'autre. »

Questions (10 points)

▶ **1.** En vous appuyant sur l'observation des pronoms sujets dans les lignes 12 à 24 (« Mais, pour être […] amitié mutuelle ? »), dégagez les arguments de Paul en les reformulant. (4 points)

▶ **2.** Quel rôle jouent dans le débat les propos tenus par Paul aux lignes 47-49 ? (« À ces mots […] m'en détacher. ») (3 points)
▶ **3.** Précisez le raisonnement que tient Paul pour répondre à Madame de la Tour dans les lignes 50 à 59 « Mon fils […] plus d'autre. » (3 points)

Travaux d'écriture (10 points)

▶ **1.** Étudiez comment l'attitude de Virginie évolue face aux arguments présentés par Paul. (4 points)
▶ **2.** « Pour être plus heureuse, où voulez-vous aller ? » dit Paul à Virginie. Partir ou rester : aujourd'hui aussi, la question peut se poser pour vous. Qu'est-ce qui motiverait en définitive votre choix ? (6 points)

❏ Travail de préparation

PRÉPARER LES QUESTIONS

✪ **Question 1**

▶ **Ce que l'on vous demande**
Indices* personnels : mots qui précisent la situation d'énonciation* parce qu'ils indiquent qui parle (locuteur*), à qui (destinataire), de qui ou de quoi (sujet ou thème).
Les indices personnels sont :
• **Les pronoms personnels** de la 1ʳᵉ, 2ᵉ, 3ᵉ personnes
– singulier (*je, me, tu, te, il, le, elle, la*) ou pluriel (*nous, vous, ils/elles*) ;
– tonique (*moi, toi, lui, eux*) ou atone (*je, tu, il, elle*), *moi, je* associe pronom tonique et pronom atone ;
– sujet, COD, COI, complément circonstanciel, etc. : toutes les fonction d'un nom.
• **Le pronom « on »** a plusieurs valeurs (il peut désigner une personne quelconque, un groupe de personnes dont le locuteur peut faire partie – il équivaut alors à « nous » –, avoir une valeur très générale et désigner un groupe ou « les hommes », « tout le monde »).
• **Les adjectifs et pronoms possessifs** (*mon, ton ; le mien, le tien...*)
Argument* : preuve concrète destinée à appuyer une thèse.

▶ **Conseil de méthode pour le repérage d'un argument**
(voir sujet 3, question 1)

▶ **Travail préliminaire d'observation**
• Surlignez d'abord les pronoms personnels sujets *d'une couleur différente* pour chaque personne grammaticale employée.
• Déterminez à quelle personne ils se rattachent (1re / 2e / 3e personne, du singulier ou du pluriel).
• Étudiez où ils sont placés dans l'extrait à étudier (l. 12-24) ; les couleurs vous aideront à le repérer au premier coup d'œil.
Étudiez comment Paul passe de l'un à l'autre (aidez-vous pour cela des pronoms ou adjectifs possessifs, qui sont aussi des indices personnels).
• Éclaircissez qui ils représentent (pour les pronoms personnels).
• Observez les rapports entre les uns et les autres : quelle personne est représentée en premier ? Les pronoms et les adjectifs des différentes personnes sont-ils éloignés ou rapprochés ? Réunis dans un pluriel ?

▶ **Organisation de la réponse synthétique**
• À partir de ces observations, dégagez une progression dans les arguments de Paul et dites en quoi l'utilisation des pronoms personnels rend compte de cette progression.
• C'est cette dernière recherche qui doit vous fournir le « plan » de votre réponse. Vous ne devez pas juxtaposer toutes les observations que vous aurez faites en travail préliminaire, mais les ordonner tout en reformulant les arguments de Paul.

○ **Question 2**

▶ **Ce que l'on vous demande**
« Quel rôle jouent... ? » signifie : à quoi servent dans l'argumentation ou le débat... ?
• Il s'agit de trouver ce qu'apportent de nouveau dans la conversation et l'affrontement les paroles de Paul.
• Vous devez d'abord dire si, dans le débat, la situation d'énonciation* est la même que précédemment (à qui parlait Paul avant ? à qui parle-t-il à partir de la ligne 47 ? comparez), et si le ton est le même.
• Ensuite, il faut dire si, dans le fond, ces paroles apportent une information, une décision nouvelle par rapport à ce qui précède (il vous faut donc regarder où en était le débat avant la ligne 47).
• Enfin, vous pouvez dire quels types d'arguments utilise alors Paul (logiques ? émotionnels et affectifs ?). Jugez l'efficacité de cette nouvelle « stratégie ».
• Mettez en valeur la différence avec ce qui précède.

✪ Question 3

▶ **Ce que l'on vous demande**

Vous devez reconstituer le fil argumentatif du raisonnement de Paul, c'est-à-dire :
– reformuler les arguments de Paul pour rendre compte de leur teneur ;
– préciser la nature des arguments (arguments logiques, affectifs…) et du raisonnement (raisonnement critique, concessif*, par analogie*, par l'absurde…) ;
– indiquer le ton adopté par Paul pour chacun d'eux et les procédés rhétoriques sur lesquels il s'appuie : soyez attentif au jeu des pronoms, comme cela a été indiqué ci-dessus, à la forme des phrases (interrogatives, exclamatives), aux répétitions, au jeu des temps verbaux, au lexique, péjoratif* ou mélioratif* ;
– retracer la progression d'un argument à l'autre, c'est-à-dire indiquer comment ils s'enchaînent ;
– terminer en jugeant l'efficacité du raisonnement de Paul.

PRÉPARER LES TRAVAUX D'ÉCRITURE

✪ Travail 1

▶ **Comprendre la consigne**

Attitude : façon de se comporter, de réagir.
Vous ne devez donc pas reconstituer les arguments de Virginie, mais qualifier et caractériser son comportement face à la décision de sa mère et face aux arguments de Paul.

▶ **Ce que l'on vous demande**

• Pour caractériser le comportement de Virginie, vous devez :
– étudier sa façon de parler : syntaxe* (types de phrases : affirmatives ? exclamatives ? interrogatives ?), emploi des pronoms, champs lexicaux* dominants, figures de style… ;
– en déduire la ou les tonalité(s)* de ses propos ;
– repérer si cette façon de parler change, et à partir de quelle ligne ;
– étudier si ces propos sont inspirés par la raison ou les sentiments ;
– qualifier les éventuels changements d'attitude.
• Il faut ensuite présenter la réponse de façon construite, en vous appuyant sur des références précises au texte.

✪ Travail 2

▶ Comprendre la consigne
- Le sujet se compose d'une citation extraite du texte, d'une explicitation de cette citation et d'une consigne sous forme de question.
- Le problème est que la citation et son développement *(partir ou rester)* ne sont pas vraiment concordants ; le lien entre les deux est implicite* et passe par le mot *heureuse*. Voici le raisonnement sous-entendu : la question (rhétorique*) de Paul signifie : « Si vous partez, vous ne serez pas plus heureuse » ; d'où l'on peut déduire : partir ne rend pas plus heureux. Paul soutient donc la thèse : « partir n'apporte pas le bonheur donc il ne faut pas partir ».
- C'est là-dessus qu'on vous demande de prendre personnellement position (« pour *vous* », « *votre* choix »).
- La conjonction de coordination « ou » implique que vous preniez une position arrêtée : il faut écrire un texte soit qui soutienne la thèse : « Oui, il est bon / utile / agréable de partir » ; soit qui soutienne la thèse : « Oui, il est bon / utile / agréable de rester ».
- Cependant, vous pouvez toujours, à un moment ou à un autre de votre argumentation, faire de brèves concessions* à la thèse opposée (votre argumentation n'en prendra que plus de force).
- Mais le sujet est ambigu ou vague. « Partir » est très général : où (de chez ses parents ? de sa ville ? de son pays ?) ; combien de temps (quelques mois ? quelques années ? définitivement ?) ; dans quelle(s) perspective(s) (pour étudier ? pour travailler ? ...) ; dans quelles conditions ? Le sujet ne le précise pas. Vous devrez donc définir plus précisément ce verbe « partir », car le sujet est très ouvert (trop peut-être pour permettre une argumentation serrée).

▶ Ce que l'on vous demande
- Vous devez produire un texte personnel.
- Précisez ce que vous entendez par « partir » (voir ci-dessus).
- Votre texte doit s'articuler autour d'arguments* d'ordre général, mais aussi faire appel à votre expérience, fournir des exemples.
- Vous devez être persuasif (pensez aux arguments d'autorité*, sous forme d'allusions à des auteurs ou de citations, et aux procédés stylistiques de la persuasion comme les questions rhétoriques).

▶ Faire un plan
Nous avons reproduit **deux textes d'élèves**, l'un illustrant « partir », l'autre « rester ». Ils suivent plus une progression spontanée qu'un plan trop rigoureux et rigide.

Corrigé 1 : « Partir »
1. Certes, je regretterais... (*concession*).
2. Le dépaysement : connaissances, sensations nouvelles.
3. L'apprentissage de la vie.
4. Affronter ses peurs.
5. Partir pour mieux revenir.

Corrigé 2 : « Rester »
1. Mon environnement me suffit et me satisfait.
2. J'apprends à mieux connaître mon environnement.
3. Des relations plus stables.
4. La peur de l'inconnu et de la déception.
5. Faut-il aller loin pour se dépayser ?
6. La sérénité qui apporte la connaissance de soi.

❏ Corrigé des questions

✪ Question 1

Cette scène marque un moment essentiel du roman : Paul comprend que c'est le moment où jamais de faire renoncer Virginie à son projet de départ pour l'Europe. Il a senti que la volonté de son amie vacille, qu'elle n'est plus aussi déterminée dans sa résolution : elle vient de rappeler le rôle qu'ont joué dans cette décision sa mère et son confesseur qui la poussent à partir alors qu'elle-même, dit-elle, ne souhaite pas cet arrachement.
Pour troubler encore davantage Virginie, Paul, dans les l. 5 à 12, l'accuse brutalement d'être inspirée par des motifs moins vertueux : l'attrait de la fortune, le désir d'épouser un mari d'une condition supérieure à celle qu'il peut lui offrir. Mais après ces reproches, il change de stratégie. Dans une succession de questions rhétoriques* pressantes, il évoque le malheur de ceux qui vont souffrir de cette séparation. L'étude des pronoms personnels sujets permet de dégager la progression argumentative de l'intervention de Paul.
En effet, Virginie est d'abord la première concernée et Paul le lui rappelle en la prenant à parti directement comme le montre la répétition du pronom personnel « vous » (utilisé à six reprises), dont le pluriel de politesse marque une certaine distance. Elle doit se rendre à l'évidence : elle ne peut être plus heureuse ailleurs que dans son île, qui est tout pour elle et qui abrite les êtres qui lui sont les plus chers au monde. On sera sensible à la façon dont Paul marque la cohérence de ce microcosme, dont on ne peut retirer un élément sans le bouleverser tout entier : la syntaxe et le lexique

traduisent cette interdépendance affective. Évoqués d'abord collectivement par le terme « société », repris par les pronoms « *celle qui* vous aime », les membres du groupe sont ensuite passés en revue : ce sont d'abord les deux mères, celle de Virginie, reprise par le pronom personnel sujet « elle », puis celle de Paul, par le pronom possessif, « la mienne ».

Pour montrer qu'elles ont, matériellement et affectivement, autant besoin de Virginie qu'elle-même a besoin d'elles, Paul multiplie les constructions verbales dont Virginie et les deux vieilles mères sont tantôt sujet, « agent », tantôt « objet », de verbes exprimant des actions ou des sentiments (« *elle* ne **vous** verra plus », « *la mienne qui* **vous** chérit autant qu'elle »).

C'est par l'intermédiaire du pronom possessif de la première personne du singulier « la mienne », que, habilement, Pierre en arrive enfin au « je » (repris six fois entre les lignes 19 et 24) et à l'évocation de sa propre détresse : on remarquera comment il s'introduit lui-même obliquement, progressivement dans ce tableau affligeant, par l'évocation des deux mères qu'il devra soutenir et consoler (« **je** *les* verrai pleurer »), avant d'aborder directement, mais d'abord sous la forme d'une prétérition* (« je ne vous parle point de moi ! »), sa relation avec Virginie. De nouveau s'entrecroisent et s'opposent le « je » et le « vous », comme déjà séparés, alors que le pronom « nous » et le possessif « notre », à la fin de la phrase, rappelle douloureusement leur affection, leur union menacée.

✪ Question 2

L'apostrophe de Paul, son argumentation des l. 7 à 33, ont ébranlé les résolutions de Virginie. À la l. 1, elle savait où était son devoir, mais à la l. 44, sa décision vacille : « Maintenant je reste, je pars, je vis, je meurs ». Virginie, émue devant la douleur de Paul, laisse parler son cœur.
La déclaration de Paul (« Je pars avec elle... ») reprend, mais sur un mode catégorique (« **rien** ne pourra m'en détacher »), une des alternatives précédemment évoquées, sur le ton de la prière : « laisse-moi t'accompagner sur le vaisseau où tu pars ». Le mode d'énonciation a changé : Paul ne s'adresse plus à Virginie qui est désignée par le pronom « elle », pronom de l'absence qui l'exclut d'un débat où Paul s'oppose désormais à la mère de Virginie.
L'annonce de ce départ retourne et dramatise la situation : elle bouleverse les deux mères, et d'abord celle de Virginie, Madame de la Tour, qui se voit désormais seule et abandonnée. Paul ne fait donc plus appel à la raison et à des arguments logiques, mais transporte le débat dans le domaine des émotions, provoquées par cette brusque révélation et par son geste plein de passion (il « la saisit dans ses bras »). Le cri de désespoir de Madame de la Tour – sa réaction égoïste (« [...] qu'allons-nous

devenir ? ») – suscite la colère de Paul qui tourne ses reproches contre la mère de Virginie : c'est en effet sa décision d'envoyer sa fille en Europe qui ruine le bonheur des deux jeunes gens.

✪ Question 3

Paul est révolté par le fait que la mère de Virginie fasse appel à ses sentiments d'amour filial en l'appelant « mon fils » (l. 50), alors qu'elle-même semble abandonner ceux de l'amour maternel. La répétition – mais sur un ton de reproche – du « mon fils » de Madame de la Tour, l'exclamation indignée « vous ma mère » marquent son émotion.

En effet, elle éloigne sa fille de celui qui est le plus capable de l'aimer : or, c'est elle-même qui leur a appris cet amour. Par des images émouvantes de son enfance partagée avec Virginie, que l'usage répété du pronom personnel « nous », fait revivre, de cette époque où ils jouissaient de l'affection de Madame de la Tour, symbolisée par le « lait » et « ses genoux », Paul rappelle d'abord ce passé heureux qui fait ressortir la cruauté qu'il y a à séparer le frère de la sœur. Par l'anaphore* de « tous deux », il insiste sur le lien tendre qui, enfants, les unissait déjà.

À ce passé idyllique vécu dans la fusion du « nous », il oppose l'odieux présent dans un cri désespéré (« Vous l'éloignez **de moi** ! »), où l'écartement des deux pronoms matérialise la séparation dont la responsabilité incombe à Madame de la Tour.

Paul fait ainsi éclater l'incohérence et la cruauté de la conduite de Madame de la Tour : il détruit les sentiments qu'elle-même a inspirés et s'apprête à faire revivre volontairement à sa fille les souffrances qu'elle a connues autrefois, en l'envoyant vers un pays et une famille aussi insensibles qu'une marâtre. Paul, à dessein, multiplie les termes négatifs pour évoquer le passé malheureux de Madame de la Tour (« refusé un asile », « cruels », « abandonnée », « barbare »). Pour mieux accuser Madame de la Tour, il martèle les « vous » accusateurs qui soulignent la responsabilité de cette mère égoïste et incohérente dans son attitude.

Enfin, Paul conclut son raisonnement en feignant de donner la parole, au style direct, à Madame de la Tour. Il prévoit ses objections et lui fait exposer la situation dans son objectivité juridique : « vous n'avez plus de **droits** sur elle », et cette insensibilité, marquée dans les négations, contraste avec la tendresse qu'elle leur témoignait jadis.

Dans sa péroraison, il écarte ces considérations dérisoires en exprimant de nouveau la plénitude de son amour par une énumération passionnée : « Elle est tout pour moi [...] naissance. »

Sa conclusion (« Je n'en connais plus d'autre ») contient d'ailleurs une menace à peine voilée, puisqu'elle implique qu'il ne doit plus rien à personne...

Corrigé des travaux d'écriture

✪ Travail 1

Partir ou rester ? Face aux arguments de Paul, l'attitude de Virginie évolue profondément.

Elle apparaît d'abord comme une jeune fille résignée, soumise et respectueuse. Mais elle n'a pas véritablement intériorisé les recommandations de sa mère et de son confesseur : elle se contente de les reproduire sans les reformuler (« Ma mère voulait », « Mon confesseur m'a dit... »). La syntaxe porte la marque de cette résignation. Virginie ne s'exprime à la première personne qu'à deux reprises : pour rappeler son devoir de fille soumise (« il *faut* que j'*obéisse* ») et pour exprimer un regret « je voulais » mais comme assourdi ou atténué par le temps verbal et le soupir qui le précède : « hélas ».

Mais l'apostrophe véhémente de Paul la bouleverse profondément : émue par les reproches et les marques d'affection de Paul, elle avoue les véritables raisons qui la poussent à accepter de partir.

Paul, dans les lignes 7 à 12, l'a accusée d'être guidée par l'attrait de la fortune et le désir d'épouser un mari d'une condition supérieure à celle qu'il peut lui offrir. Elle proteste de la pureté des ses intentions (« C'est pour toi que je pars ») : la richesse qu'elle pourra trouver en Europe est destinée à Paul afin de lui procurer une meilleure vie.

Elle avoue progressivement la nature de ses sentiments : elle parle d'abord de leur « amitié », puis d'une affection fraternelle (l. 40), avant de reconnaître la force de son amour (« plus cher qu'un frère » l. 41-42) pour Paul dont elle voudrait faire son mari (l. 44).

La tonalité de ses propos devient plus dramatique et contraste avec la résignation dont elle témoignait d'abord. La force de sa passion, sa détresse aussi, se marquent par une succession d'exclamations, d'anaphores (l. 35-36 : « pour toi... »), de questions oratoires (l. 39-41), d'apostrophes pathétiques (l. 41 : « Ô Paul ! » à deux reprises), d'interjections (l. 40 : « Ah ! ») et d'hyperboles (l. 38 : « mille fois »). Son terrible dilemme s'exprime par des antithèses saisissantes : « je reste, je pars, je vis, je meurs » : dans son trouble, elle retrouve les mots mêmes d'une autre « grande amoureuse », la poétesse Louise Labé (1524-1566) dans un sonnet célèbre : « Je vis, je meurs, je me brûle et me noie. »

L'apparente détermination de Virginie, sa soumission, se sont transformées en un total abandon à Paul (« fais de moi ce que tu veux »).

✪ Travail 2

Corrigé 1 : « Partir »

Si, comme Virginie, je devais choisir entre partir ou rester, j'hésiterais sûrement avant de me résoudre à laisser derrière moi les gens que j'aime, le pays de mon enfance, mon passé, mais je crois que c'est l'appel du départ qui serait finalement le plus fort, avec ses promesses d'un nouvel avenir, de découvertes et de rencontres. Mais il faudra, pour que cette séparation en vaille la peine, que mon départ se fasse pour un pays le plus différent possible de celui qui m'est familier : l'Inde, l'Alaska ou la Chine...

Cette expérience m'apporterait un complet dépaysement, dans tous les sens du terme. Je me vois en Chine, plongée dans une culture, un environnement, une langue qui ne ressemblent à rien de ce que j'ai connu jusqu'à maintenant. J'apprendrais à utiliser des baguettes pour manger le riz, j'apprendrais à connaître le théâtre chinois et essaierais de comprendre l'art asiatique, je m'initierais aux idéogrammes... Quel choc ce serait ! Un documentaire en direct et en trois dimensions, où je serais actrice, auteur, témoin passionné de la vie d'un peuple dont la civilisation s'enracine dans la nuit des temps ! Une foule de sensations nouvelles – images, bruits, odeurs, saveurs – remplacerait celles dont je n'ai plus aujourd'hui vraiment conscience parce qu'elles me sont trop familières. J'apprendrais alors réellement ce qu'est la relativité et en deviendrais alors certainement plus tolérante et plus ouverte.

Cette remise en question de toutes mes habitudes constituerait comme un deuxième apprentissage de la vie, mais à « l'âge de raison », volontaire et conscient, à la différence de celui qui nous est imposé dès l'enfance. Je deviendrais une autre personne et, en apprivoisant toutes ces nouveautés, je ne serais plus enfermée dans un monde clos et sans surprise. À moi l'indépendance et la découverte d'amis qui, à leur façon, sauront me guider à la découverte de leur pays.

Bien sûr, partir implique de quitter ce que j'aime, ce qui me rassure : mon passé, mes racines, la famille et le cadre qui m'a vue grandir, les êtres chers qui m'ont entourée depuis mon enfance. Peut-être aurais-je peur en partant de les oublier, de ne plus les revoir, ou qu'eux-mêmes m'oublient...

Mais, en définitive, je crois qu'il faut céder à « l'invitation au voyage », affronter ses peurs et même sa tristesse afin d'aller en quête de nouveautés qui peuvent nous révéler à nous-mêmes, pour, un jour peut-être, revenir, comme Du Bellay, « plein d'usage et raison, vivre entre ses parents le reste de son âge ».

Corrigé 2 : « Rester »

« Cette vie est un hôpital où chacun est possédé du désir de changer de lit. Celui-ci voudrait souffrir en face du poêle, et celui-là croit qu'il guérirait à côté de la fenêtre », écrit Baudelaire dans *Anywhere out of the world*. Eh bien, moi, je me trouve parfaitement heureux dans « mon lit » et je n'aspire à changer ni d'air ni d'endroit.

La ville où le hasard m'a fait naître me convient tout à fait : elle me permet de disposer d'activités presque illimitées, même dans un périmètre restreint, grâce à ses parcs, à ses monuments historiques – je voyage ainsi dans le temps –, ses musées, ses théâtres, ses stades, ses salles de sport. Pourquoi aller chercher ailleurs ce que j'ai sous la main ? Personnellement, je préfère approfondir mes connaissances du lieu où je vis plutôt que de survoler superficiellement des pays qui ne me seront jamais familiers.

De même, une certaine sédentarité nous donne des racines et favorise la connaissance des personnes qui nous entourent. En restant sur place, je peux enrichir mes relations avec mon entourage. Les voyages nous font certes découvrir d'autres cultures, mais ne nous permettent pas de développer des contacts humains durables.

Il faut aussi avouer que j'ai peur de l'inconnu… Affronter une nouvelle langue, une nouvelle façon de penser, une nouvelle culture peut paraître très exaltant, mais aussi un peu terrifiant. Je crains de ne pas savoir m'adapter et d'être alors malheureux. Je redoute, après avoir imaginé, comme Baudelaire, un « pays de Cocagne, où tout est beau, riche, tranquille, honnête », d'être déçu dans mes rêves et mes idéaux par une réalité plus dure et de perdre mes illusions.

En fait, faut-il vraiment aller très loin pour se dépayser ? pour s'enrichir de la différence ? pour faire des découvertes ? Le journaliste Roger-Pol Droit remarquait à juste titre qu'il « ne s'agit pas nécessairement d'aller très loin […]. Un pas de côté suffit, d'une discipline à l'autre, d'un groupe social à son voisin, d'une lumière à une ombre, […] d'un immeuble à une forêt… »

Enfin, il me semble aussi qu'un lieu connu, aimé, apporte une certaine sérénité, favorable à l'introspection : avant de découvrir le monde, n'est-il pas plus sage de suivre le précepte de Socrate et de « se connaître soi-même » ?

Petit commerce contre grands magasins

5 GUADELOUPE-GUYANE-MARTINIQUE
SEPTEMBRE 1999 • SÉRIES STI, SMS, STL, STT

Émile Zola (1840-1902)
Au bonheur des dames
(1883)

Denise est la nièce d'un marchand de tissus parisien (Baudu) dont la boutique, le Vieil Elbeuf, se situe en face d'un grand magasin, Au Bonheur des Dames.

C'était un dîner de famille, fort simple. Après le potage, dès que la bonne eut servi le bouilli, l'oncle en vint fatalement aux gens d'en face. Il se montra d'abord très tolérant, il permettait à sa nièce d'avoir une opinion différente.
5 – Mon Dieu! tu es bien libre de soutenir ces grandes chabraques[1] de maisons… Chacun son idée, ma fille… Du moment que ça ne t'a pas dégoûtée d'être salement flanquée à la porte, c'est que tu dois avoir des raisons solides pour les aimer; et tu y rentrerais, vois-tu, que je ne t'en voudrais pas du tout… N'est-ce pas? Personne ici ne lui en voudrait.
10 – Oh! non, murmura madame Baudu.
Denise, posément, dit ses raisons, comme elle les disait chez Robineau[2]: l'évolution logique du commerce, les nécessités des temps modernes, la grandeur de ces nouvelles créations, enfin le bien-être croissant du public. Baudu, les yeux arrondis, la bouche épaisse, l'écou-
15 tait, avec une visible tension d'intelligence. Puis, quand elle eut terminé, il secoua la tête.

– Tout ça, ce sont des fantasmagories. Le commerce est le commerce, il n'y a pas à sortir de là... Oh ! je leur accorde qu'ils réussissent, mais c'est tout. Longtemps, j'ai cru qu'ils se casseraient les reins ; oui, j'attendais ça, je patientais, tu te rappelles ? Eh bien, non, il paraît qu'aujourd'hui ce sont les voleurs qui font fortune, tandis que les honnêtes gens meurent sur la paille... Voilà où nous en sommes, je suis forcé de m'incliner devant les faits. Et je m'incline, mon Dieu ! je m'incline...
Une sourde colère le soulevait peu à peu. Il brandit tout d'un coup sa fourchette.
– Mais jamais le Vieil Elbeuf ne fera une concession !... Entends-tu, je l'ai dit à Bourras[3]. « Voisin, vous pactisez avec les charlatans, vos peinturlurages sont une honte ».
– Mange donc, interrompit madame Baudu, inquiète de le voir s'allumer ainsi.
– Attends, je veux que ma nièce sache bien ma devise... Écoute ça, ma fille : je suis comme cette carafe, je ne bouge pas. Ils réussissent, tant pis pour eux ! Moi, je proteste, voilà tout !

La bonne apportait un morceau de veau rôti. De ses mains tremblantes, il découpa ; et il n'avait plus son coup d'œil juste, son autorité à peser les parts. La conscience de sa défaite lui ôtait son ancienne assurance de patron respecté. Pépé s'était imaginé que l'oncle se fâchait : il avait fallu le calmer, en lui donnant tout de suite du dessert, des biscuits qui se trouvaient devant son assiette. Alors, l'oncle, baissant la voix, essaya de parler d'autre chose. Un instant, il causa des démolitions, il approuva la rue du Dix-Décembre, dont la trouée allait certainement accroître le commerce du quartier. Mais là, de nouveau, il revint au Bonheur des Dames ; tout l'y ramenait, c'était une obsession maladive. On était pourri de plâtre, on ne vendait plus rien, depuis que les voitures de matériaux barraient la rue. D'ailleurs, ce serait ridicule, à force d'être grand ; les clientes se perdraient, pourquoi pas les Halles ? Et, malgré les regards suppliants de sa femme, malgré son effort, il passa des travaux au chiffre d'affaires du magasin. N'était-ce pas inconcevable ? en moins de quatre ans, ils avaient quintuplé ce chiffre : leur recette annuelle, autrefois de huit millions, atteignait le chiffre de quarante, d'après le dernier inventaire. Enfin, une folie, une chose qui ne s'était jamais vue, et contre laquelle il n'y avait plus à lutter. Toujours ils s'engraissaient, ils étaient maintenant mille employés, ils annonçaient vingt-huit rayons. Ce nombre de vingt-huit rayons surtout le jetait hors de lui.

Sans doute on devait en avoir dédoublé quelques-uns, mais d'autres étaient complètement nouveaux : par exemple un rayon de meubles et un rayon d'articles de Paris. Comprenait-on cela ? des articles de Paris ! Vrai, ces gens n'étaient pas fiers, ils finiraient par vendre du poisson. L'oncle, tout en affectant de respecter les idées de Denise, en arrivait à l'endoctriner.

— Franchement, tu ne peux les défendre. Me vois-tu joindre un rayon de casseroles à mon commerce de draps ? Hein ? tu dirais que je suis fou... Avoue au moins que tu ne les estimes pas.

La jeune fille se contenta de sourire, gênée, comprenant l'inutilité des bonnes raisons. Il reprit :

— Enfin, tu es pour eux. Nous n'en parlerons plus, car il est inutile qu'ils nous fâchent encore. Ce serait le comble, de les voir se mettre entre ma famille et moi !... Rentre chez eux, si ça te plaît, mais je te défends de me casser davantage les oreilles avec leurs histoires !

---

1. *Chabraques*: terme péjoratif désignant ici le grand magasin Au Bonheur des Dames.
2. *Robineau*: c'est le propriétaire d'une autre boutique de tissus.
3. *Bourras*: un marchand de parapluies voisin de Baudu qui a repeint à neuf sa vitrine.

Questions (10 points)

▶ **1.** Quel débat Zola a-t-il placé au centre de cette conversation ? Quelles sont les opinions qui sont défendues et par quels personnages ? (2 points)

▶ **2.** Quelles sont les critiques exprimées par Baudu à propos du Bonheur des Dames ? (3 points)

▶ **3.** Relevez quelques procédés utilisés par Baudu pour réfuter le point de vue opposé. (2 points)

▶ **4.** Baudu a-t-il réussi à convaincre sa nièce ? Vous justifierez votre réponse en vous appuyant sur le texte (sentiments, attitudes, paroles des personnages). (3 points)

Travaux d'écriture (10 points)

▶ **1.** Développez en une dizaine de lignes les arguments de Denise en la faisant s'exprimer au style direct. (5 points)

▶ **2.** Quels arguments pourriez-vous ajouter aujourd'hui pour la défense des petits commerces ? Vous les présenterez sous forme de développement composé. (5 points)

❑ Travail de préparation

PRÉPARER LES QUESTIONS

✪ Question 1

▶ **Ce que l'on vous demande**
- « Quel débat... ? » signifie : quel thème ? « Quelle(s) opinion(s) ? » signifie : quelle(s) thèse(s) ?
- **Attention :** le **thème*** se distingue de la **thèse**. Le thème, c'est le sujet du texte, ce dont il « parle ».

Thèse * : proposition, opinion ou théorie que l'énonciateur considère comme vraie et dont il veut convaincre la personne à laquelle il s'adresse, le destinataire. Elle s'appuie sur des arguments.
- Vous devez définir clairement le thème, le sujet sur lequel porte la conversation de Denise et Baudu et sur lequel ils ont un différend. Pour trouver, posez-vous la question : « De quoi parlent Denise et Baudu ? »
- Dans un deuxième temps, vous devez reformuler brièvement les deux thèses (*opinions*) qui s'opposent. Pour cela, posez-vous les questions : « Que pense Denise de... (le thème que vous aurez trouvé) ? », et « Que pense Baudu de... (le thème que vous aurez trouvé) ? ». Répondez à ces questions en quelques mots.
- Indiquez en quoi ces deux thèses s'opposent (et éventuellement les raisons pour lesquelles chaque personnage soutient telle ou telle opinion).

▶ **Conseils de méthode pour trouver le thème d'un texte**
- Vous pouvez examiner d'abord le paratexte* (s'il y en a un).
- Examinez aussi le titre du texte, s'il y en a un.
- Le troisième indice peut être fourni par les champs lexicaux* ou les répétitions de mots qui parcourent le texte. Ici, vous trouverez plusieurs champs lexicaux qui permettront d'affiner la recherche du thème du texte (champ lexical du commerce, mais aussi vocabulaire de la « taille », grande ou petite...).
- Ce n'est qu'après avoir bien défini le **thème d'un texte** que vous pouvez trouver la ou les **thèse(s)** soutenue(s) dans ce texte.

▶ **Conseils de méthode pour le repérage, la reformulation ou l'expression brève d'une thèse soutenue dans un texte**
- Toujours essayer de repérer et surligner dans le texte la ou les phrases-clés (pas plus de deux en général) qui contiennent l'essentiel de la thèse.

• Lorsque l'on reformule en une ou deux phrases une **thèse**, on doit pouvoir la faire précéder de l'expression : *Je veux / il veut prouver que..., convaincre que...* Cette formulation, qui ne doit pas forcément apparaître dans la réponse rédigée (car elle peut rendre l'expression lourde), est très efficace pour vérifier que c'est bien une thèse (et non un argument ou un exemple) que vous reformulez.
Exemple : [Je soutiens que / Je veux vous convaincre que] la lecture est utile.

✪ Question 2

▶ **Ce que l'on vous demande**

• Le mot « critiques » vous indique la thèse de Baudu à propos du Bonheur des dames (il vous permet donc de vérifier que vous avez trouvé une réponse juste à la question 1 !).
Il équivaut ici à *arguments contre...* Il s'agit donc dans cette question de repérer et de reformuler les arguments de Baudu contre le Bonheur des dames (qui représente les grands magasins).

• Quand vous aurez repéré ces arguments, essayez de les classer par affinité, par ressemblance ou par thèmes (aspects matériels, puis principes par exemple), pour assurer une structure à votre réponse qui ne doit pas être brouillonne.

• Appuyez votre réponse sur des expressions particulièrement significatives extraites du texte.

▶ **Conseils de méthode pour le repérage des arguments dans un texte**

• Pour vérifier que c'est bien un **argument** que l'on a repéré (et non une thèse ou un exemple), on doit pouvoir, après avoir formulé la thèse, faire précéder l'argument de *en effet* ou *la preuve en est que...*

• Pour alléger le style de votre réponse, vous pouvez, au moment de la rédaction, « gommer » ou formuler de façon plus élégante ce lien.
Exemple : dans le cas où l'auteur – ou le personnage – soutient que la lecture est utile : [en effet / la preuve en est que...] elle permet de se cultiver.

✪ Question 3

▶ **Ce que l'on vous demande**

• Vous devez repérer dans le texte quelques façons de s'exprimer de Baudu qui ne sont pas ordinaires ou qui ont une force de persuasion particulière (ici pour *réfuter* = s'opposer à la thèse adverse, celle de Denise).

• Vous devez ensuite grouper par affinité et par types ces expressions relevées (lexicales, syntaxiques...), les qualifier (donner le nom qui les désigne, voir ci-dessous) et en expliquer l'effet argumentatif. N'oubliez pas de donner à chaque fois des exemples précis.

▶ **Conseils de méthode pour analyser les procédés de persuasion**
• La **tonalité oratoire** suppose :
– l'implication du locuteur dans son discours ;
– mais aussi celle de l'interlocuteur par l'emploi de l'apostrophe, des questions oratoires*, de l'impératif ou des exclamatives.
• Par ailleurs, l'orateur peut :
– jouer sur l'intensité de son propos avec les figures de l'exagération ou de l'atténuation (hyperbole* ou euphémisme*) ;
– manier toutes les figures de la construction : antithèses*, répétitions* et anaphores*, accumulation* et gradation*, chiasme*...
• **Les procédés** sont multiples, mais peuvent se classer par affinité. Il peut s'agir :
– de l'utilisation d'un vocabulaire et de ses diverses nuances : péjoratif* ou mélioratif, affectif* ;
– de figures comme la comparaison*, la métaphore*, la personnification* ; la périphrase* ; l'antithèse*, le paradoxe* ou l'oxymore ; l'hyperbole*, l'anaphore*, la gradation* ;
– de la construction et du rythme des phrases ; on étudie alors la structure des phrases : sont-elles affirmatives ? interrogatives ? exclamatives ?
• On peut encore avoir affaire à une question rhétorique* (voir définition plus bas).
• Voici quelques **procédés essentiels** :
Comparaison* : figure de style qui consiste à rapprocher un élément (le comparé) d'un autre élément (le comparant) par un point commun, à l'aide d'un mot-outil de comparaison *(comme, tel...)*.
Métaphore* : figure de style qui rapproche un élément (le comparé) d'un autre élément (le comparant) pour souligner leur ressemblance, mais *sans* mot-outil de comparaison.
Hyperbole : exagération (à l'aide de mots forts ou de chiffres exagérés).
Lexique péjoratif : vocabulaire dévalorisant, qui donne une idée négative de quelqu'un ou de quelque chose.
Question rhétorique* ou oratoire : fausse question qui n'attend pas de réponse et qui équivaut à une phrase déclarative, car elle contient implicitement* la réponse ; elle permet de solliciter davantage l'attention et d'emporter, par force, l'adhésion de l'auditeur.

▶ **Conseils de méthode pour le commentaire d'un procédé de style**
• Ne jamais signaler un procédé stylistique sans le mettre en relation avec son importance dans le texte : quelle impression crée-t-il ? quel effet ? à quoi sert-il ?
• Pour chaque sorte de procédé de style repéré, juger son efficacité. Pour mieux trouver, se demander quel effet cela produit sur l'auditeur.

- Dans la réponse, lier dans une même phrase la qualification de la construction et le commentaire, en citant, à l'intérieur de la réponse, les mots *essentiels* qui soutiennent le procédé ou la construction repérés.
- Éviter la répétition des mêmes verbes pour lier idée et procédé de style. En voici un certain nombre pour vous aider à ne pas vous répéter :
– (cette idée) *est soulignée par, est rendue par, est mise en valeur par, est marquée par, est mise en évidence par, est traduite par, s'appuie sur ;*
– (par ce procédé, l'auteur, ou ce procédé) *traduit, souligne, met en évidence, rend compte de, révèle, crée l'impression de / que, suggère, transmet ;*
– (ce procédé) *a pour effet de, sert à, concourt à l'effet de.*

✪ Question 4

▶ Ce que l'on vous demande

- On vous demande de dire si la conversation a fait évoluer les opinions de ses participants ou si leur désaccord s'est maintenu. C'est surtout la fin du texte qui vous renseignera sur ce point.
- Relevez les indices qui vous montrent si Denise est convaincue ou non : il peut s'agir d'indices physiques *(attitudes)*, de *paroles* (ou d'absence de paroles = silence).
- Cherchez ensuite ce qui suggère les *sentiments* des deux personnages. Cela peut être le vocabulaire, mais aussi la forme des phrases.
- Faites une synthèse de ce que vous avez relevé et dites si les arguments de Baudu ont ébranlé les convictions de sa nièce.

PRÉPARER LES TRAVAUX D'ÉCRITURE

✪ Travail 1

▶ Comprendre la consigne

Il y a **trois façons** de rapporter des paroles : le discours direct, le discours indirect, le discours indirect libre.
- Quand des paroles sont transcrites telles quelles, comme elles ont été prononcées, on parle de dialogue ou de **discours direct**. Pour indiquer qu'il s'agit de discours direct, on utilise une ponctuation spéciale.
- Quand les paroles ne sont pas rapportées comme elles ont été prononcées, mais sous forme de subordonnées dépendant d'un verbe principal ou d'un groupe prépositionnel à l'infinitif, on parle de **discours indirect**.
- Quand les paroles sont rapportées comme au discours indirect mais que le verbe principal introducteur et le mot subordonnant ont été supprimés, on parle de **discours indirect libre**. C'est un système mixte.

Exemples :
Discours direct
Elle leur dit : « Vos parents reviendront sûrement demain ! »
Discours indirect
Elle leur *dit que* leurs parents *reviendraient* sûrement *le lendemain.*
Discours indirect libre
Elle les rassura : leurs parents reviendraient sûrement le lendemain !

▶ **Ce que l'on vous demande**
• Vous devez d'abord repérer les arguments de Denise dans le texte (voir question 2) et leur être fidèle.
• Vous devez les reformuler.
• Il faut avoir recours aux procédés de la persuasion (style vif, exclamations, implication de l'interlocuteur...).
• Vous devez ensuite être attentif à la situation d'énonciation* : Denise (le locuteur*) s'adresse à son oncle (le destinataire). Vous devez donc parler comme si vous étiez Denise et utiliser la première personne du singulier ; elle s'adresse à Baudu à la deuxième personne du pluriel (de politesse). Pensez à la façon d'interpeller : « mon oncle ».
• Gardez à Denise la personnalité dont elle fait preuve dans le texte de Zola : politesse, respect, mais suite dans les idées (pensez qu'elle est assez jeune, donc sans doute enthousiaste).

✪ **Travail 2**

▶ **Ce que l'on vous demande**
• On vous demande d'étayer une thèse (ici celle de Baudu).
• Vous devez donc bien identifier la thèse à défendre (*défense des petits commerces* = quels sont les avantages du petit commerce ?) et repérer les arguments déjà donnés dans le texte.
• Puis vous devez chercher d'autres arguments que ceux que vous aurez repérés, en vous inspirant de l'actualité par exemple et en citant des cas précis.
• Vous devez ensuite composer votre développement, c'est-à-dire élaborer un plan en classant et en groupant les arguments.

▶ **Conseils de méthode pour étayer une thèse**
• Il s'agit de soutenir, enrichir, développer en la justifiant, bref, de défendre la thèse donnée à l'aide d'arguments qui viennent s'ajouter à ceux déjà fournis par l'auteur.
• Explicitez* la thèse à étayer en la reformulant de manière à montrer la validité du point de vue qu'elle défend.

- Développez de nouveaux arguments favorables : arguments logiques ou arguments d'autorité...
- Prévenez les objections* qui pourraient être formulées contre la thèse que vous défendez en utilisant par exemple un contre-argument.
- Donnez des exemples nouveaux pris dans l'histoire ou l'actualité, dans les domaines les plus variés (société, politique, économie, sciences, arts, littérature).

▶ **Explorer le circuit argumentatif**

Vous trouverez plus facilement des arguments :
– si vous partez des catégories de personnes que le commerce met en jeu : il y a d'une part les clients, d'autre part les commerçants, enfin la collectivité (la société) ; posez-vous les questions : *Quels avantages présente le petit commerce pour chacune de ces catégories ? ;*
– si vous opposez le petit commerce à la grande distribution (les inconvénients des grandes surfaces sont souvent les avantages du petit commerce).

▶ **Faire un plan**

Introduction

1. Intérêt individuel des clients.

2. Un service à la collectivité.

2.1. Les petits commerces maintiennent l'activité, la vie dans le centre des villes, dans les villages.

2.2. Ils contribuent à des pratiques commerciales plus saines.

2.3. Ils exercent une influence positive sur l'emploi.

Conclusion

❏ Corrigé des questions

✪ Question 1

La scène se passe à la fin du XIXe siècle et la conversation porte sur le développement des grands magasins, tel Au Bonheur des dames, qui à cette époque commencent à menacer le petit commerce traditionnel.
Baudu, propriétaire d'une boutique de tissus, est exaspéré par ce phénomène qui ruine ses affaires. Sa nièce, Denise, est favorable à cette évolution, car, selon elle, ce changement répond aux attentes et aux besoins du public et, loin d'être néfaste, il joue un rôle économique positif.

✪ Question 2

Les critiques de Baudu portent sur les aspects matériels évidents de ces grands magasins – et en premier lieu sur leur gigantisme – mais aussi sur les principes commerciaux qui les inspirent.

Le gigantisme

Baudu, propriétaire d'une petite boutique, ne voit pas la nécessité de multiplier le nombre de rayons, d'employés dans des magasins si démesurés que les « les clientes [s'y] perdraient » (l. 46). Le volume et la progression foudroyante du chiffre d'affaires du magasin sont d'un ordre qui dépasse complètement les montants dont il a l'habitude.

La malhonnêteté

Plus encore que l'organisation matérielle des grands magasins, c'est l'esprit avec lequel ils exercent leur activité qu'il critique : leurs principes sont en contradiction avec l'éthique professionnelle de Baudu. Ils ne s'inscrivent pas dans la tradition commerciale qui lui est familière : ils recherchent sans cesse des articles « nouveaux » et sont prêts, pour accroître leur chiffre d'affaires, à vendre n'importe quoi : ils ne sont « pas fiers » (l. 58).

Baudu condamne aussi leur absence de règles morales dans leurs relations avec leurs employés : n'ont-ils pas « salement » flanqué Denise à la porte ? Ils ne se soucient pas non plus des dommages que leurs travaux d'agrandissement causent à la concurrence (« on était pourri de plâtre »). Cette absence de moralité et leur réussite arrogante prouvent manifestement, selon Baudu, leur malhonnêteté profonde : « [...] ce sont les voleurs qui font fortune » (l. 21).

✪ Question 3

L'opposition irréductible de Baudu à l'égard des grands magasins se traduit par une extrême variété de procédés rhétoriques.

Il recourt à un lexique péjoratif pour nommer les grands magasins : « ces grandes chabraques de maisons » (l. 5-6), pour qualifier leurs activités commerciales (des « fantasmagories » (l. 17), une « folie ») et les profits démesurés de « ces gens » (l. 58), des « voleurs » sans aucun doute, qui « s'engraissaient » du malheur des honnêtes gens comme lui.

Pour donner plus de force à son propos, il souligne le gigantisme de ces établissements par une affirmation hyperbolique – « les clientes (s'y) perdraient » (l. 46) – et par le rappel complaisant de chiffres exorbitants : « vingt-huit rayons », « mille employés », un chiffre d'affaires qui a « quintuplé » en « quatre ans » et atteint « quarante » millions de francs.

Quand il est à court d'arguments, il s'appuie sur des affirmations péremptoires (« Il n'y a pas à sortir de là »), des vérités générales – « Il paraît qu'aujourd'hui [...] sur la paille » (l. 20-22) – ou des tautologies bien peu convaincantes : « Le commerce est le commerce ». Il en vient même à proférer des paradoxes assez incohérents : « ils réussissent, tant pis pour eux » (l. 32-33).

Mais il sent bien qu'il ne réussit pas à convaincre son interlocutrice. Comme elle garde un silence gêné, il suscite un semblant de dialogue par des questions rhétoriques : « et pourquoi pas les Halles ? », « N'était-ce pas inconcevable... ? » (l. 48), « comprenait-on cela ? », « Me vois-tu joindre un rayon de casseroles ? ».

Persuadé du bien-fondé de son parti, Baudu a recours à tous les moyens oratoires pour défendre son point de vue en criticant l'opinion opposée à la sienne.

○ Question 4

Baudu n'a pas réussi à convaincre sa nièce.

Ce n'est pas la première fois qu'elle a dû écouter les arguments enflammés de son oncle : elle connaît l'obstination de Baudu et sait qu'il ne sert à rien de répondre. Elle préfère se taire et « sourire » en attendant que son oncle s'apaise. Si elle garde le silence, en revanche, Baudu, lui, a compris que ses arguments n'ont pas persuadé sa nièce : ses derniers mots qui concluent la discussion indiquent bien qu'elle est restée sur ses positions : « Enfin, tu *es* pour eux. Nous n'en parlerons plus ». Implicitement, ces mots signent la défaite de Baudu. Par ailleurs la brusquerie de sa dernière réplique (que marquent les exclamations et les expressions comme « me casser les oreilles » ou « je te défends »), le fait qu'il coupe court à toute réponse trahissent sa colère de ne pas avoir eu raison de sa nièce.

Denise, elle, partagée entre sa pitié et son affection pour son oncle victime du progrès et de l'évolution de la société, et ses convictions intimes qui lui disent que l'avenir est dans le grand commerce, est « gênée » de devoir adopter une attitude qui répugne à sa franchise. Par son silence même, elle indique qu'elle garde les formes mais reste fidèle à ses opinions.

❏ Corrigé des travaux d'écriture

Attention ! Les indications entre crochets ne sont qu'une aide à votre lecture et ne doivent pas figurer dans votre rédaction.

✪ Travail 1

Mon oncle, parlons posément et regardons les choses en face : cette évolution du commerce est logique. Ces grands magasins font partie des mutations de la fin de notre siècle et nous devons nous y adapter : nous vivons une époque de progrès, dans l'industrie, dans les transports…, partout ! Les progrès techniques permettent de produire davantage et à moindre coût une multitude de biens que les grands magasins écoulent au meilleur prix. Au lieu de s'opposer à ce mouvement qui témoigne de la vitalité de l'économie, il faut l'encourager.

Pour ma part, j'admire l'audace de ces entrepreneurs, comme le propriétaire du Bonheur des dames : ils ouvrent des voies nouvelles au commerce parce qu'ils osent relever les défis du monde moderne en engageant des projets ambitieux. Certes, ce ne sont pas des philanthropes, mais l'appât du gain n'est pas le seul motif qui les pousse : certains éprouvent, je crois, une vraie satisfaction à faire œuvre de pionniers et à apporter plus de bien-être au public. Car il faut admettre que les clients sont gagnants à cette évolution : ils ont plus de choix, paient moins cher et en toute sécurité des biens qu'ils peuvent se faire rembourser, s'ils ne sont pas satisfaits.

✪ Travail 2

[Introduction]
Si Baudu revenait sur terre, il verrait que l'évolution engagée de son temps s'est poursuivie et que le gigantisme du Bonheur des dames est aujourd'hui largement battu par celui des hypermarchés, Mammouth et autres centres commerciaux qui n'ont cessé de croître comme des champignons à la périphérie de nos villes.

Le petit commerce a largement pâti de cette situation. Mais les pouvoirs publics, les associations de consommateurs ont pris conscience des conséquences négatives de cette situation et ont essayé de limiter et de freiner, par des réglementations plus sévères, le développement du grand commerce. En effet, on mesure mieux aujourd'hui le rôle économique et social non négligeable du petit commerce, tant pour le client que pour la collectivité.

[1. Intérêt individuel des clients]
Du point de vue de l'individu, le petit commerce présente bien des avantages.

Souvent situé dans le voisinage immédiat, il offre une proximité bien commode, qui dispense de prendre la voiture comme il faut le faire pour se rendre dans les centres commerciaux qui prolifèrent à l'extérieur des villes.
Le petit épicier de quartier, ouvert tôt le matin et très tard le soir, permet d'improviser un dîner pour faire face à l'arrivée de visiteurs impromptus. Certes, on paiera les produits plus cher qu'au supermarché mais, surtout en ce qui concerne les produits frais – la viande, les primeurs –, ils offrent une qualité bien supérieure et le commerçant pourra, en prime, vous donner des conseils de préparation et de cuisson et vous aider à choisir le vin le plus adapté !
En effet, le petit commerçant a souvent su maintenir avec ses clients une vraie relation humaine : il vous salue par votre nom, demande de vos nouvelles, bref vous considère comme une personne et non comme une simple carte de crédit. Le magasin de journaux, la boulangerie sont encore des lieux où les habitants d'un quartier se croisent, échangent quelques paroles, quelques nouvelles, bref prennent le temps de retrouver un comportement social que le rythme de vie actuel, les activités multiples des uns et des autres font trop souvent oublier.

[2. Un service à la collectivité]

[2.1. Les petits commerces maintiennent l'activité, la vie dans le centre des villes, dans les villages]

Les campagnes françaises se désertifient, nous dit-on, des villages meurent. On sait le rôle que joue dans ce phénomène la disparition des commerces de proximité. Souvent, la boulangerie, le commerce d'alimentation générale représentent le seul endroit où subsiste, pour les derniers habitants d'un village, souvent les plus âgés et à mobilité réduite, un espace social.

On retrouve une situation analogue dans des quartiers urbains. Les commerces maintiennent une certaine animation dans les rues et ce va-et-vient contribue à donner un sentiment de plus grande sécurité aux personnes âgées, aux enfants. Comme la proximité de transports en commun, ils représentent aussi une valeur ajoutée pour les immeubles et les maisons d'un quartier. Est-il rien de plus désolant que le vide de certains quartiers résidentiels qui déroulent leurs façades cossues mais monotones ? On apprécie d'autant plus le charme de certaines rues de Paris, comme la rue Mouffetard, riche de ses restaurants exotiques, de ses étalages pittoresques et colorés, de la diversité de ses odeurs, de ses bruits, des appels de ses marchands en direction des clients qui flânent comme on ne saurait le faire dans les allées du supermarché.

[2.2. Ils contribuent à des pratiques commerciales plus saines]
Les petits commerces contribuent enfin à des pratiques commerciales plus saines. Ils atténuent la situation de quasi-monopole des grandes surfaces et permettent ainsi un certain jeu de la concurrence, ce qui tourne à l'avantage des consommateurs mais aussi des fournisseurs, qui trop souvent ont à acquitter une sorte de « tribut » auprès des grandes chaînes de distribution pour qu'elles « acceptent » de référencer leurs produits...

[2.3. Ils exercent une influence positive sur l'emploi]
Enfin, les petits commerces ont une incidence positive sur l'emploi. Leur mode de fonctionnement demande en effet un personnel proportionnellement plus nombreux que dans les grands magasins : c'est donc un facteur non négligeable dans une période de chômage élevé.

[Conclusion]
On aimerait penser que ce bilan positif des services rendus par le petit commerce suffise à assurer sa pérennité à l'ère de la mondialisation... mais l'actualité nous montre que des actions plus spectaculaires et plus brutales pourraient être nécessaires, dans le sillage du combat de José Bové, « leader » de la Confédération paysanne, pour des formes de production et de travail qui prennent en compte les besoins fondamentaux de l'homme et pas seulement les intérêts des actionnaires des grandes multinationales.

Le dimanche

6 PONDICHÉRY
JUIN 1999 • SÉRIES L, ES, S

Jean-François Duval
Un port à l'aube de chaque lundi
(1999)

    La semaine, je sais bien qui je suis : tout le monde me le dit ; ma place dans la société, dans le monde du travail me l'indique. Mais dimanche ?
    Dimanche nous débusque et nous révèle. Alors que la semaine,
5 dans ses discontinuités, nous oblige à des rôles différents, nous divise et nous écartèle, dimanche, qui s'offre dans une durée et une continuité, permet d'effacer ces rôles et de se ressaisir dans son unité et son identité. Une identité dont dimanche nous appelle à préciser les contours, parfois incertains. Car par les façons d'être, les attitudes intérieures et psycholo-
10 giques qu'elle favorise, cette journée particulière autorise toutes les régressions. Le moi social entre parenthèses, les exigences narcissiques[1] tendent à reprendre le dessus. L'individu se replie sur lui-même, sa famille, ses proches. Si l'on se retrouve, c'est au travers d'une quête un peu paresseuse et indolente de soi-même, vécue en hédoniste[2], dans
15 l'euphorie légère de l'apéro, la communion du gueuleton, les vapeurs de l'alcool, les lourdeurs de la digestion. Ce qui émerge, c'est le moi refoulé, celui qui a des besoins et des plaisirs à satisfaire. Chaque dimanche est une abbaye de Thélème[3] : « Fais ce que voudras ». Et ne va pas sans

que l'on s'accorde à soi-même quelques privautés et menues gâteries (thé, pâtisserie, etc.). Mais il est des régressions positives : dimanche est toujours un peu le temps de l'enfance. Adultes et enfants se retrouvent et se réconcilient à travers les mêmes jeux. À travers la pratique de nos « hobbies »[4], nous renouons également avec le même plaisir d'amusement et de joie dans notre enfance. Et la « grande personne » que nous sommes, soudain libre de s'oublier, rejoint le temps tourbillonnaire et de ressourcement propre au dimanche.

Oui, dimanche nous rassemble et nous ressource, Cette journée est ponctuée de rituels voilés, qui tous paraissent tendre à une communion de l'individu avec lui-même aussi bien qu'avec son entourage le plus proche et le plus général. Tout se passe comme s'il s'agissait, dimanche après dimanche, de vérifier des liens de nature diverse, et de les resserrer : son appartenance à une famille, à une Église, voire à une espèce (la visite au zoo !), bref, sa place dans la société et dans l'univers. Promenades et redécouverte de la nature, musées d'anthropologie, d'ethnographie, d'histoire naturelle, exposition d'art invitent à se resituer au travers des époques et des cultures, dans le temps comme dans l'espace. Où l'on voit que si dimanche apparaît comme la plus insouciante de nos journées, parce qu'elle autorise toutes les dérives et participe plus qu'aucune autre d'un temps fou, spontané et créateur, c'est aussi, comme on l'a dit, la plus enracinée dans le passé.

La grâce du dimanche est de même nature que celle des sports de glisse dont le succès croissant s'explique peut-être ainsi : au temps laminaire[5] et accéléré de la semaine ces pratiques opposent l'organisation d'un temps et d'un espace personnel. Dans les sports d'équipe tels le football ou le rugby, le temps reste collectif, contraint, stratégique : tant de buts à marquer en deux mi-temps : on joue *contre* le temps. À l'inverse, surf, aile delta, skateboard, ski, parapentes, etc., permettent de sécréter son temps propre, d'évacuer les traditionnels « donneurs de temps » au profit d'un temps et d'un espace que je produis moi-même. Tout à la fois haubans, gouvernail et girouette sur ma planche à voile, j'intercepte le vent, j'amortis les vagues. Un parfait moyen de se resynchroniser avec les grands rythmes de la nature, de s'accorder au grand Tout, au cosmos. Une manière de danse. Et, pour reprendre une expression de Joël de Rosnay, une belle façon de remplacer le « temps tribut[6] » par le « temps accomplissement ».

C'est le privilège du dimanche de nous réconcilier avec notre temps intérieur, celui de nos rythmes propres et de notre sensibilité : le temps retrouvé que connaissent bien les peintres du dimanche (ce n'est pas simplement parce qu'ils ont plus de temps qu'ils peignent ce jour-là, mais bien parce que ce temps est d'une qualité différente). Dimanche ménage ce temps où je me retrouve moi-même, où je me remets au diapason, où je m'accorde. Avec moi-même, avec la nature, avec les autres. C'est un jour spirituel, où il y a soudain plus de place, plus d'espace pour la multitude des dimensions qui nous habitent – que la semaine souvent atrophie.

---

1. *Narcissique* : qui prend plaisir à se regarder soi-même.
2. *Hédoniste* : personne qui fait du plaisir le but de sa vie.
3. *Abbaye de Thélème* : lieu idéal de la liberté selon l'écrivain Rabelais.
4. *Hobbies* : passe-temps favoris.
5. *Temps laminaire* : temps uniformisé.
6. *Temps tribut* : temps sacrifié à la société.

Questions (10 points)

Toutes les réponses doivent être entièrement rédigées.

▶ **1.** L'auteur parle de « régressions positives » (l. 20). Dites, en vous appuyant sur le 2ᵉ paragraphe (l. 4-26), en quoi consistent les régressions négatives. (3 points)

▶ **2.** Analysez trois procédés mis en œuvre par l'auteur pour impliquer le lecteur dans son raisonnement. (3 points)

▶ **3.** « La grâce du dimanche est de même nature que celle des sports de glisse. » Expliquez le sens de cette comparaison (avant-dernier paragraphe, l. 41-42). (1 point)

▶ **4.** Reformulez brièvement les trois raisons qui déterminent le caractère exceptionnel du dimanche en examinant les débuts des paragraphes 2, 3 et 5. (3 points)

Travail d'écriture (10 points)

L'auteur considère que le temps de la semaine est un temps sacrifié à la société. Qu'en pensez-vous ?

❑ Travail de préparation

PRÉPARER LES QUESTIONS

✪ Question 1

▶ **Ce que l'on vous demande**
Régressions : retour à un stade antérieur de développement affectif et mental, notamment à l'enfance.
• Vous pouvez en introduction indiquer ce que signifie « régression » (indiquez la nuance que comporte le mot).
• Il s'agit ensuite de repérer les effets négatifs du dimanche et d'essayer d'expliquer brièvement pourquoi l'auteur les énumère à cet endroit de son argumentation (valeur argumentative).
• Puis vous devez les reformuler clairement en vous appuyant sur le texte.

✪ Question 2

▶ **Ce que l'on vous demande**
Impliquer : faire prendre part à, entraîner dans, mêler à, prendre à parti.
« Impliquer le lecteur dans un raisonnement » signifie « lui faire partager ce raisonnement » par différents moyens stylistiques.
• Vous devez donc chercher ce qui, dans l'écriture de l'auteur, fait que le lecteur se sent concerné par les arguments* avancés ou les exemples.
• Vous ne devez en citer que trois. Mais il en existe de très nombreux.
• Appuyez-vous sur le texte et expliquez pourquoi les procédés que vous aurez choisis sont efficaces.

▶ **Procédés pour impliquer le lecteur dans un raisonnement**
On peut les classer par sortes :
– le choix du thème : un sujet qui intéresse un grande partie des lecteurs, accessible ;
– procédés lexicaux : adaptation du lexique à l'identité du lecteur, emploi d'un vocabulaire qui lui est familier ;
– procédés grammaticaux : emploi des indices personnels (voir préparation du sujet 4) et du pronom « on » (voir préparation du sujet 7) ; emploi de mots qui interpellent le lecteur comme dans une conversation (« oui », « non »...) et des modalisateurs* ;
– procédés syntaxiques : utilisation de phrases proches du langage parlé ;
– choix des exemples (tirés du quotidien du lecteur).

✪ Question 3

▶ **Comprendre la consigne**
- La **comparaison** rapproche un élément (le *comparé*) d'un autre élément (le *comparant*) par un point commun, *à l'aide* d'un mot-outil de comparaison *(comme, tel...)*
Exemple :   des cheveux   blonds   comme   les blés
                  comparé   point commun   mot-outil   comparant
- Ici, le mot-outil de comparaison est « est de même nature que » ; le comparé* est « le dimanche » et le comparant « les sports de glisse ».

▶ **Ce que l'on vous demande**
- En fait, on vous demande d'expliciter* l'expression « est de même nature que » en développant, à l'aide du texte, le mot « nature ».
- Vous devez donc relever les points communs entre le dimanche et les sports de glisse.
- Pour trouver ces points communs, vous pouvez, en travail préliminaire, commencer vos phrases par « L'auteur compare la grâce du dimanche aux sports de glisse *parce que...* » et les compléter en observant les mots du texte. Votre étude doit porter sur les lignes 46 à 55, qui développent la comparaison.
- Il faudra faire une très brève conclusion où vous résumerez en trois ou quatre mots les qualités du dimanche mises en valeur.

✪ Question 4

▶ **Comprendre la consigne**
- « Reformuler », c'est exprimer la même idée (que l'auteur) mais avec vos propres mots.
- « Brièvement » indique que vous devez répondre en quelques lignes seulement, sans vous embarrasser des détails ou des exemples.

▶ **Ce que l'on vous demande**
- Vous devez trouver trois réponses à la question : « Pourquoi, d'après l'auteur, le dimanche est-il exceptionnel ? »
- Toutes vos réponses doivent provenir de l'observation précise des passages mentionnés dans la consigne *(débuts des paragraphes 2, 3,5)*
- Pour trouver ces raisons, vous pouvez commencer vos phrases par « le dimanche est exceptionnel *parce que...* » et les compléter à l'aide de l'observation du début des paragraphes 2, 3, 5 (surlignez les mots qui vous paraissent les plus utiles pour répondre).
- Redites l'idée trouvée avec vos propres mots.

PRÉPARER LE TRAVAIL D'ÉCRITURE

▶ **Comprendre la consigne**
• Il faut bien définir le mot *sacrifier* pour comprendre la thèse qui sert de support au travail d'écriture.
Sacrifier : renoncer à quelque chose au profit d'une personne ou d'une chose.
• Ce type de sujet risque de vous amener à des banalités et à des évidences. Il faut donc éviter ces deux dangers et faire preuve d'originalité.
• Vous devez pour cela construire de façon très rigoureuse votre devoir (pensez aux transitions entre les parties) ; chercher des exemples originaux (voir ci-dessous) ; soigner votre style, en ayant recours aux procédés de la persuasion.

▶ **La formulation de la consigne**
« Qu'en pensez-vous ? » indique que vous devez exprimer votre opinion personnelle. Vous pouvez donc :
– soit étayer* la thèse (= être complètement d'accord avec l'auteur, et éventuellement rajouter des arguments aux siens) ;
– soit la réfuter* (c'est-à-dire prendre le contre-pied de la thèse, en fournissant des contre-arguments) ;
– soit discuter la thèse.

▶ **Reformulation de la problématique**
Sous-question suggérée : *Le temps social de la semaine est-il un sacrifice, c'est-à-dire une atteinte à l'identité ?*

▶ **Explorer le champ argumentatif**
Pour rechercher vos idées, partez du mot *sacrifier.*
– Il comporte une nuance négative, implique l'idée d'abandon, de perte, souvent dommageable.
Vous pouvez donc vous demander : *que perd-on, qu'est-on obligé d'abandonner dans la semaine de travail ? Quels en sont les contraintes, les effets négatifs ?*
– Mais *sacrifier*, qui vient d'un mot latin qui signifie « sacré », veut dire : abandonner quelque chose au profit de quelque chose d'autre (ou de quelqu'un) que l'on considère comme encore plus important (par exemple : « sacrifier une soirée à un ami malade »). Le verbe « sacrifier », associé au mot *société*, vous invite donc à chercher si le travail de la semaine ne sert pas à quelqu'un ou quelque chose de très important (une valeur supérieure). Cela vous amène à vous poser la question : *quelle est l'utilité du travail hebdomadaire (notamment pour la société) ?*

– Vous pouvez vous demander aussi : *Le travail n'a-t-il pas de bons côtés ?*
– Enfin, vous pouvez chercher s'il n'y a pas un moyen d'aménager de façon supportable le temps de travail (recherche de solutions, d'améliorations).

▶ **Faire appel à ses connaissances et à son expérience**
L'originalité du devoir viendra des exemples que vous trouverez et des connaissances dont vous ferez preuve. Vous pouvez, par exemple :
– chercher l'étymologie du mot *travail* ;
– rechercher des textes ou des chansons sur le thème du travail (voir Hugo, « Melancholia », *Où vont tous ces enfants ?* ; Prévert, « Le temps perdu », in *Histoires* ; la chanson de Pink Martini « Je ne veux pas travailler » ; *Vendredi ou les Limbes du pacifique* de Michel Tournier...) ;
– faire appel à vos connaissances de l'histoire (l'esclavage dans l'Antiquité) ou de l'actualité (discussions sociales sur les « 35 heures », lois sur le travail...) ;
– parler de votre expérience personnelle, mais de façon précise.

▶ **Faire un plan**
Une discussion repose sur un plan dialectique*, sur le schéma traditionnel : thèse*/ antithèse*/ synthèse*. Mais, de la première à la deuxième partie, il ne faut pas vous contredire, il faut changer de point de vue. On peut utiliser une structure concessive* avec dépassement, articulée autour des liens logiques *certes... / mais... / par ailleurs...*

Introduction
1. Un temps sacrifié à la société ?
1.1. Ce que nos sacrifions.
1.2. Nous sommes conditionnés.
2. Un temps bien utilisé.
2.1. L'épanouissement dans le travail.
2.2. Ce que la société nous donne en échange.
3. Vers un travail plus humain.
3.1. Les aménagements horaires.
3.2. Travailler ailleurs et autrement.
Conclusion

❏ Corrigé des questions

✪ Question 1

Dans le deuxième paragraphe, l'auteur oppose les « régressions positives » (l. 20-26) qu'engendre le dimanche aux « régressions négatives » (l. 4-20). Celles-ci sont présentées en premier et de façon assez circonstanciée car, soucieux de l'efficacité de son argumentation, J.-F. Duval préfère prévenir les objections et parer à toute contre-attaque.

Le mot « régression » comporte une nuance péjorative et implique l'idée d'un retour à un stade antérieur de développement affectif et mental, notamment à l'enfance. Il est donc logique, et moins surprenant pour le lecteur, de s'attarder d'abord sur les régressions négatives. Un vocabulaire péjoratif indique donc clairement au lecteur le côté pénible et dérangeant du dimanche.

En premier lieu, le dimanche crée un état de malaise : en effet, dans le confort de nos habitudes, il nous fait violence en nous dévoilant à nous-mêmes (« nous révèle ») et en nous « débusquant » (le verbe, emprunté au monde de la chasse, signifie « faire sortir de son refuge »). Le premier effet du dimanche est donc de déconstruire notre identité sociale.

Alors « l'individu se replie sur lui-même, sa famille » pour se retrouver. Le verbe « se replier », synonyme de « se renfermer », est négatif en ce sens qu'il s'oppose à une valeur sociale très prônée de nos jours : l'ouverture à l'autre.

Puis, le dimanche exclut l'effort – notion aussi très valorisée dans notre société – au profit de la paresse et de l'indolence (« les vapeurs de l'hédonisme ») et de la satisfaction de besoins primaires, ceux du corps notamment : on passe beaucoup de temps à manger des « gâteries » et à boire « l'apéro » et on va jusqu'à commettre des excès, oubliant la tempérance, quitte à en subir les conséquences : « les lourdeurs de la digestion ». Ainsi, au lieu de se donner une ligne de vie raisonnée et adulte, on obéit, comme un enfant, aux caprices et on s'adonne à des activités futiles ou un peu primaires, tel le « gueuleton » (on note la nuance fortement péjorative du mot).

Enfin, le dimanche libère le « moi refoulé » – le terme est ici emprunté à la psychanalyse : il signifie retour à l'enfance –, avec tout ce que cela comporte d'instinctif, presque d'animal, de « privautés », c'est-à-dire de liberté sans frein, sans recours à la volonté.

J.-F. Duval compare cette existence à celle que menaient les hôtes de l'« abbaye de Thélème » de frère Jean des Entommeurs dans le *Gargantua* de Rabelais (nous sommes alors au XVIe siècle : il s'agirait bien d'une régression...) : là tout était permis, puisque la devise y était : « Fais ce que voudras », sans règle sociale ni loi aucune. Mais cette liste de « régressions négatives » n'est là que pour mieux mettre en relief, par un effet de repoussoir*, les « régressions positives » qui suivent.

○ Question 2

Pour mieux convaincre son lecteur, l'auteur l'implique dans son argumentation et le fait participer à son raisonnement. Cela lui est relativement aisé, car le sujet même – le temps libre – ne suscite pas beaucoup de résistance et d'objections.

C'est d'abord l'emploi des pronoms et des indices personnels qui fait entrer le lecteur dans le texte : l'auteur utilise à de nombreuses reprises le « nous » fédérateur où se rejoignent l'auteur et le lecteur (« nous débusque, nous révèle »), auquel est associé l'adjectif possessif de la première personne du pluriel (« nos hobbies, « notre enfance »).

À partir de la ligne 13, apparaît le « on », à la valeur ambiguë, à la fois généralisant (de façon à accéder à la vérité générale) et unificateur (« l'on se retrouve »). Ce pronom implique le lecteur de façon plus discrète – car, à cet endroit du texte, l'auteur expose des vues plus contestables et subjectives : il s'agit des « régressions négatives », par exemple. Mais il faut remarquer que le « on » est souvent employé dans le texte avec des verbes pronominaux (« se retrouver », « se replier »), appuyé de sa réduplication « soi-même », ce qui fait que le lecteur se sent en fait concerné dans ce qu'il a de plus intime.

Enfin, J.-F. Duval utilise aussi le pronom « je » (annoncé par le « moi (refoulé) » des lignes 16-17 et appuyé par le réfléchi « moi-même »), mais seulement à partir de la ligne 49, lorsque le lecteur a déjà opéré son identification avec l'auteur et acquiescé à ses arguments. On a alors l'impression de formuler soi-même les idées énoncées en fait par l'auteur, peut-être comme dans un discours intérieur, de parler en son nom : « je me retrouve moi-même, je me mets au diapason »...

Outre l'usage des indices personnels, J.-F. Duval tire profit de procédés stylistiques plus subtils et diffus, comme le recours au registre familier : ce sont les adverbes affirmatifs, que l'on utilise volontiers dans la conversation de tous les jours et qui donnent au texte un air de familiarité : « *Oui*, dimanche nous rassemble » ; il semble que l'auteur nous parle. Dans ce même ordre d'idées, il emploie des termes familiers qui sont les nôtres et dans lesquels nous nous reconnaissons : un diminutif comme « apéro », l'anglicisme « hobbies » ou un terme comme « gueuleton ». La syntaxe même est celle du registre familier : on compte de multiples phrases nominales (l. 51 à 55) ou même des phrases dont le verbe principal n'a pas de sujet : « Et ne va pas sans que… » (l. 18), des exclamations (l. 33).

L'emploi même des temps verbaux facilite cette connivence avec le lecteur : le présent prend en effet une valeur de vérité générale tout au long du texte, mais, ambigu comme le pronom « on », il peut aussi renvoyer au présent du lecteur même (« un espace que je produis moi-même »).

Enfin, la multiplicité des exemples – le plus souvent tirés du quotidien – leur variété permettent à tout un chacun de reconnaître une partie de sa vie en eux : J.-F. Duval parle d'« appartenance à une famille, à une Église, voire à une espèce » (l. 32-33), de divers sports assez populaires (« surf, aile delta, skateboard, ski, parapentes, etc. »). Il serait bien étonnant que le lecteur n'ait pas un tant soit peu pratiqué l'un d'eux. Quand bien même ce serait le cas, le « etc. » très habile laisse la possibilité au lecteur de mettre sous cette abréviation justement le sport… qu'il pratique !

Il semble que le lecteur n'ait plus rien à objecter à l'auteur, tant celui-ci l'a associé à sa réflexion.

✪ Question 3

Pour rendre compte de façon plus concrète de la « grâce » du dimanche, l'auteur a recours à une comparaison : le « dimanche » est assimilé aux « sports de glisse », ce qui met en relief divers aspects positifs de ce jour chômé.

Tout d'abord, dans ces sports, l'activité est individuelle (cela se marque dans l'emploi des pronoms « je » et « moi-même »), solitaire, comme dans celles du dimanche. L'on est totalement libre de « gérer » son « temps » et son « espace » personnels, sans contrainte imposée de l'extérieur. L'individu joue non pas pour une équipe (c'est ce que met en relief l'opposition des sports de glisse aux sports « collectifs »), mais pour lui seul.

Par ailleurs, on se « resynchronise », c'est-à-dire on ne joue pas « *contre* le temps », mais *avec* lui, en acceptant l'imprévu, en jouissant du moment présent. Le dimanche suscite aussi les mêmes sensations de vertige que les sports de glisse, mais ce vertige naît du jeu avec les obstacles (les vagues, le vent), qui ne sont plus sentis comme des ennemis mais comme des aides au plaisir (« j'intercepte le vent, j'amortis les vagues »).

Le sport de glisse, comme le dimanche, permet une communion avec la nature (représentée par le « vent », les « vagues »), avec son rythme et sa beauté. L'individu a ainsi la sensation de faire corps avec elle, de s'intégrer harmonieusement au « grand Tout ». Le dimanche, comme les sports de glisse, élève donc l'âme, a une vertu presque métaphysique.

Enfin, la comparaison met en valeur les qualités esthétiques du dimanche et des sports de glisse : c'est ce que souligne le mot « danse » (l. 53).
L'image développée par l'auteur met donc en relief les « dons » du dimanche les plus précieux pour l'homme : liberté, harmonie, aisance et plaisir élevé.

❂ Question 4

Trois raisons font du dimanche un jour exceptionnel.
Il nous permet tout d'abord de retrouver notre unité, notre identité et nous ramène à nous-mêmes, à la conscience de soi : il nous recentre. Ensuite, il rassemble les membres d'un même groupe, resserre les liens avec les autres et favorise les relations sociales et culturelles. Enfin, il redonne à chacun un rythme personnel, en accord avec notre être profond, une harmonie – aussi bien biologique que spirituelle — qui apporte l'équilibre.

❑ Corrigé du travail d'écriture

Attention ! Les indications entre crochets ne sont qu'une aide à votre lecture et ne doivent pas figurer dans votre rédaction.

[Introduction]
Dans son essai *Un port à l'aube de chaque lundi*, Jean-François Duval aborde un des fondements de notre société, la nécessité du travail, son importance dans notre vie. En effet, en valorisant le dimanche et tout ce qu'il nous apporte, c'est le reste de la semaine – et le travail auquel il est nécessairement consacré – qu'il dévalorise. On voit cependant qu'il ne se livre pas à un simple éloge de la paresse sur le mode de la chanson de Pink Martini « Je ne veux pas travailler »..., mais à une contestation peut-être plus radicale de l'aliénation brutale ou plus insidieuse que nous impose la société ; celle-ci nous « oblige » à travailler, au nom de valeurs sociales, religieuses, éthiques, économiques qui nous conditionnent dès l'enfance : le travail de la semaine, selon lui, étouffe notre vraie personnalité, plaque sur nous une image sociale à laquelle on veut nous identifier alors que, le plus souvent, elle ne nous correspond pas. Le dimanche au contraire, nous réunifie, nous réconcilie avec nous-mêmes !
J.-F. Duval formule donc, avec un certain humour, une revendication individualiste et hédoniste, peu « citoyenne », un appel à la désobéissance civique, qui pourrait menacer le fonctionnement même de notre société si

elle était largement suivie... On verra que malheureusement, la semaine, et le travail qui l'accompagne, sont bien souvent vécus comme une contrainte peu épanouissante que l'on s'impose et que l'on nous impose, comme le sacrifice à la société de ce que nous avons de meilleur et de plus cher. Mais cette image négative, restrictive du travail peut – et doit – être corrigée : on verra que certaines évolutions actuelles dans nos modes de travail, dans les textes législatifs qui l'encadrent, semblent avoir déjà pris en compte la contestation salutaire de Jean-François Duval.

[1. Un temps sacrifié à la société ?]
Le travail serait-il la forme moderne de l'esclavage ? une façon insidieuse de nous torturer (« c'est en effet le sens étymologique de « travailler »...) en nous convainquant que c'est bon pour nous et que c'est juste, en nous demandant d'être les victimes consentantes d'un bourreau qui nous veut du bien, la société...

[1.1. Ce que nous sacrifions]
Examinons tout ce que nous devons sacrifier en travaillant...
C'est d'abord du temps – beaucoup de temps – que nous consacrons à notre travail, auquel il faut rajouter le temps « annexe » que nous prennent bien souvent les déplacements pour nous rendre sur le lieu professionnel. En région parisienne, il n'est pas rare de passer trois et même quatre heures par jour dans les transports en commun. Parti parfois dès six heures du matin, revenu après vingt heures, on voit qu'il reste peu de temps pour profiter d'une vraie vie de famille. Ainsi, tout notre rythme de vie dépend des horaires à respecter sous peine de sanctions.
Travailler, c'est aussi renoncer à une part importante de sa liberté, se soumettre à une hiérarchie qui peut être insupportable, lorsqu'elle est exercée par un patron tyrannique, un contremaître odieux qui joue au petit chef. On exerce sur vous une pression constante : il faut atteindre des objectifs – toujours plus ambitieux et pour la définition desquels on est rarement consulté –, produire ou vendre toujours davantage.
Ce n'est pas notre rythme que l'on peut suivre, mais celui de la collectivité. Passe encore lorsque l'équipe dans laquelle on travaille est sympathique, mais il faut souvent y mettre du sien, accepter de plier l'échine, comme le dit J.-F. Duval, avec des collègues que l'on n'a pas choisis et qui peuvent se révéler insupportables.
Et le travail vous poursuit même en dehors du bureau... Aujourd'hui, le cadre qui veut conserver son emploi doit faire preuve d'une disponibilité totale, continuer à être joignable sur son téléphone portable, emporter des dossiers à étudier à la maison, préparer sa réunion du lendemain en rédigeant mémos, notes de synthèse.

Et c'est ainsi que l'on vend son temps, sa vie de famille, parfois sa santé, les projets que l'on pouvait avoir, les talents dont on pensait être doué mais que l'on n'a plus le temps de cultiver. Toujours à la recherche du temps, on vit sous pression et l'on passe à côté de l'essentiel, absorbé par un travail dont on ne sait plus s'il est trop plein ou trop vide.
Mais à moins d'être rentier, comment échapper à ce cycle terrible ? En effet, si le travail est pénible, trop astreignant, le manque de profession est tout aussi terrible que le travail lui-même et les personnes au chômage souffrent matériellement et moralement de leur situation : sans métier, l'homme a souvent le sentiment de ne plus exister, de n'être bon à rien.

[1.2. Nous sommes conditionnés]
La société a bien su nous conditionner pour cela dès l'enfance en nous répétant : « Tu gagneras ton pain à la sueur de ton front », « L'oisiveté est la mère de tous les vices » ; les valeurs religieuses et morales s'entendent pour nous donner mauvaise conscience si nous ne jouons pas le jeu que l'on attend de nous : travailler pour assurer notre subsistance – ce qui est normal –, mais aussi pour participer au grand effort collectif que suppose la vie en société.
Pourtant quelle image nous offre cette société ? Celle de l'argent facile pour les vedettes du show-business ou du sport, le luxe insolent des anciens et des nouveaux riches de la mondialisation, les trafics et l'enrichissement de personnalités politiques malhonnêtes... et la gêne, sinon la misère d'une part encore trop importante de la population.
Alors on comprend la réaction de l'ouvrier que nous décrit Prévert dans son poème « Le temps perdu » :
>   Devant la porte de l'usine
>   le travailleur soudain s'arrête
>   [...]
>   et regarde le soleil
>   [...]
>   Dis donc camarade Soleil
>   tu ne trouves pas
>   que c'est plutôt con
>   de donner une journée pareille
>   à un patron

Mais n'est-ce pas une vision trop négative et trop restrictive ?

[2. Un temps bien utilisé]
Le travail est capable du pire – débiliter l'homme moralement et physiquement — comme du meilleur, lui apporter des conditions de vie décentes et un épanouissement de sa personnalité.

Victor Hugo, avec le lyrisme qui lui est familier, célèbre en ces termes le « vrai travail, saint, fécond, généreux,
Qui fait le peuple libre et qui rend l'homme heureux ! »
(« Melancholia », *Les Contemplations,* Autrefois, III, 2).

[2.1. L'épanouissement dans le travail]

Dans les domaines les plus divers – artisans, agriculteurs, chefs d'entreprise, sportifs, artistes, médecins –, nous avons tous rencontré des hommes et des femmes épanouis dans leur travail et ne donnant pas l'impression de sacrifier ni leur vie ni leur temps à la société. Bien au contraire, il se dégage de ces personnes le rayonnement chaleureux et contagieux de ceux qui sont bien dans leur peau. Interrogez-les et ils vous diront qu'ils font ce qu'ils aiment, ce qu'ils ont choisi. Souvent, ils ajouteront que les contraintes liées à leur travail ne leur pèsent pas vraiment compte tenu de ce qu'ils en retirent, sur le plan des connaissances nouvelles, des rencontres, du développement personnel.

Généralement, il faut le reconnaître, les métiers qu'ils exercent supposent une variété de responsabilités, de tâches ou de rencontres ou déplacements qui exclut toute monotonie ; or c'est l'ennui, dans un travail, plus que sa « pénibilité », qui provoque le dégoût.

Et de surcroît, ces travailleurs heureux trouvent souvent le temps d'exercer des « hobbies », et même de remplir des responsabilités bénévoles dans leur communauté. Leur emploi du temps strict, sans « temps morts », fait partie de leur hygiène de vie. On peut penser à Robinson, dans le roman de Michel Tournier *Vendredi ou les Limbes du Pacifique,* qui, après son naufrage sur l'île d'Esperanza, commence d'abord par se laisser aller à une vie végétative. Puis il comprend qu'il court un vrai danger et s'impose alors un emploi du temps très réglé pour retrouver le rythme d'une « vraie » vie sociale. On sait bien que c'est le problème des chômeurs de longue durée qui peuvent perdre les repères, les structures temporelles imposées par la vie active et qui, pour reprendre une activité professionnelle, doivent réapprendre un rythme de vie.

[2.2. Ce que la société nous donne en échange]

Enfin, plutôt que d'adopter un point de vue négatif en parlant de temps sacrifié, il conviendrait mieux de parler de temps « échangé », et de dépasser ainsi un point de vue individualiste en comprenant que nous participons tous, par nos activités, à la bonne marche et au progrès de la société. Nous en recevons en retour de nombreuses contreparties... On n'en finirait pas d'énumérer tous les bienfaits que la société nous apporte. Pensons au rôle de tous les services de l'État : soins médicaux, éducation, justice, défense, transports, culture... Et ajoutons-y les initiatives des individus, des entreprises privées, qui, par les avantages qu'elles apportent, les produits qu'elles nous offrent, qu'elles inventent, rendent notre vie plus facile, plus agréable, plus sûre...

[3. Vers un travail plus humain]
Au cours du XXe siècle, le monde des travailleurs s'est radicalement transformé dans les pays développés sous l'influence des gouvernements, la pression des syndicats, mais aussi grâce à l'ouverture d'esprit du patronat ou au sentiment de son intérêt bien compris : les travailleurs ont bénéficié d'améliorations parfois spectaculaires.

[3.1. Les aménagements horaires]
Mais le meilleur est peut-être encore à venir. On peut penser, au vu des évolutions actuelles, que nos façons de travailler vont considérablement évoluer dans les années à venir.
La mise en place de la réduction de la durée du travail, avec la généralisation des 35 heures, oblige souvent les entreprises, en concertation avec leurs employés, à revoir totalement l'organisation du travail. Le rythme professionnel de chacun s'individualise, ne s'aligne plus nécessairement sur la durée d'une semaine, mais peut connaître des variation de durée, d'intensité tout au long de l'année, dégageant ainsi de plus longues plages de temps libre.
Bien que récent, le texte de Duval ne semble pas tenir compte des changements profonds qu'apportent à notre façon de travailler les horaires flexibles ou à la carte, le travail à temps partiel, autant de façons de préserver son temps et de trouver, avec la société, des compromis acceptables.

[3.2. Travailler ailleurs et autrement]
Le télétravail permet déjà à de nombreuses personnes de travailler chez elles, et, même, si le cœur leur en dit, de s'installer à la campagne tout en restant en contact avec le siège urbain de leur entreprise. Il sera de plus en plus nécessaire de s'adapter aux nouvelles méthodes de travail, de changer plusieurs fois d'emplois dans une vie professionnelle : la formation continue, tout au long de la vie, prendra de plus en plus d'importance dans notre vie, nous fournissant ainsi l'occasion de réorientations professionnelles successives plus conformes à nos attentes. Et rien ne nous empêchera d'intercaler, de temps en temps, des années sabbatiques consacrées à un projet de développement personnel. C'est alors que le temps dédié au travail ne sera plus un sacrifice fait à la société mais au contraire l'occasion d'un véritable épanouissement personnel, où seront valorisées toutes les composantes de l'individu.
On sait déjà que les « hobbies » que l'on indique sur un CV peuvent, au moment d'une embauche, constituer un avantage déterminant, car ils

témoignent de la diversité des intérêts du candidat et reflètent son ouverture d'esprit.

[Conclusion]
Nous vivons une époque où le chômage est malheureusement encore trop répandu et où le droit au travail n'est bien souvent que théorique. Dans ces conditions, les considérations de J.-F. Duval sur les contraintes liées au travail pourraient même paraître déplacées et on pourrait lui répondre que le dimanche ne prend toute sa valeur que parce qu'il conclut ou précède une semaine de travail...
Mais ce serait méconnaître le côté salutaire, dynamique, de sa prise de position. Combiner épanouissement personnel dans le travail et en dehors du travail relève d'un art de vivre souhaitable, mais difficile à réaliser et J.-F. Duval a raison de nous rappeler qu'il faut aussi savoir se ménager des espaces personnels pour se protéger du travail... Les anciens Romains l'avaient déjà compris : l'activité publique qu'ils appelaient *negotium* n'était pour eux que l'absence de l'*otium*, le loisir personnel, loin des affaires et de la politique, souvent plus passionnant et plus prenant que son corollaire, le *negotium* mais auquel le citoyen ne pouvait se soustraire !

Étude littéraire

2

DEUXIÈME SUJET

Famille bourgeoise au XIXᵉ siècle (Maupassant) 126

« Sommes-nous bien loin de Montmartre ? » (Cendrars) 139

Une apparition (Le Clézio) 152

Voyage imaginaire (Giono) 162

La dent arrachée (Huysmans) 176

Plaisirs minuscules (Delerm) 189

Famille bourgeoise au XIXe siècle

7 NOUVELLE-CALÉDONIE • NOVEMBRE 1999
SÉRIES STI, SMS, STL, STI

Guy de Maupassant (1850-1893)
Mon oncle Jules
(1883)

Le narrateur évoque des souvenirs de son enfance, passée au Havre.

Ma mère souffrait beaucoup de la gêne où nous vivions, et elle trouvait souvent des paroles aigres pour son mari, des reproches voilés et perfides. Le pauvre homme avait alors un geste qui me navrait. Il se passait la main ouverte sur le front, comme pour essuyer une sueur qui
5 n'existait pas, et il ne répondait rien. Je sentais sa douleur impuissante. On économisait sur tout ; on n'acceptait jamais un dîner, pour n'avoir pas à le rendre ; on achetait les provisions au rabais, les fonds de boutique. Mes sœurs faisaient leurs robes elles-mêmes et avaient de longues discussions sur le prix d'un galon qui valait quinze centimes le mètre.
10 Notre nourriture ordinaire consistait en soupe grasse et bœuf accommodé à toutes les sauces. Cela est sain et réconfortant, paraît-il ; j'aurais préféré autre chose.

On me faisait des scènes abominables pour les boutons perdus et les pantalons déchirés.
15 Mais chaque dimanche nous allions faire notre tour de jetée en grande tenue. Mon père, en redingote, en grand chapeau, en gants, offrait le bras à ma mère, pavoisée comme un navire un jour de fête. Mes sœurs, prêtes les premières, attendaient le signal du départ, mais, au dernier moment, on découvrait toujours une tache oubliée sur la
20 redingote du père de famille, et il fallait bien vite l'effacer avec un chiffon mouillé de benzine.

Mon père, gardant son grand chapeau sur la tête, attendait, en manches de chemise, que l'opération fût terminée, tandis que ma mère se hâtait, ayant ajusté ses lunettes de myope, et ôté ses gants pour ne les
25 pas gâter.

On se mettait en route avec cérémonie. Mes sœurs marchaient devant, en se donnant le bras. Elles étaient en âge de mariage, et on en faisait montre en ville. Je me tenais à gauche de ma mère, dont mon père gardait la droite. Et je me rappelle l'air pompeux de mes pauvres parents dans ces promenades du dimanche, la rigidité de leurs traits, la sévérité de leur allure. Ils avançaient d'un pas grave, le corps droit, les jambes raides, comme si une affaire d'une importance extrême eût dépendu de leur tenue.

Questions d'observation (8 points)

Toutes les réponses seront entièrement rédigées.

▶ **1.** Quel est le temps principal de ce texte ? Justifiez son emploi. (1 point)

▶ **2.** Quelles remarques pouvez-vous faire sur l'emploi et la valeur de « on » dans ce texte ? (2 points)

▶ **3.** Dans le troisième paragraphe (lignes 15 à 21), relevez une comparaison ironique et commentez-la. (2 points)

▶ **4.** Le texte est construit sur une opposition. Relevez-en les éléments. Que révèle-t-elle ? (3 points)

Questions d'analyse et d'interprétation (12 points)

▶ **1.** Caractérisez de façon précise et méthodique le mode de vie de la famille du narrateur en vous fondant sur des citations du texte. (6 points)

▶ **2.** Quel regard le narrateur porte-t-il sur sa famille ? Justifiez votre réponse. (6 points)

❏ Travail de préparation

PRÉPARER LES QUESTIONS D'OBSERVATION

✪ **Question 1**

▶ **Ce que l'on vous demande**

• Dans un système au passé, les temps récurrents sont le passé simple, le passé composé et l'imparfait. Ici, c'est l'imparfait qui domine.

- **L'imparfait** peut prendre plusieurs valeurs :
– il peut exprimer une action de durée non définie, un état en cours dans le passé, par opposition au passé simple ;
– il peut être le temps de la description : il sert à évoquer les circonstances d'un récit, à mettre en place la « toile de fond » (l'arrière-plan) sur laquelle viennent se dérouler les événements/péripéties du récit. C'est donc le temps de la description ;
– il peut donner une impression de fixité, d'immobilisme ou de progression très lente ;
– il peut exprimer la répétition dans le passé ; on l'appelle alors imparfait d'habitude ou itératif ;
– il peut se trouver dans un style indirect libre et rapporter les pensées intérieures d'un personnage ; soyez alors attentif au contexte (« il n'avait pas envie de lutter » sous-entend « il pensa(it) que... »).
- **Le passé simple** situe une action dans le passé bien défini, limitée dans le temps, rapportée dans sa brièveté et sa soudaineté.
- Pour l'analyse des verbes, il est parfois utile d'étudier la voix (active, passive, pronominale) à laquelle ils sont employés :
– l'actif peut permettre de personnifier un objet ;
– le passif souligne l'état, l'inertie ;
– la voix pronominale *(se cabrer, se délivrer...)* souligne que le sujet est l'auteur, mais aussi l'objet de l'action (idée d'action interne, réfléchie, qui revient sur le sujet, lui-même « champ d'action ») ; la voix pronominale peut ainsi isoler le sujet par rapport à ce qui se passe autour de lui.
- Identifiez le temps verbal dominant.
- Appréciez la valeur de ce temps et dites quel effet il produit.

✪ Question 2

▶ Comprendre la consigne

Un pronom remplace un nom. Parmi les pronoms personnels, c'est « on » qui est le plus polyvalent, qui peut prendre le plus de valeurs différentes :
– il est l'équivalent de *nous* si le locuteur* est inclus dans le groupe désigné ;
– il peut désigner un groupe plus large, avoir une valeur généralisante ; il est alors équivalent de *les gens en général, les hommes*, ou *le groupe* ;
– il peut désigner quelqu'un qu'on ne veut pas nommer (pour diverses raisons : désir de le rejeter dans l'anonymat, peur de prononcer son nom, mépris...).

▶ Conseils de méthode pour repérer qui est désigné par le pronom « on » et commenter son emploi

- Essayer de remplacer le pronom « on » par « je » ou « nous ». Si le sens du texte ne change pas fondamentalement, c'est que le locuteur* (à déterminer) s'inclut dans le groupe désigné.

- Repérer alors dans quel groupe il s'intègre. « On » désignera ce groupe. Le qualifier précisément.
- Essayer de remplacer le pronom « on » par « les hommes en général ». Si c'est satisfaisant, il s'agira d'une vérité générale.
- Si aucune de ces solutions ne convient, repérer dans le contexte quelles personnes ou quel(s) groupe(s) ont déjà été nommés ou implicitement* désignés. Remplacer « on » par le nom de ces personnes.
- Dire éventuellement s'il s'agit de personnes qui ont une relation avec le locuteur (alliés ou opposants, partisans ou détracteurs, famille, amis...).
- Préciser si l'auteur ne veut pas nommer la personne implicitement désignée et pourquoi.
- Déterminer alors le ton que prend ce « on » (affectueux, ironique, critique, allusif...).
- Éventuellement, préciser le registre de langue auquel appartient l'emploi de « on ».

▶ **Ce que l'on vous demande**
- Surlignez, en travail préliminaire, tous les « on » du texte et appliquez le conseil de méthode ci-dessus pour identifier qui représente le pronom « on ». C'est le contexte qui vous permet de distinguer à quoi renvoie un pronom « on ».
- Cherchez d'abord si l'auteur (ou le locuteur*) s'inclut dans ce « on ». Pour cela :
– voyez si vous pouvez remplacer « on » par « nous » ou « je » ; si oui, indiquez-le ; si au contraire, cela change le sens du texte, c'est que « on » désigne d'autres personnes ;
– repérez alors quelles autres personnes ont déjà été nommées.
- Terminez votre réponse par une brève conclusion où vous dégagerez l'effet produit par ce pronom et l'intérêt de son utilisation.

✪ Question 3

▶ **Ce que l'on vous demande**
Comparaison*: figure de style qui consiste à rapprocher un élément (le comparé*) d'un autre élément (le comparant*) par un point commun, à l'aide d'un mot-outil de comparaison *(comme, tel...)*.
Ironie*: c'est une façon de se moquer qui consiste à dire le contraire de ce que l'on pense et de ce que l'on veut faire entendre ; elle a souvent recours à l'implicite* à travers l'exagération, la caricature, l'antiphrase, procédé de style qui consiste à exprimer une idée par son contraire et donne un ton ironique aux propos.

- Vous devez d'abord repérer la comparaison* ; identifiez le comparé, le comparant et le mot qui établit la comparaison (« comme », « semblable à », « pareil à », « ressembler à »).
- Trouvez quels sont les mots, s'il y en a, qui indiquent le point commun entre comparant et comparé.
- Si ce point commun est implicite*, vous devez l'expliciter.
Pour cela, c'est sur le comparant que vous devez réfléchir : demandez-vous ce que représente le comparant, ses connotations*. Ici, par exemple : comment se présente un « navire un jour de fête » ? Que signifie « pavoisé(e) » ?
- Déduisez-en quelles caractéristiques du personnage cette comparaison souligne.
- Repérez l'ironie en explicitant* ce que pense réellement l'auteur et en précisant d'où vient le ton ironique (voir ci-dessus).

✪ Question 4

▶ Ce que l'on vous demande
- Trouvez l'opposition sur laquelle repose le texte.
- Pour cela, essayez de repérer :
  – des connecteurs logiques* qui expriment l'opposition *(mais, cependant, néanmoins, pourtant ; au contraire, en revanche...)* ;
  – des champs lexicaux qui s'opposent (pauvreté ≠ ambition sociale ; être ≠ paraître ; rigidité apparente ≠ violence...).
- Classez les mots que vous aurez trouvés par domaines.
- Dites quelles indications ils fournissent sur la famille (*révèle*).

PRÉPARER LES QUESTIONS D'ANALYSE ET D'INTERPRÉTATION

✪ Question 1

▶ Comprendre la consigne
Caractériser : définir les caractéristiques, les traits propres à quelqu'un ou à quelque chose.
- Vous devez dégager de façon ordonnée les principales caractéristiques de la vie cette famille, en faire un portrait, mais en regroupant par affinité (par ressemblance) les traits qui sont épars dans le texte.
- La question invite donc à une synthèse organisée *(méthodique)*.
- Chaque trait dégagé doit être assorti de mots ou d'expressions du texte qui prouvent la justesse de votre remarque.
- Évitez de répéter la même structure de phrase, comme *« la famille est... »* ; variez vos formulations.

▶ **Conseils de méthode en ce qui concerne la lecture des questions**
Avant de commencer à répondre à quelque question que ce soit, même la plus facile, lisez toutes les questions au moins deux fois, pour repérer les «échos» entre elles et être mieux guidé par leur cohérence.
Exemple : la question d'interprétation 1 est préparée par la question d'observation 4.

▶ **Faire un plan**
Introduction
1. L'obsession de l'argent : parcimonie et vie sans plaisir.
2. Le vêtement : le poids du paraître et du qu'en dira-t-on.
3. Mesquinerie et hypocrisie.

Conclusion

✪ **Question 2**

▶ **Comprendre la consigne**
- Le mot «regard» signifie opinion, vision. «Quel regard... porte-t-il sur...?» signifie : quel jugement porte-t-il sur...?, comment considère-t-il...?, mais aussi quels sentiments nourrit-il à leur égard et quel ton adopte-t-il pour en parler?
- Relevez les mots qui qualifient la famille, puis chacun de ses membres (le jugement du narrateur peut différer selon la personne qu'il juge).
- Définissez le ton adopté par le narrateur pour parler de sa famille.
- Déduisez-en le jugement qu'il porte sur eux, ses sentiments à leur égard.
- Appuyez toujours votre réponse sur des éléments précis du texte.

▶ **Faire appel à ses connaissances**
Distanciation : recul (ici par rapport aux habitudes de la famille) qui marque un certain esprit critique, un jugement.
Plusieurs expressions ou procédés peuvent créer cette impression de distanciation :
– les dénominations qui servent à désigner les personnages ;
– la caricature et ses différentes formes ;
– la façon de rapporter les propos d'autrui et leur teneur : par exemple, en les rendant ridicules, en en faisant ressortir la naïveté, les paradoxes*, l'absurdité ;
– l'antiphrase qui crée l'ironie*.
Caricature * : description comique ou satirique*, par l'accentuation de certains traits (ridicules, déplaisants) ; rejoint donc la charge* du dessin ou de la peinture qui s'appuie sur la force du trait.

Implicite*: est implicite ce que l'auteur ou le narrateur sous-entend, fait comprendre sans le dire directement. Il peut prendre la forme de l'ironie*.
Ironie*: voir plus haut, question 3.
Antiphrase: voir plus haut, question 3.

▶ **Faire un plan**

Introduction

1. Regard critique sur la famille : les défauts de chacun de ses membres.
2. Ironie et caricature.
3. Sentiments mêlés de l'auteur.

Conclusion

❏ Corrigé des questions d'observation

✪ Question 1

Dans cet extrait où le narrateur évoque ses souvenirs d'autrefois, c'est l'imparfait de l'indicatif qui domine. C'est le temps normal de la description dans un texte au passé ; or, le narrateur fait bien la description de son existence pendant son enfance en même temps qu'un portrait de cette famille. Mais ici l'imparfait prend plutôt sa valeur de répétition, d'habitude. En effet, le narrateur, tout au long du texte, insiste sur le caractère monotone et répétitif de la vie en famille, ponctuée de rites figés. Ainsi, même les jours de repos sont réglés de façon immuable : des expressions telles que « *chaque* dimanche », « notre nourriture *ordinaire*... », les adverbes de temps « souvent » et « toujours » ainsi que l'emploi du pluriel « des scènes », « ces promenades du dimanche », soutiennent cette valeur d'habitude de l'imparfait : « *Chaque* dimanche nous allions faire notre tour de jetée »...

En conséquence, l'imparfait, qui multiplie – par la répétition qu'il suggère – les gestes, sert aussi à mettre en relief et, par là, à dénoncer un des traits de cette famille ; il prend une tonalité critique en soulignant que ces gens n'ont aucune fantaisie, répètent éternellement les mêmes attitudes et la même cérémonie dominicale et mènent une vie mécaniquement réglée comme des automates, vidée de toute vie affective. L'imparfait prend valeur de caricature, au même titre que la dernière vision que nous avons de cette famille : « Ils avançaient d'un pas grave, le corps droit, les jambes raides... »

⊗ Question 2

Le pronom « on » apparaît six fois tout au long du texte. D'une façon générale, il désigne la famille du narrateur, dans laquelle il paraît s'inclure (« On se mettait en route... »). L'emploi de ce pronom indéfini semble vouloir souligner le manque de personnalité de cette famille, l'absence de liens affectifs personnels et humains.

On remarque que le narrateur n'utilise qu'une seule fois le pronom personnel « nous » (« nous allions faire notre tour... ») qui, de fait, se justifierait davantage pour désigner sa famille. Il faut voir là son désir de se démarquer de ce groupe qu'il méprise, de prendre ses distances par rapport à des comportements qu'il réprouve : « on économisait sur tout... » Du reste, le narrateur se détache à deux reprises grammaticalement de ce groupe lorsqu'il utilise le pronom « je » (« j'aurais préféré autre chose »).

Mais, en fait, si le « on » renvoie parfois à toute la famille, il faut néanmoins être attentif au contexte dans lequel il est employé et aux verbes dont il est le sujet (« on économisait », « on me faisait des scènes », « on découvrait une tache... ») : on comprend alors en effet que le pronom « on » désigne plus spécifiquement la mère du narrateur, celle qui mène « le jeu », qui dirige tout autoritairement. Le « on » correspondrait alors au désir du narrateur de ne pas prononcer le nom celle qu'il méprise pour sa sécheresse de cœur.

On voit que l'emploi du pronom « on » trahit les sentiments du narrateur.

⊗ Question 3

Le narrateur décrit ses « pauvres parents » en les caricaturant impitoyablement. C'est surtout sa mère qui lui sert de cible et qu'il ridiculise par une comparaison ironique : il la dépeint « pavoisée comme un navire un jour de fête ». « Pavoiser » un bateau, c'est l'orner de pavillons, de drapeaux en signe de réjouissance. La mère se trouve ainsi presque « déshumanisée », réduite à l'état de chose, mais l'insistance – qui constitue presque un pléonasme : « un jour de fête » – en fait surtout une caricature : elle a l'air endimanchée à l'excès, guindée, ridiculement solennelle et prend des airs importants et supérieurs.

L'ironie vient d'abord de la caricature, puis du fait que le contexte indique clairement que tout cet apparat ne trompe pas le narrateur qui en souligne tout au long du texte le grotesque. Mais l'ironie est encore accentuée par les circonstances mêmes : c'est précisément sur la jetée d'un port – Le Havre – que cet étrange « navire » parade !

La comparaison ironique dénonce la toute-puissance des apparences sur le comportement de la mère et son souci obsessionnel de la « tenue » vestimentaire pour asseoir aux yeux du monde une dignité qu'elle n'a pas.

✪ Question 4

De cette famille de bourgeois se dégage une impression de malaise : cela provient de ce qu'elle est sans cesse tiraillée entre l'être et le paraître, entre réalité et apparences, opposition sur laquelle repose tout la construction du texte et que l'on retrouve dans tous les domaines de la vie.

Financièrement, la famille n'a que de modestes revenus, vit dans la « gêne » qui l'oblige à économiser « sur tout », à acheter « les provisions au rabais ». Leur nourriture est grossière et bon marché, leur garde-robe est défraîchie (« boutons perdus », « pantalons déchirés »). Mais, mue par l'ambition sociale, la famille veut donner le change et, pour cela, arbore des tenues endimanchées, avec « galon », « redingote », « grand chapeau » et « gants », tout cela pour la « montre ».

De même, la vie affective est pauvre et souvent violente : se succèdent « paroles aigres » et « scènes ». Mais, au dehors, la famille donne l'image d'une entente parfaite : on se « donne le bras », tous marchent d'un même pas, comme soudés.

Moralement enfin, tout semble soumis chez eux à des règles rigides et stéréotypées ; tout manquement à ces lois provoque les « reproches voilées et perfides » de la mère. Les phrases prennent la forme de préceptes tout faits : « Cela (la « soupe grasse ») est sain et réconfortant ». Mais, au dehors, on « efface » bien vite cette sorte de dictature comme on « efface » les taches sur les pantalons, au nom de la tyrannie des apparences.

Toute la médiocrité de cette vie s'oppose à l'aspect respectable que la famille se donne, avec son « air pompeux », « la sévérité de (son) allure » et « la montre » qu'elle en fait. Mesquinerie et petitesse s'opposent à la solennité, au vernis qu'impose la comédie sociale.

❑ Corrigé des questions d'interprétation

Attention ! Les indications entre crochets ne sont qu'une aide à votre lecture et ne doivent pas figurer dans votre rédaction.

✪ Question 1

[Introduction]
Maupassant, fidèle aux principes du réalisme et du naturalisme, dresse dans ce texte un tableau réaliste d'une famille bourgeoise à la fin du XIXe siècle, dans sa vie matérielle comme dans sa mentalité.

[1. L'obsession de l'argent : parcimonie et vie sans plaisir]
La préoccupation première de la famille est l'argent, et cela pour deux raisons. D'une part, elle en manque : le narrateur parle de « gêne », d'« économiser », de « rabais », de « galon qui valait quinze centimes le mètre ». Mais c'est aussi que cette pauvreté, si elle était connue du monde, occasionnerait le déclassement de la famille qui tient à son appartenance à la bourgeoisie. L'argent est donc un condition *sine qua non*, un baromètre de niveau social sur lequel la mère garde l'œil rivé.

Ce souci de manquer d'argent détermine la pingrerie, de la mère notamment, sa mesquinerie, son constant souci d'économie qui entraîne un mode de vie fait d'épargne, de privations, surtout alimentaires, qui exclut tout plaisir : « soupe grasse et bœuf accommodé à toutes les sauces » constituent l'essentiel des repas (« j'aurais préféré autre chose », avoue le narrateur).

[2. Le vêtement : le poids du paraître et du qu'en-dira-t-on]
La seconde préoccupation majeure dans cette famille – qui est contradictoire avec la première, du reste – est de ne pas faire paraître aux yeux du monde cette indigence et de garder une « image de marque » respectable.
De là vient l'importance accordée à la « tenue » vestimentaire : les taches sont vite « effacées », les « boutons » vite recousus et les déchirures aux pantalons dissimulées. Tout un cérémonial est institué autour de la « redingote », du « grand chapeau », des « gants ». Ainsi, on sacrifie aux rites sociaux du « tour de jetée en grande tenue » « *chaque* dimanche » et cette « cérémonie » obéit à des règles bien codifiées, où chacun a sa place : les unes « devant », le narrateur « à gauche » de sa mère, le père à « droite », et la mère au milieu. Le décorum est ainsi scrupuleusement observé.
Et, en conséquence, chaque membre de la famille a son rôle qu'il joue au dehors : le père, pourtant rudoyé à la maison, endosse sa fonction de bon père et soutien de famille.
Tout dans la famille vise à se montrer la tête haute en société, pour garder un vernis social et une respectabilité qui n'est que façade, mais tout ceci est fait avec une exagération, une gaucherie et un manque de naturel caricaturaux et « pompeux » qui apparaissent dans le « croquis » final qu'en fait l'auteur : « Ils avançaient d'un pas grave, le corps droit, les jambes raides… »

[3. Mesquinerie et hypocrisie]
Cette contradiction et cette distorsion entre l'être et le paraître détermine les rapports entre les différents membres de la famille et sa mentalité.
L'atmosphère affective y est déplorable et les rôles renversés : la mère s'arroge la fonction de chef de famille et réduit son mari à la soumission et à l'affliction, ce qui n'échappe pas à son fils : « Le pauvre homme avait alors un geste qui me navrait », « je sentais sa douleur impuissante ». Les

échanges se limitent à des « paroles aigres » de la mère ou à des « scènes abominables » entre elle et les enfants. Quand ils sont au dehors, ils semblent ne s'adresser aucune parole. La famille mène une vie sans affection et sans égards pour l'autre ; c'est le vide sentimental.
Plus graves sont encore l'hypocrisie et les stratagèmes immoraux auxquels se livrent les parents : implicitement, le narrateur critique la duplicité qui les amène à mettre pratiquement leurs filles sur le marché social : promesse d'une promotion sociale si elles se marient (« elles étaient en âge de mariage »), ils les exhibent, soumises, « devant », en font « montre en ville », comme de marchandises.

[Conclusion]
Le texte offre donc une sorte de documentaire sur la vie d'une famille petite bourgeoise au XIXe siècle, mais il prend en même temps le ton de la satire amère et sans indulgence.

✪ Question 2

[Introduction]
Le narrateur prend ses distances par rapport à sa famille et en fait une peinture sans indulgence. La description est empreinte d'une forte tonalité satirique : y sont décrits les défauts de chacun sur un mode ironique, caricatural ; et pourtant, on sent que l'auteur nourrit à l'égard de ses parents des sentiments mêlés.

[1. Regard critique sur la famille : les défauts de chacun de ses membres]
Le narrateur porte un regard critique sur chacun des membres de sa famille dont il souligne, sans aucune concession, les travers.
C'est d'abord la mère, la première visée et violemment condamnée, à qui l'auteur reproche sa sécheresse de cœur, son caractère emporté, impitoyable et autoritaire : pour elle, il ne trouve pas de mots assez péjoratifs : « (paroles) aigres », « (reproches) perfides » ou « (scènes) abominables » ; il la désigne le plus souvent par le pronom indéfini « on », qui marque son désir de ne pas la nommer.
Le père est peint sans complaisance, mais avec moins de violence : il a abdiqué et est devenu une figure pâle, soumise et sans envergure, réduit au silence et faible devant sa femme. Ce « pauvre homme » « ne répondait rien » : le tableau est ici poignant par les sous-entendus qu'il contient et témoigne de la pitié que, « navré », le narrateur ressent face à lui, sans que pour autant on ne perçoive aucune affection pour ce père qui a démissionné.
Les deux sœurs ne sont pas non plus épargnées : elles obéissent au doigt et à l'œil à leur mère, dont elles sont la copie conforme, faisant « leurs

robes elles-mêmes», ayant de «longues discussions sur le prix d'un galon», se laissant sans mot dire «exposer» au yeux du monde comme des objets. Elles devancent même les désirs de la mère : «mes sœurs, prêtes les premières, attendaient le signal du départ». L'auteur les présente comme des marionnettes sans personnalité.

[2. Ironie et caricature]
La critique passe par deux procédés majeurs dans le texte : l'ironie et la caricature.

En effet, si le narrateur semble avoir la dent très dure face à sa famille, il pimente sa peinture d'une ironie corrosive et cynique qui transparaît dans des remarques apparemment anodines et neutres mais très décapantes : parlant des repas peu appétissants, il ajoute cyniquement : «Cela est sain et réconfortant, *paraît-il*», et corrige aussitôt : «J'aurais préféré autre chose», qui révèle l'antiphrase de la réflexion précédente.

L'ironie apparaît aussi dans des oppositions qui mettent en valeur l'incohérence du comportement familial : les «scènes abominables» contrastent avec leur cause anodine (les «boutons perdus») et, tout au long du texte, l'opposition entre l'atmosphère à la maison et l'apparence extérieure que propose cette famille souligne ironiquement l'absurdité de ce mode de vie.

C'est enfin la caricature qui est la marque du regard critique du narrateur : la mère «pavoisée comme un navire un jour de fête», le père «en manches de chemise» mais «gardant» grotesquement dans la maison «son grand chapeau sur la tête», les deux «parents» enfin avec leur «air pompeux», «le corps droit, les jambes raides» sont autant de croquis à la Daumier[1], qui trahissent leur ridicule et la distance que prend le narrateur par rapport à eux.

[3. Sentiments mêlés de l'auteur]
De cette technique de description, on induit le regard affectif du narrateur sur sa famille. Sa lucidité sans complaisance l'amène à la réprobation, sensible dans tout le texte, et on sent qu'aucune tendresse ne le lie à son entourage. Le texte ne comporte aucune terme affectueux, ne décrit aucun geste révélateur de sentiment filial.

Cependant le narrateur emploie à deux reprises l'adjectif «pauvre», qui ne fait nullement référence à la gêne financière, mais traduit plutôt une certaine pitié pour ses parents. C'est la détresse morale, la «douleur

---

1. Daumier, Honoré (1808-1878) : célèbre caricaturiste qui prit pour cible les hommes politiques de son temps, mais aussi les ridicules des petits-bourgeois, des gens du monde de la justice, de la finance, du théâtre...

impuissante » de son père, soumis et brimé, qui lui dicte ce qualificatif, doublé par le verbe « me navrait ». On le sent touché et en même temps blessé dans son amour-propre de garçon qui n'a pas de modèle paternel solide. Ce sont aussi le ridicule et la mesquinerie de ses parents qui suscitent sa pitié : il déplore de les voir réduits à l'état d'automates sans cœur et à l'allure mécanique, soulignée par un rythme ternaire oratoire et par là, ironique (« pas grave..., corps droit..., jambes raides »).

[Conclusion]
Lucidité, dérision, ironie, caricature donnent au regard de l'auteur une tonalité satirique sans indulgence et marquent sa distanciation par rapport à une famille dont il ne se sent pas solidaire et qu'il réprouve.

« Sommes-nous bien loin de Montmartre ? »

POLYNÉSIE • JUIN 2000
SÉRIES STI, SMS, STL, STT

Blaise Cendrars (1887-1961)
La Prose du Transsibérien et de la petite Jehanne de France
(1913)

> *Blaise Cendrars, au moment de la guerre russo-japonaise, en 1905, traverse la Russie en train. Il est accompagné d'une jeune Parisienne, Jeanne.*

« Blaise, dis, sommes-nous bien loin de Montmartre ? »

Nous sommes loin, Jeanne, tu roules depuis sept jours
Tu es loin de Montmartre*, de la Butte* qui t'a nourrie du Sacré
                        Cœur* contre lequel tu t'es blottie
Paris a disparu et son énorme flambée
5 Il n'y a plus que les cendres continues
    La pluie qui tombe
    La tourbe qui se gonfle
    La Sibérie qui tourne
    Les lourdes nappes de neige qui remontent
10 Et le grelot de la folie qui grelotte comme un dernier désir dans
                                                  l'air bleui
    Le train palpite au cœur des horizons plombés

Et ton chagrin ricane...
« Dis, Blaise, sommes-nous bien loin de Montmartre ? »
Les inquiétudes
15 Oublie les inquiétudes
Toutes les gares lézardées obliques sur la route
Les fils télégraphiques auxquels elles pendent
Les poteaux grimaçants qui gesticulent et les étranglent
Le monde s'étire s'allonge et se retire comme un accordéon qu'une
main sadique tourmente
20 Dans les déchirures du ciel, les locomotives en furie
S'enfuient
Et dans les trous,
Les roues vertigineuses les bouches les voix
Et les chiens de malheur qui aboient à nos trousses,
25 Les démons sont déchaînés
Ferrailles
Tout est un faux accord
Le *broun-roun-roun* des roues
Chocs
30 Rebondissements
Nous sommes un orage sous le crâne d'un sourd.

« Dis, Blaise, sommes-nous bien loin de Montmartre ? »

---

* Lieux et monuments célèbres de Paris.

Questions d'observation (8 points)

▶ **1.** Quelles remarques faites-vous sur la mise en page de ce poème ? (2 points)
▶ **2.** Quel est le sentiment éprouvé par Jeanne et comment s'exprime-t-il ? (3 points)
▶ **3.** Analysez le rythme et les sonorités des vers 25 à 31. (3 points)

Questions d'analyse et d'interprétation (12 points)

▶ **1.** Comment la description du paysage traduit-elle le mouvement du train ? (6 points)
▶ **2.** Vous étudierez les comparaisons et les métaphores et vous montrerez qu'elles reflètent les états d'âme des voyageurs. (6 points)

❑ Travail de préparation

PRÉPARER LES QUESTIONS D'OBSERVATION

✪ Question 1

▶ **Comprendre la consigne**
Typographie* : manière dont un texte est imprimé (types de caractères, mise en page...)
Mise en page : elle relève de la typographie ; c'est la façon dont le texte est disposé sur la page ; la mise en page – aspect matériel du texte — apparaît au premier coup d'œil (avant même que l'on lise le texte, d'où l'intérêt, pour cette question, de *regarder* le texte de loin avant de le lire, comme si c'était un dessin ou un tableau).
• Vous parlerez donc de la façon dont le poème est disposé.

Pour information : La *Prose du Transsibérien* a été présentée dans son édition originale en 1913 sous la forme d'un long dépliant de deux mètres de hauteur sur 36 centimètres de largeur, illustré de « couleurs simultanées » par le peintre Sonia Delaunay, ce qui marque assez l'importance pour le poète de l'aspect graphique de son œuvre et de son rapport avec le dessin et la peinture.

▶ **Ce que l'on vous demande**
• Vous devez d'abord regarder de loin le texte et apprécier son « image », son dessin sur la page, pour trouver ce qu'a d'original ce texte de ce point de vue.
• Pensez à la disposition sur la page du poème, du vers, du mot, des lettres éventuellement.
• Pensez aux « blancs » qui délimiteraient d'éventuelles strophes (blancs dits strophiques), à la longueur des lignes, aux signes de ponctuation particulièrement visibles ou à l'absence de ponctuation, aux changements de caractères...
• Vous noterez que le mot *remarques* dans la consigne est au pluriel : ne vous contentez donc pas d'une seule originalité.
• Dites si cette mise en page vous permet de classer ce texte dans un genre précis.
• La disposition sur la page manifeste un choix de l'écrivain ; elle est donc significative. Indiquez à chaque fois l'effet produit par l'aspect original que vous aurez repéré.

✪ Question 2

▶ Comprendre la consigne
- Vous devez d'abord identifier *(quel est... ?)* le sentiment qui habite Jeanne, savoir le nommer précisément.
- Puis vous devez indiquer les moyens par lesquels se manifeste *(comment s'exprime... ?)* ce sentiment.
- Pour cela, analysez bien le vers qui retranscrit directement les paroles de Jeanne.
- Travaillez sur la modalité de sa phrase (affirmative ? interrogative ? négative ?...), sur le style (procédés d'insistance, registre de langue...).
- Interrogez-vous sur la valeur de la répétition de cette phrase et sur les éventuelles modifications de sa formulation (quelles différences ? et pourquoi ?)
- Vous pourrez ainsi faire des remarques sur l'intensité de ce sentiment, sur son évolution.
- Enfin, vous pouvez vous aider du reste du poème (interventions du poète) qui rendent peut-être compte de ce sentiment.

▶ Faire appel à ses connaissances
- **Les sentiments :** un individu se construit sur quatre « niveaux » : le corps (qui ressent des sensations, voir sujet 10 → individu physique), le « cœur » (qui est le siège des sentiments → individu affectif), l'esprit (siège de l'intellect, de l'intelligence, des connaissances et de la logique → individu intellectuel), l'âme (qui détermine les lignes de conduite → individu moral).
- Les sentiments sont différents des sensations (voir sujet 10) liées au corps. Ils sont aussi différents du caractère ou de la personnalité qui sont des traits permanents d'un individu (gentillesse, méchanceté...). Les sentiments sont les phénomènes affectifs passagers liés aux émotions (on les dits liés au « cœur »).
- On peut *exprimer ses sentiments* par :
– un vocabulaire affectif ; des verbes de sentiments tels que : *je me réjouis que, je crains / redoute que, je suis heureux que, je déteste que, j'aime que ;* le champ lexical de la joie, de la haine, de l'amour, de la crainte...
– la forme des phrases (exclamatives, interrogatives, par exemple ; ou nominales...)
- Échantillonnage des sentiments les plus courants : inquiétude, anxiété, peur, angoisse, terreur, panique ; sympathie, amitié, tendresse, amour, passion, adoration ; antipathie, haine ; gaieté, joie, ravissement, extase ; tristesse, mélancolie, nostalgie ; dégoût, horreur ; remords, regret ; admiration, respect ; pitié ; indifférence, dédain, mépris...

▶ **Ce que l'on vous demande**
• Identifiez le sentiment et nommez-le.
• Faites des remarques sur le style de l'intervention de Jeanne (v. 1, 13, 32).

✪ **Question 3**

▶ **Comprendre la consigne**
• **Le rythme*** s'étudie à partir de plusieurs paramètres :
– **la longueur en mètres** (syllabes) du vers : un alexandrin a 12 pieds ; les vers pairs (décasyllabe, octosyllabe, hexasyllabe) créent une impression d'équilibre, de régularité, les vers impairs (vers de 11, 9, 7 pieds...) une impression d'irrégularité, de déséquilibre ;
– **les coupes** : elles peuvent diviser le vers en deux mesures égales (rythme binaire) : impression de régularité ; ou se trouver à des endroits variés du vers, créant un rythme croissant (mesures de plus en plus longues, qui créent une impression de solennité) ou décroissant ;
– **l'enjambement*** : la phrase (unité syntaxique) dépasse la rime et déborde sur la première mesure ou jusqu'à la fin du vers suivant : impression d'allongement, de lenteur, d'amplification ;
– **les rimes*** : selon leur fréquence, elles peuvent aussi créer un effet de rythme. Elles sont plates (ou suivies) si elles suivent le schéma *a-a-(a)/b-b-(b)* ; mêlées si elles suivent le schéma *a-a-b/c-c-b* : impression de variété et de fantaisie ; embrassées (a-b/b-a) ou croisées (ab/ab) ;
– **la rime intérieure*** : un mot qui est à l'intérieur du vers rime avec la fin du vers (cela peut créer un effet de régularité, de balancement).

• **Les sonorités** relèvent d'autres paramètres
Allitération* : répétition d'un son consonantique (consonne) visant à produire un effet.
Assonance* : répétition d'un son vocalique (voyelle) visant à produire un effet.
Ces deux procédés de style reposant sur les sonorités ne sont pas « gratuits » : l'auteur, en répétant le son, veut créer une impression.
Ainsi, l'allitération fameuse de Racine : « Pour qui *s*ont *ce*s *s*erpents qui *s*ifflent *s*ur vos têtes ? » vise à reproduire le sifflement des reptiles.
Il ne suffit donc pas de relever les sonorités répétées, mais il faut aussi préciser l'effet que veut créer l'auteur ou l'impression que vous ressentez à la lecture des vers. Par exemple :
– le « e » muet allonge la phrase ou le vers ;
– le « i » est une consonne aiguë et stridente ;
– le son « ou » est sourd ;
– les sons « c » (=k), « g » (=gu) et « r » sont durs ;
– les sons « p » et « t » sont explosifs.

Ce que l'on vous demande
- Relevez, dans les vers 25 à 31, ce qui vous paraît original du point de vue du rythme (en observant la longueur des vers, les éventuelles coupes...). Expliquez quelle impression crée ce rythme.
- Faites de même avec les sonorités ; n'oubliez pas de dire l'effet produit.
- Mettez cela en rapport avec le *sens* de ces vers. Des remarques formelles non reliées au fond n'auraient pas de valeur.

PRÉPARER LES QUESTIONS D'ANALYSE ET D'INTERPRÉTATION

✪ Question 1

▶ Comprendre la consigne
- Le mot « comment ? » est vague ; il indique en fait que vous devez rechercher les procédés stylistiques et poétiques auxquels Cendrars a recours pour rendre par les mots et les vers un phénomène physique : le mouvement.
- Soyez attentif aux mots (qui désignent un mouvement), aux images (telles que la personnification*), aux déformations des objets et paysages décrits, à la syntaxe (éventuelles juxtapositions), au rythme des vers.

▶ Ce que l'on vous demande
- Repérez, en les soulignant, les passages qui rendent le mouvement du train.
- Groupez ce que vous avez relevé par affinité, par ressemblance (les procédés lexicaux, syntaxiques, rythmiques, images...) pour construire votre réponse.
- Faites toujours des références précises au texte.

▶ Faire un plan
Introduction

1. Lexique et mouvement.
1.1. Les noms propres de lieux.
1.2. Le vocabulaire du mouvement.

2. Les effets d'optique.
2.1. Des lignes dominantes multiples.
2.2. Le décor déformé.

3. La syntaxe et le vers en mouvement.
Conclusion

✪ Question 2

▶ Comprendre la consigne

Comparaison* : figure de style qui consiste à rapprocher un élément (le comparé) d'un autre élément (le comparant) par un point commun, à l'aide d'un mot-outil de comparaison *(comme, tel)*.

Métaphore* : figure de style qui rapproche un élément (le comparé) d'un autre élément (le comparant) pour souligner leur ressemblance, mais *sans* mot-outil de comparaison.

Personnification* : figure de style par laquelle on attribue à un être inanimé les propriétés d'une être humain (c'est une variation spécifique de la métaphore).

État d'âme : impressions et sentiments de quelqu'un, façon de se sentir.

▶ Ce que l'on vous demande

- En travail préliminaire, relevez les comparaisons* et les métaphores* du texte : identifiez le comparé*, le comparant* et, s'il y a lieu, le mot qui établit la comparaison *(comme, semblable à...)*.
- Identifiez bien s'il s'agit de l'une ou l'autre de ces figures de style.
- Trouvez quels sont les mots, s'il y en a, qui indiquent le point commun entre comparé et comparant. Si ce point commun est implicite*, vous devez l'expliciter*.
- Pour cela, c'est surtout le comparant* qui donne à réfléchir : demandez-vous ce qu'il représente, ses connotations* (ici, par exemple, que représente le « grelot » ?).
- Analysez ces images pour en déduire quel(s) sentiment(s) elles traduisent.
- Une fois ce relevé fait, groupez vos remarques pour aboutir à un plan : il ne faut pas faire de liste de remarques en vrac.

▶ Faire un plan

Vous ne pouvez pas classer les comparaisons* d'un côté, les métaphores* de l'autre. Il vaut mieux grouper les remarques selon le sentiment évoqué ou suivre la progression du texte.

1. Nostalgie : les images de Paris.
2. Effroi et vertige : les images de la Sibérie.
3. Folie et sentiment du destin.
4. Hallucinations dans un monde fantastique.

❏ Corrigé des questions d'observation

❂ Question 1

Les poètes ont souvent souligné les affinités de la poésie avec les arts graphiques. Ici, Cendrars ne va pas jusqu'aux calligrammes, ces poèmes dont les phrases reproduisent le dessin de ce qu'ils chantent, mais, favorable aux libertés que prend l'écriture par rapport à la tradition, il soigne tout particulièrement la mise en page de son poème *La Prose du Transsibérien*, qui au premier coup d'œil dévoile son originalité graphique.

Sur la page apparaît, mis en relief par des blancs qui le séparent du reste du corps du poème, un vers seul, comme mis à part et répété à trois reprises (vers 1, 13, 32). Il semble que ce vers, qui prend la forme d'une question au style direct signalé par les guillemets, scande le texte et le ponctue. Il introduit un élément de régularité qui apparenterait le poème à une chanson ou à une mélopée, le vers isolé étant similaire à chaque fois. Cette disposition donne au poème d'une part la forme d'un dialogue où les changements d'interlocuteurs sont marqués par un passage à la ligne et d'autre part une tonalité monotone, celle même d'un voyage sans fin.

Les blancs dessinent, en marge de ce « mini-refrain », deux strophes séparées par ce vers de transition et d'inégale longueur (l'une comporte 11 vers ; l'autre, plus longue, en compte 18). Il semble que l'auteur ait voulu donner l'impression d'un temps irrégulier qui va s'allongeant ou se rétrécissant « comme (cet) accordéon » mentionné au vers 19. En effet, ces strophes comportent des vers tout à fait libres, dont certains ne sont constitués que d'un mot – parfois monosyllabique (« Chocs », v. 29) – et d'autres s'allongent démesurément, débordant la ligne (vers 3). Aucune loi métrique ne semble observée et le poème étale son caprice sur la page, introduisant un élément d'irrégularité dans le principe de régularité qu'avait institué le refrain. Serait-ce que la forme du poème épouse les imprévus d'un long voyage loin du pays natal, loin de « Montmartre » ?

Plus précisément, on remarque que, alors que la ponctuation a été presque complètement supprimée, chaque strophe se termine par des points de suspension, comme pour suspendre le temps qu'ils annoncent et que matérialisent les blancs ou pour suggérer de longs silences entre le poète et Jehanne.

Enfin quelques mots se détachent : le « *broun-roun-roun* » qui reproduit le bruit du train se distingue par les caractères graphiques originaux de cette onomatopée qui attire l'attention du lecteur et signale la monotonie du bruit du train.

Ce travail de mise en page rend en somme la durée et la régularité un peu lancinante du train, mais aussi l'alternance entre l'étirement du paysage et sa fugacité fulgurante : le poème s'étire ou se raccourcit, comme le temps et l'espace pendant ce voyage.

◯ Question 2

Jeanne, la compagne de voyage du poète, s'exprime assez peu ; pourtant ses interventions sont mises en relief par leur place en position détachée dans le poème.

Son unique phrase répétée à trois reprises trahit le sentiment qu'elle éprouve : la nostalgie mêlée d'anxiété.

Jeanne est une « fille » de Paris attachée à son quartier (« Montmartre ») ; sa question révèle le mal du pays, cette tristesse de celui qui souffre d'être « loin de » son pays, dont elle répète le nom (mis en relief en fin de vers).

Se sentant un peu perdue et sans repères familiers, elle ressent aussi une inquiétude qui se marque dans la forme interrogative de sa phrase, appuyée par deux procédés d'insistance qui en soulignent l'intensité : l'impératif suppliant – et en même temps familier — « dis » et l'adverbe intensif « bien » (« sommes-nous *bien* loin... »). Ce sentiment se trahit aussi dans le pronom « nous », qui répond à un besoin de communion avec le poète propre à la rassurer, et dans le nom propre « Blaise », seul « terrain » connu qui reste à la jeune fille et auquel elle semble se raccrocher comme à une planche de salut. Le malaise de Jeanne est du reste confirmé par la réponse du poète : « Oublie tes *inquiétudes* ».

La triple répétition de la même interrogation souligne la permanence de ce sentiment qui taraude Jeanne malgré les réponses très claires du poète qui pourtant ne l'ont pas rassurée. On sent la panique monter en elle, presque obsessionnelle, rendue par le rythme ternaire – rythme de l'émotion intense — que forment les vers 1, 13 et 32, construits sur le même schéma interrogatif anxieux.

Mais l'observation précise et la comparaison de ces vers 1, 13 et 32 mettent en lumière de légères différences qui marquent une progression dans le sentiment éprouvé. La première formulation donne à la question le ton de quelqu'un qui engage une conversation sur un ton relativement neutre avec un voisin de voyage connu (le nom « Blaise » ouvre la phrase). Mais, dans les deux autres vers (13 et 32), c'est l'intensif « dis », plus incisif, qui est projeté en début de vers, comme pour donner un ton plus insistant à la requête ; le rythme du vers, désormais plus heurté, traduit une anxiété croissante qui ne s'apaise pas.

◯ Question 3

Des vers 14 à 25, le voyage semble s'éterniser et son récit s'étale sur de très longs vers (vers 3 ou 19, par exemple). Mais vers la fin du poème, le rythme semble s'affoler et, simultanément, les sonorités se détraquent comme si l'allure du train subissait des soubresauts.

Ainsi, après le rythme assez lent du vers 24, alexandrin sans coupe forte et accentué régulièrement toutes les trois syllabes, les vers tout à coup se raccourcissent jusqu'à se réduire à un dissyllabe (v. 26), puis à un monosyllabe (v. 29). Toute régularité disparaît, les vers, d'une longueur anarchique, deviennent le plus souvent impairs, rythme boiteux du déséquilibre : le vers 25 est un heptasyllabe (vers de onze pieds), le vers 30 un vers de cinq pieds. En même temps, les mots mêmes qui constituent les vers sont d'inégale longueur, les accents aussi s'affolent.

L'étude successive des vers permet ainsi de reconstituer les variations dans l'allure du train : le vers 26, très court, par son rythme et sa syntaxe (il s'agit d'une phrase nominale), crée l'effet d'un heurt, presque d'un arrêt (par l'absence de verbe, donc d'action). Le vers 27 a l'élan d'un redépart, plus long et lent, pair, mais il ne comporte presque que des monosyllabes, qui figurent les secousses jusqu'à ce qu'il atteigne le dissyllabe (« accord ») : le train semble avoir repris progressivement sa marche, pour atteindre la régularité du vers 28, soulignée par le retour de sonorités identiques et onomatopéiques (« broun-roun-roun », qui rappelle le ronronnement de la machine) : ce vers 28, assez long, comporte un accent sur tous ses mots presque identiques ; la régularité est lancinante. Mais le vers 29 marque, avec son monosyllabe et sa syntaxe nominale, le début d'une nouvelle série de « chocs », rendus par les vers impairs (v. 29, 30). Enfin, le mouvement continu se fait à nouveau avec le vers 31, de treize pieds, à la syntaxe régulière et le point de suspension qui le prolonge.

Cendrars rend ainsi par le rythme des vers l'alternance de régularité et de soubresauts, de chocs dans la marche du train. On retrouve ce même mouvement dans les sonorités : certaines sont répétées, créant des rimes intérieures, et, sourdes et lancinantes, créent un effet de durée et de monotonie : c'est par exemple la diphtongue « ou », qui domine dans les vers 28 (« *broun-roun-roun* », « roues ») et 31 (« sous », « sourd »), ou le son « on » au vers 25 (« démons », « sont »...). D'autres, au contraire, occlusives et explosives, choquent l'oreille de façon inattendue, comme le train choque le corps : ce sont les « c » durs, les « r » : « ferrailles », « chocs », « accord », « crâne »... D'autres, plus sournoises, des sifflantes, crissent et déchirent un peu les oreilles : ce sont les « ss » qui accompagnent la fin du voyage : « rebondi*ss*ements », « *s*ommes », « *s*ous », « *s*ourd ». Là encore, Cendrars crée l'impression de régularité entrecoupée par de brusques heurts, qui déclenchent à nouveau la question inquiète de Jeanne.

❏ Corrigé des questions d'analyse et d'interprétation

Attention ! Les indications entre crochets ne sont qu'une aide à votre lecture et ne doivent pas figurer dans votre rédaction.

✪ Question 1

[Introduction]
La Prose du Transsibérien est une sorte de « poème ferroviaire » : le train, devenu une sorte de caméra mobile, emporte le poète dans son rythme ; c'est à travers elle que Cendrars perçoit pays et paysages. Dans cette partie du poème, la description rend compte du mouvement du train par divers procédés, lexicaux, graphiques, optiques et syntaxiques, qui entraînent le lecteur dans ce mouvement.

[1. Lexique et mouvement]

[1.1. Les noms propres de lieux]
Tout d'abord, les noms propres de lieux qui jalonnent le poème tracent un itinéraire : le train part de « Paris » (« Montmartre », « la Butte », le « Sacré-Cœur ») et nous transporte à travers « toutes les gares » jusqu'en « Sibérie ».

[1.2. Le vocabulaire du mouvement]
Ensuite, le poète parsème son texte de termes qui évoquent le mouvement du train lui-même : « rouler » (v. 2) – associé à l'adverbe « loin » –, « palpiter » (v. 11), « s'enfuir » (v. 21).
On connaît le phénomène optique courant qui fait que, dans un train en mouvement, on a parfois l'impression que c'est le paysage lui-même qui bouge. Cendrars rend compte de cette illusion de façon saisissante ; ainsi, le mouvement affecte par contagion le décor lui-même, qui s'anime comme dans un vertige : « La tourbe *se gonfle* », « la Sibérie [...] *tourne* », « les nappes de neige [...] *remontent* »... Parfois même, grâce au procédé de la personnification, les éléments du décor bougent comme des êtres vivants : « les poteaux [...] *gesticulent* », « le monde *s'étire s'allonge et se retire* ».

[2. Les effets d'optique]

[2.1. Des lignes dominantes multiples]
C'est aussi la combinaison des lignes suggérées qui traduit le mouvement : les horizontales dominent avec les « horizons plombés » et les « fils télégraphiques » qui agrandissent espace et perspectives et concrétisent

l'avancée du train. Elles sont entrecoupées régulièrement au rythme du déplacement par des lignes verticales – celles des « poteaux » — ou les « obliques » (v. 16), qui introduisent la dynamique comme dans une image.

[2.2. Le décor déformé]
Par ailleurs, l'auteur fait subir des déformations aux éléments du décor, résultat de sensations optiques, comme l'effet de flou sur la photo d'un objet en mouvement pris à une vitesse trop lente : les « poteaux » sont « grimaçants », les « gares » sont « lézardées », comme désarticulées par le mouvement, le « monde s'étire, s'allonge et se retire », comme les vers eux-mêmes, tantôt longs (v. 19) tantôt courts (v. 21). C'est l'image de « l'accordéon qu'une main sadique tourmente » qui rend ce mouvement de la façon la plus expressive.

[3. La syntaxe et le vers en mouvement]
Enfin, la syntaxe elle-même juxtapose sans mot de liaison les différents éléments du paysage qui se succèdent ainsi rapidement, créant un véritable vertige ; les pluriels « toutes les gares », « les fils », « les poteaux »... multiplient encore le défilement du paysage. À cela s'ajoute le rythme haletant des vers, calqué sur l'allure, les arrêts, puis les redémarrages du train. L'auteur lui-même parle de « roues vertigineuses »...

Ainsi Cendrars a recours à tous les moyens de l'écriture pour donner à son poème le rythme et le mouvement du train qui abrite son inspiration.

✪ Question 2
Le mouvement du train et la description du paysage ne sont en fait que l'expression métaphorique de l'état d'âme des voyageurs.

[1. Nostalgie : les images de Paris]
Les deux premières images concernent Paris : la personnification de « la Butte » en mère nourricière qui « a nourri » Jeanne exprime discrètement le mal du pays, la nostalgie de Jeanne, qui a perdu sa patrie, ses racines. La représentation métaphorique de Paris – avec son « énorme flambée » – évoque un monde de lumière, peuplé et civilisé, qui, par opposition, fait sentir de façon angoissante la monotonie de cette campagne russe, sans fin, « continue ».

[2. Effroi et vertige : les images de la Sibérie]
En contraste, le paysage sibérien et ses différents éléments sont animés d'une vie malsaine qui compose un monde effrayant. La « Sibérie [...] tourne », les « nappes [...] remontent » : ces métaphores traduisent le vertige des passagers, mais aussi peut-être leur peur devant un monde hostile qui se met à vivre étrangement.

[3. Folie et sentiment du destin]

Cendrars personnifie aussi le train lui-même : animé d'une vie propre, il « palpite » comme un cœur, les « locomotives en furie s'enfuient » et ce mouvement inexorable donne aux voyageurs le sentiment d'un destin inéluctable que l'on ne saurait arrêter, d'une force qui va et les emmène malgré eux, leur laissant une impression d'impuissance.

L'expression « le grelot de la folie qui grelotte comme un dernier désir dans l'air bleu » est la plus complexe mais aussi celle qui reflète le mieux l'état d'âme des voyageurs. Elle combine la comparaison (« *comme* un dernier désir ») qui évoque une attente, un espoir, et plusieurs métaphores : la « folie » (des passagers ? du train ? de la guerre ?) est assimilée à un grelot, petite sonnette entêtante qui émet un bruit aigu et perforant. Mais en même temps, le verbe « grelotter » a un double sens : faire le bruit d'un grelot et trembler de froid. Il indique que le malaise investit d'abord le corps – par le biais des hallucinations auditives et tactiles.

Les deux métaphores « Tout est un faux accord » et « Nous sommes un orage sous le crâne d'un sourd » perpétuent cette sensation auditive étrange qui transmet le trouble et la souffrance à l'esprit. Ce « grelot » et cet « orage » sous un « crâne » font penser au « spleen » décrit dans le poème de Baudelaire « Quand le ciel bas et lourd », où des « cloches […] sautent avec furie / Et lancent vers le ciel un affreux hurlement » et où « l'Angoisse despotique Sur (son) crâne plante son drapeau noir. »

Désir, folie et trouble semblent ainsi se mêler dans l'esprit des passagers et le rythme frénétique du train semble l'affoler. La personnification du « chagrin » de Jeanne (v. 12) avec le verbe « ricane » crée une impression de malaise : le chagrin prend vie pour se jouer sarcastiquement de la jeune femme anxieuse.

[4. Hallucinations dans un monde fantastique]

Certaines images, dont quelques-unes très violentes (notamment les personnifications), concourent à créer dans la deuxième strophe un univers fantastique, peuplé de « poteaux grimaçants qui gesticulent » et « étranglent » les « fils télégraphiques » et où une « main sadique » joue avec le monde. Les voyageurs ont l'impression d'être perdus dans un environnement hostile, fuyant, « qui s'étire s'allonge et se retire » sous les « déchirures du ciel » : ils y trouvent des « démons… déchaînés », êtres métaphoriques, sortes d'hallucinations que « sept jours » de voyage ont fait naître dans leur esprit dérangé par le manque de repères temporels et spatiaux. La technique « impressionniste » de Cendrars repose sur cet enchevêtrement de comparaisons et de métaphores, qui, partant de la description d'un décor, traduit l'état d'âme du poète et de Jeanne dans ce voyage.

Une apparition

9 PONDICHÉRY • JUIN 2000
SÉRIES STI, SMS, STL, STT

J.-M. G. Le Clézio
Hasard suivi de *Angoli Mala*
(1999)

> Bravito, jeune indien orphelin, a été élevé à Panamá par un pasteur noir américain. Quand Bravito atteint dix-huit ans, il retourne vivre dans la forêt, auprès des siens.

C'était le soir. La lumière déclinait au-dessus du confluent des trois torrents, les murailles des arbres étaient déjà noires, impénétrables. Alors que les jeunes gens[1] étaient assis sur la plage et mangeaient, Nina est apparue. Elle revenait de la pêche, et elle s'est arrêtée
5 sur la plage pour regarder les jeunes Indiens. Jamais Bravito n'avait vu une femme comme elle. Dans la demi-clarté du crépuscule, elle paraissait très grande, avec des bras très longs et un cou élancé. Sa peau était couleur de cuivre sombre, et ses cheveux épais et noirs comme ceux des Indiennes[2]. Mais elle était vêtue d'une longue robe de coton comme
10 les femmes noires[3]. Elle avança vers eux, pieds nus, portant dans un panier les poissons qu'elle avait pêchés à la ligne et au harpon. Les jeunes gens, qui avaient si souvent bavardé à son sujet, devinrent tout d'un coup silencieux et timorés. Nina s'approcha d'eux, si près que Bravito distingua la couleur dorée de ses yeux. Elle leur parla en espa-
15 gnol, avec cette assurance dédaigneuse que les Noirs avaient pour les *siespiem*, les gens de la forêt. Elle regarda Bravito et elle demanda : « Qui est celui-là ? » Quand il se rendit compte que son cœur battait plus vite, et qu'il était devenu aussi muet que les autres, Bravito devint furieux. Mais déjà Nina était repartie le long de la plage, sans se retour-
20 ner, de sa démarche souple et indifférente. Alors les jeunes gens avaient commencé à plaisanter en parlant d'elle, et Bravito était encore plus en colère. N'avait-elle pas raison de les mépriser, puisqu'ils manquaient à ce point de courage ?

---

1. Bravito, son cousin Fulo et deux autres jeunes Indiens.
2. et 3. Nina est « la fille d'un ancien policier noir de la garde nationale et d'une Indienne ».

Questions d'observation (8 points)
Les réponses seront rédigées et illustrées par des exemples précis.
▶ **1.** Par quel jeu d'oppositions l'apparition de Nina est-elle mise en valeur ? (2 points)
▶ **2.** Par qui Nina est-elle vue ? Justifiez votre réponse en relevant des expressions du texte. (3 points)
▶ **3.** Comment progresse le portrait de Nina ? Quels verbes de mouvement ponctuent cette progression ? (3 points)

Questions d'analyse et d'interprétation (12 points)
▶ **1.** D'après ce passage, analysez la personnalité de Nina. (6 points)
▶ **2.** Comment peut-on interpréter le comportement de Bravito et de ses compagnons ? (6 points)

❏ Travail de préparation

PRÉPARER LES QUESTIONS D'OBSERVATION

✪ Question 1
▶ **Comprendre la consigne**
Mise en valeur : soulignée, rendue plus frappante.
La description du personnage est mise en scène et, surtout au début du texte (puisqu'il s'agit de « l'apparition » seulement), l'auteur joue sur des contrastes. L'expression « jeu d'oppositions » fait penser aux techniques picturales ou cinématographiques.
▶ **Ce que l'on vous demande**
• Repérez les jeux de lumières et les effets de contrastes entre le fond du tableau et ce qui est au premier plan (Nina), entre les lignes que dessinent les premières phrases du texte (l. 1 à 5).
• Repérez les oppositions entre immobilité et mouvement (soyez attentif au temps des verbes, aux verbes de mouvement...).
• Expliquez en quoi cela met en valeur le personnage. Jugez l'effet.

✪ Question 2

▶ **Comprendre la consigne**

• L'expression « par qui […] est-elle vue » indique que la question porte sur le point de vue* (ou focalisation*).
Point de vue: l'angle de vue adopté par le narrateur, la position qu'il occupe par rapport à ce qui est décrit.
• Définir le point de vue dans un texte, c'est répondre aux questions : **qui voit?** (est-ce le héros, un personnage, un personnage extérieur à l'action…?) ; **d'où voit-il?** Ses **émotions**, ses **sentiments** sont-ils rendus sensibles et comment? *Point de vue, focalisation, mode de vision* ou *angle de vue* sont des expressions synonymes.
• Vous pourrez déterminer par qui est vue Nina en relevant quels traits de Nina sont retenus, quels sentiments semblent susciter cette apparition, en cherchant si le narrateur fait entrer le lecteur dans les pensées de celui qui voit la jeune fille.

▶ **Ce que l'on vous demande**
• Identifiez à travers le regard de qui est vue Nina. Nommez la personne.
• Déduisez-en le type de point de vue (ou focalisation) utilisé par le narrateur.
• Dites quels indices vous ont permis de répondre, en les classant par affinité.
• Appuyez votre réponse sur des expressions précises du texte.

✪ Question 3

▶ **Comprendre la consigne**

• « Comment progresse… ? » signifie : comment est organisé, construit… ?
• Il s'agit de voir comment l'auteur a organisé le portrait (de près puis de loin, ou l'inverse? des détails à la silhouette d'ensemble, ou l'inverse? par des gros plans successifs ou par une alternance de gros plans/scènes d'ensemble?).
• La consigne vous donne un indice, puisqu'on vous demande d'être attentif aux verbes de mouvement. Vous pouvez en déduire que vous devrez étudier les mouvements de Nina.

▶ **Ce que l'on vous demande**
• Repérez les différentes phases, les différentes étapes du portrait.
• Relevez les verbes de mouvement et indiquez quels sont le sens, la direction la vitesse de ces mouvements. Indiquez s'il y a des pauses et essayez de les expliquer.
• Appréciez la progression du portrait (progression cinématographique? si oui, montrez-le).
• Appuyez toutes vos remarques sur des références précises au texte.

PRÉPARER LES QUESTIONS D'ANALYSE ET D'INTERPRÉTATION

✪ Question 1
▶ **Comprendre la consigne**
Personnalité : caractère, ensemble des traits caractéristique.
• La personnalité de quelqu'un se déduit de :
– son aspect physique (habillement, démarche…) ;
– ses actions ;
– ses rapports avec autrui ;
– ses paroles (il faut alors analyser le style).
• Dans un récit, il faut aussi tenir compte d'éventuelles remarques explicites du narrateur sur le personnage (indices* de jugement du narrateur, à travers certaines expressions qui caractérisent le comportement ou le caractère du personnage).

▶ **Ce que l'on vous demande**
• Repérez dans le texte, en les surlignant de différentes couleurs, les indices implicites* de caractérisation de Nina.
• Déduisez-en des traits de caractère.
• Repérez aussi les expressions explicites utilisées par le narrateur pour la caractériser.
• Classez ces éléments selon un plan clair. Vous pouvez faire tourner chaque paragraphe autour du type d'indices qui vous ont permis de répondre (voir ci-dessus). Ce sera facile si vous avez surligné de couleurs différentes selon le type d'indices.
• Appuyez toutes vos remarques sur des expressions précises du texte.

▶ **Faire un plan**
Le plan s'articule autour des types d'indices donnés par le texte, pour rendre compte de la découverte progressive de la personnalité de la jeune femme.
1. Habillement et mise : une certaine ambiguïté et de la sensualité.
2. Activités : une jeune femme active et dynamique.
3. Comportement à l'égard des jeunes gens : confiance en soi et défi.
4. Paroles : supériorité et mépris.

✪ Question 2
▶ **Comprendre la consigne**
Comportement : façon d'agir, attitude dans des circonstances déterminées.
• Différent de la « personnalité », composée de traits permanents, le comportement est lié à un moment précis dans une situation précise (ici, l'apparition de Nina).

- Le mot « interpréter » de la consigne vous indique que ce comportement n'est pas expliqué par le narrateur de façon claire et qu'il faut tirer vos remarques de ce qui est implicite* dans le texte.

▶ **Ce que l'on vous demande**
- Déterminez d'abord clairement quel est le comportement de Bravito et de ses compagnons, en repérant des mots précis du texte.
- Puis, en vous appuyant sur les changements de comportement (avant et après l'apparition), essayez de trouver ce qui a pu provoquer cette différence. Tenez compte de ce que le narrateur dévoile de Bravito par la focalisation* interne (l. 18-22).
- Réservez un sort particulier à Bravito, qui n'a pas exactement le même comportement que ses camarades, ce qui le distingue d'eux.
- Classez vos remarques et vos conjectures, en les groupant d'après les différentes phases du comportement des Indiens – auxquelles vous associerez à chaque fois votre interprétation – et en traitant le « cas » de Bravito à part.
- Citez toujours des mots du texte à l'appui de vos interprétations.
- Vous pouvez aussi, pour conclure, indiquer l'intérêt, dans la narration, de la description de ce comportement des jeunes gens.

▶ **Faire un plan**
Introduction
1. Le mutisme des jeunes gens, marque de leur surprise et de leur couardise.
2. Les plaisanteries : vengeance de mâles offensés.
3. Bravito : subjugué, timoré et révolté par l'attitude de ses camarades.
Conclusion

❑ Corrigé des questions d'observation

✪ **Question 1**
Les romanciers ont pris plaisir à mettre en scène l'apparition de leurs personnages féminins ainsi mis en valeur par différents procédés. Ici, Le Clézio a choisi de recourir à un effet facile du cinéma : le contraste, aussi bien dans les lumières et les couleurs que dans les lignes, et l'opposition entre immobilité et mouvement.

Ainsi, le décor qui sert de toile de fond à cette apparition est plongé dans la demi-obscurité : « c'était le soir », moment du coucher de soleil, heure où l'ombre et le soleil créent des jeux de lumière dans la « demi-clarté du crépuscule ». L'horizon est donc sombre, avec ses « murailles » d'arbres « noires ». Sur cette toile de fond à effet qui ressemble à un nimbe[1] ou une gloire[1], en contre-jour donc, apparaît Nina, à la « peau couleur de cuivre », aux yeux « couleur dorée » : il semble que son éclat en fasse... le nouveau soleil de cette nuit. Le contre-jour, l'effet de contraste entre la toile de fond sombre et l'éclat de sa beauté créent l'effet de surprise.

Par ailleurs, les lignes horizontales du décor en second plan s'opposent aux verticales dominantes de sa silhouette en premier plan : les « murailles des arbres » sont rompues par les « bras très longs » et le « cou élancé » de la jeune femme qui « paraissait très grande ». Il y a donc là aussi un jeu d'opposition.

Enfin, Le Clézio oppose l'immobilité du décor, rendue par l'imparfait, temps de la description et de la durée, de la passivité (« c'était le soir », « la lumière déclinait »), au mouvement qui anime Nina, consigné au passé composé, temps de l'action : « Nina est apparue ». On remarque aussi de nombreux verbes de mouvement (« revenait », « avança »...). Par un effet de repoussoir, l'immobilité met en valeur le mouvement.

Ces différents jeux d'oppositions font que le regard du lecteur comme celui des jeunes Indiens est attiré par cette « apparition ».

❍ Question 2

Il semble que, tout au long du texte, Nina soit vue et décrite à travers le regard des jeunes Indiens et plus précisément de Bravito. Différents indices nous le montrent.

En premier lieu, le décor sur lequel elle vient se détacher est celui sur lequel les jeunes gens, assis sur la plage, ont vue au loin. Le narrateur place donc le lecteur dans la position de ces jeunes. En outre, la jeune fille semble vue par quelqu'un qui est assis, comme en contre-plongée, avec les effets d'optique un peu déformants qui accompagnent d'ordinaire cette technique du cinéma : « elle paraissait très grande, avec des bras très longs et un cou élancé ». Les mouvements de la jeune femme sont appréciés par rapport à un point fixe, celui des jeunes Indiens, comme en témoignent tous les verbes de mouvements dont elle est le sujet : « elle avança vers eux », « s'approcha *d'eux* », « était repartie *le long de la plage* ». Ce

---

1. Termes techniques de la peinture. *Nimbe* : auréole ou cercle lumineux représenté autour de la tête de Dieu, des anges et des saints.
Gloire : auréole lumineuse enveloppant le corps du Christ.

« point fixe » est bien en fait Bravito vers lequel elle vient « si près (qu'il) distingua la couleur dorée de ses yeux » : le gros plan est vu à travers lui. Par ailleurs, la description des traits et de l'habillement de la jeune femme est celle de quelqu'un qui connaît bien les usages de ce pays, donc vraisemblablement d'un indigène comme Bravito : le narrateur parle de ses cheveux « comme ceux des Indiennes » et de sa robe identique à celles des « femmes noires ».

Enfin, la focalisation interne est très nette aux lignes 5 et 6 : l'auteur nous fait part directement de l'émotion du jeune Bravito et nous fait presque entrer dans les pensées de celui-ci : « Jamais Bravito n'avait vu une femme comme elle ». Le lecteur partage sa surprise. Plus loin, ce sont les sentiments et le jugement de Bravito que nous transmet le narrateur : c'est bien le jeune homme qui admire la « démarche souple » de Nina, mais en ressent l'indifférence (« indifférente ») ou est torturé par le mépris (« mépriser ») que trahit cette démarche.

C'est donc aussi bien par la technique de description – encore une fois inspirée du cinéma – que par la technique narrative que Le Clézio fait « voir » Nina par le regard d'un jeune homme sans doute amoureux.

◯ Question 3

Le portrait de Nina progresse selon un procédé cher au cinéma, au rythme et au gré de ses mouvements perçus par les jeunes Indiens et notamment par Bravito, comme en témoignent les verbes de mouvement qui rythment cette description. En même temps, le narrateur ménage des pauses, des sortes d'arrêts sur image, et utilise l'irruption de la parole, mais très retenue, pour entretenir ou intensifier le suspense et rendre sensible l'émotion du jeune homme.

Une fois le décor planté, avec force effets de lumière, Nina apparaît soudainement (« est apparue »), se détachant sur cette toile de fond. C'est donc d'abord une scène d'ensemble, sur laquelle se découpe une silhouette en mouvement (« elle revenait de la pêche »). Suit un instant d'immobilité (« elle s'est arrêtée »), qui suspend le temps et le mouvement – comme un arrêt sur image –, le temps du saisissement admiratif de Bravito à cette apparition (l. 4-8) : c'est l'occasion d'une description en plan moyen de la silhouette couronnée par des « cheveux épais et noirs » et de l'habillement (« robe de coton ») de Nina, statique.

Le mouvement reprend avec le verbe « elle avança vers eux », qui permet, avec sa plus grande proximité, des gros plans sur la jeune fille – sur ses « pieds nus » –, sur le « panier » qu'elle porte et sur sa pêche. Mais c'est son dernier mouvement – « elle s'approcha d'eux »- qui amène le gros plan le plus saisissant et le plus chargé d'émotion sur « ses yeux »

« couleur dorée », ces... portes de l'âme : la technique est celle du cinéma sentimental par excellence, à effets. Tout cela, bien sûr, s'est passé dans le silence (les jeunes gens sont « silencieux »), propre à l'émotion...
Mais le relais est ensuite pris par les paroles – la bande-son, dirait-on au cinéma –, accompagnées d'une nouvelle pause dans le mouvement (« elle leur parla »), suivi d'une brève question au style direct. Le pronom démonstratif « celui-là » suggère presque un geste du doigt ou de la tête de la part de la jeune fille vers Bravito.
Enfin, Nina s'éloigne, donnant ainsi lieu à une dernière scène d'ensemble (« *le long de* la plage » et non « *sur* la plage »). L'éloignement et la lenteur du déplacement sont suggérés par le verbe au plus-que-parfait appuyé par l'adverbe « déjà » : « Mais déjà Nina était repartie »... On la perçoit de dos (« sans se retourner »), silhouette évanescente et languissante...
La bande-son peut reprendre le dessus (ils « avaient commencé à plaisanter en parlant d'elle »).
Le portrait s'organise donc autour d'une alternance de mouvements et d'arrêts, chaque pause suspendant le temps et correspondant au trouble croissant de Bravito.

❏ Corrigé des questions d'interprétation

✪ Question 1

Nina est présentée comme un être étrange et mêlé, tant dans son allure physique que dans ses actions et ses paroles. Son métissage naturel (elle est « fille d'un ancien policier noir de la garde nationale et d'une Indienne ») se retrouve dans sa personnalité.
Son habillement et sa mise, intermédiaire entre les coutumes des « femmes noires » et celles des « Indiennes », indiquent qu'elle se trouve à la croisée de deux civilisations : c'est sans doute ce qui lui donne son allure énigmatique. Sa « longue robe de coton » et sa démarche « souple », presque féline, en font une jeune femme sensuelle.
Mais en même temps, elle appartient un peu au monde des hommes. Ses activités – la « pêche à la ligne et au harpon » – indiquent que c'est une jeune fille qui mène une vie active et qui n'est pas trop délicate : elle va « pieds nus », porte elle-même son panier plein de « poissons ».

Son comportement face aux jeunes Indiens nous renseigne sur ses rapports avec les autres, notamment avec les hommes. La première fois où elle s'arrête « pour regarder les jeunes Indiens », un peu par défi, indique qu'elle n'a pas froid aux yeux et qu'elle les assujettit (les malheureux en perdent la parole : ils « devinrent tout à coup silencieux »). D'ailleurs c'est elle qui, après avoir encore une fois mesuré du regard Bravito (l. 14) prend les devants, sans crainte, avec « assurance », tenant ses interlocuteurs en respect par une brève phrase interrogative, à la fois provocatrice et « dédaigneuse ». Le pronom démonstratif « celui-là » est chargé d'un fort mépris de la femme noire à l'égard des Indiens. Le recours à l'espagnol lui aussi indique qu'elle se sent supérieure à ces « gens de la forêt ». Comme pour souligner par ses actes l'indifférence que trahissent ses paroles, elle part « sans se retourner », comportement injurieux qui n'échappe pas à Bravito qui se sent « méprisé ».

Nina semble ainsi avoir une personnalité déroutante, à la fois envoûtante et farouche, inaccessible, mais son caractère énigmatique est certainement, l'auteur le souligne, un aiguillon pour un garçon amoureux, un piment qui agace sens et sentiments.

✪ Question 2

Le comportement des jeunes gens par rapport à Nina semble un peu contradictoire : en effet, ils allient bavardages sur Nina (l. 12) et plaisanteries (l. 21) à un mutisme étrange lorsqu'elle se trouve face à eux. Le narrateur lui-même remarque ce contraste dans la subordonnée relative qui a une forte valeur oppositive : « Les jeunes gens *qui avaient si souvent bavardé à son sujet...* ». Comment tout d'abord expliquer leur mutisme lorsque Nina s'approche d'eux et leur fait face ? Il semble qu'ils soient subjugués par cette apparition – que le narrateur souligne par des effets de mise en scène propres à les émouvoir – et que la jeune fille les intimide. Le « et » qui coordonne les deux adjectifs « silencieux *et* timorés » (l. 10) a en fait un sens explicatif : ils « devinrent tout d'un coup silencieux *parce que* timorés », aurait pu écrire le narrateur. À la fin du texte, retranscrivant les pensées de Bravito par le style indirect libre de la focalisation interne, l'auteur parle de manque « de courage ». Par ailleurs on peut penser que, Indiens, face à l'air de supériorité de cette métisse – mi-Noire, mi-Indienne – et à son mépris, ils se sentent profondément inférieurs. Il y a donc une explication à leur comportement, à la fois affective et sociale.

Comment comprendre maintenant leurs bavardages et leurs plaisanteries sur Nina (l. 12, 20-21) ? Sans doute l'émoi que suscite chez ces jeunes gens timides une jeune fille qui les trouble sensuellement peut-il expliquer ce besoin irrépressible de parler. Après la tension de la confrontation, la détente délie les langues... Par ailleurs, la plaisanterie est une sorte de vengeance – verbale, à défaut d'une autre – pour retrouver leur statut d'hommes supérieurs et cacher, en la faisant oublier, leur couardise d'un moment face à... une femme ! Ou encore une façon de faire semblant de ne pas avoir été soumis à son charme : le rire est un moyen, un peu lâche, de se montrer supérieur à sa cible.

Mais Bravito se distingue un peu de ses camarades. Certes, lui aussi, il reste « muet » face à Nina. Mais, après son départ, il ne participe pas aux plaisanteries – grivoises peut-être – de ses camarades et se désolidarise d'eux (ils sont alors désignés de façon un peu méprisante par l'expression « les autres »).

Son mutisme s'explique à coup sûr par le fait qu'il est subjugué par la beauté de Nina (« Jamais Bravito n'avait vu une femme comme elle » : c'est vraisemblablement la « surprise de l'amour », qui se traduit tout naturellement par un « cœur (qui) battait plus vite »...). S'il refuse de « plaisanter en parlant d'elle », c'est sans doute par respect et refus de dégrader la jeune fille. Enfin, s'il est « furieux » et « en colère », on peut imaginer trois explications : d'une part, par rapport à lui-même, il se sent stupide d'avoir manqué de « courage » et de ne lui avoir pas adressé la parole ; d'autre part, par rapport à Nina, il a peur de paraître ridicule et niais de n'avoir pas répondu à sa question et d'être méprisé par elle ; enfin, il est en colère parce que « les autres » se moquent de celle qui a fait battre son cœur.

On mesure par le comportement des jeunes gens et de Bravito l'impact sur eux de la jeune femme, qui pourtant n'a prononcé que trois mots... Dans la narration, cette attitude des Indiens sert en fait de repoussoir au portrait de Nina, ainsi mise en valeur.

Voyage imaginaire

10 FRANCE MÉTROPOLITAINE • JUIN 2000
SÉRIES STI, SMS, STL, STT

Jean Giono (1895-1970)
« Le voyageur immobile »
(*L'eau vive*, 1943)

Le narrateur, en se rendant dans la vieille épicerie de son enfance, voit ses souvenirs resurgir et son imagination vagabonder.

Il n'y avait qu'une lampe à pétrole pendue dans un cardan[1] de cuivre. On semblait être dans la poitrine d'un oiseau : le plafond montait en voûte aiguë dans l'ombre. La poitrine d'un oiseau ? Non, la cale d'un navire. Des sacs de riz, des paquets de sucre, le pot de la moutarde,
5 des marmites à trois pieds, la jarre aux olives, les fromages blancs sur des éclisses[2], le tonneau aux harengs. Des morues sèches pendues à une solive[3] jetaient de grandes ombres sur les vitrines à cartonnages où dormait la paisible mercerie, et, en me haussant sur la pointe des pieds, je regardais la belle étiquette du fil au Chinois[4]. Alors, je m'avançais doucement,
10 doucement ; le plancher en latte souple ondulait sous mon pied. La mer, déjà, portait le navire. Je relevais le couvercle de la boîte au poivre. L'odeur. Ah, cette plage aux palmiers avec le Chinois et ses moustaches. J'éternuais. « Ne t'enrhume pas, Janot. – Non, mademoiselle. » Je tirais le tiroir au café. L'odeur. Sous le plancher l'eau molle ondulait : on la
15 sentait profonde, émue de vents magnifiques. On n'entend plus les cris du port.
    Dehors, le vent tirait sur les pavés un long câble de feuilles sèches. J'allais à la cachette de la cassonade[5]. Je choisissais une petite

bille de sucre roux. Pendant que ça fondait sur ma langue, je m'accroupissais dans la logette entre le sac des pois chiches et la corbeille des oignons ; l'ombre m'engloutissait : j'étais parti.

---

1. *Cardan* : système de suspension.
2. *Éclisse* : fond en osier destiné à faire égoutter les fromages.
3. *Solive* : poutre qui soutient le plafond.
4. *Fil au chinois* : « Le Chinois » est le nom d'une marque commerciale de fil. L'étiquette représente un chinois à longue moustaches.
5. *Cassonade* : sucre

Questions d'observation (8 points)

Toutes les réponses doivent être entièrement rédigées.

▶ **1.** Expliquez l'emploi du style direct (l. 13). (2 points)
▶ **2.** Relevez deux figures de style présentes dans la phrase : « Dehors, le vent tirait sur les pavés un long câble de feuilles sèches » (l. 17-18) et analysez l'effet produit. Trouvez un autre exemple de l'une de ces figures dans le texte. (4 points)
▶ **3.** Quels sont les organes des sens présents dans le texte ? Justifiez votre réponse. (2 points)

Questions d'interprétation (12 points)

▶ **1.** Étudiez les procédés qui prouvent que le narrateur adopte le point de vue et la vision des choses de l'enfant qu'il était. (6 points)
▶ **2.** En vous appuyant sur des éléments précis du texte, justifiez le titre de la nouvelle : « Le voyageur immobile ». (6 points)

❑ Travail de préparation

PRÉPARER LES QUESTIONS D'OBSERVATION

✪ Question 1

▶ **Comprendre la consigne**
Il y a **trois façons** de rapporter des paroles : le discours direct, le discours indirect, le discours indirect libre.

• Quand des paroles sont transcrites telles quelles, comme elles ont été prononcées, on parle de dialogue ou de **discours direct**. Pour indiquer qu'il s'agit de discours direct, on utilise une ponctuation spéciale.

• Quand les paroles ne sont pas rapportées comme elles ont été prononcées, mais sous forme de subordonnées dépendant d'un verbe principal ou d'un groupe prépositionnel à l'infinitif, on parle de **discours indirect**.

• Quand les paroles sont rapportées comme au discours indirect mais que le verbe principal introducteur et le mot subordonnant ont été supprimés, on parle de **discours indirect libre**. C'est un système mixte.

Exemples :
Discours direct : Elle leur dit : « Vos parents reviendront sûrement demain ! »
Discours indirect : Elle leur *dit que* leurs parents *reviendraient* sûrement *le lendemain*.
Discours indirect libre : Elle les rassura : leurs parents reviendraient sûrement le lendemain !

▶ **Ce que l'on vous demande**

• Vous devez d'abord repérer le passage au style direct (et éventuellement indiquer ce qui vous a permis de l'identifier).

• Ensuite, identifiez les différents interlocuteurs (et indiquez éventuellement comment vous les avez identifiés).

• Puis, surtout, il faut dire l'impression créée par ce discours direct (effet de rupture avec le reste du récit, effet d'actualisation, vivacité...).

✪ Question 2

▶ **Comprendre la consigne**

• Une **figure de style** est un *moyen d'expression* particulier, peu ordinaire que l'auteur utilise pour produire un *certain effet*.

• Voici quelques **procédés essentiels** : ce sont des images.

Comparaison* : figure de style qui consiste à rapprocher un élément (le comparé) d'un autre élément (le comparant) par un point commun, à l'aide d'un mot-outil de comparaison *(comme, tel...)*.

Métaphore* : figure de style qui rapproche un élément (le comparé) d'un autre élément (le comparant) pour souligner leur ressemblance, mais *sans* mot-outil de comparaison.

Personnification* : figure de style consistant à représenter une chose ou un animal sous les traits d'une personne.

Animalisation* : figure de style consistant à représenter une chose sous les traits d'un animal.

▶ **Ce que l'on vous demande**
• Relevez deux figures de style (parmi celles mentionnées ci-dessus). Nommez-les.
• Vous devez *commenter* ces deux figures de style, c'est-à-dire :
– étudier comment elles sont construites, détailler leur divers éléments (comparant, comparé...) ;
– indiquer l'effet obtenu grâce à ces procédés de style.
• Éventuellement, indiquez si elles ont un rapport l'une avec l'autre, en quoi elles se complètent.
• Puis, vous devez trouver un autre exemple de *l'une* de ces figures de style et de la même façon, l'expliquer.
Attention ! Si vous avez repéré une métaphore*, veillez à ce que votre deuxième exemple soit bien une métaphore et non une comparaison* (la métaphore ne comporte pas de mot-outil de comparaison). Ainsi, « On semblait être dans la poitrine d'un oiseau » *n'est pas* une métaphore, mais une comparaison (expression-outil de comparaison : *semblait être*).

▶ **Conseils de méthode pour le commentaire d'un procédé de style**
• Ne jamais signaler un procédé stylistique sans le mettre en relation avec son importance dans le texte : quelle impression crée-t-il ? quel effet ? à quoi sert-il ? que traduit-il (exaltation, lyrisme, harmonie, équilibre, rigidité, monotonie, traduction d'un sentiment ou d'un état...) ?
• Pour chaque sorte de procédé de style repéré, juger son efficacité. Pour mieux trouver, se demander : *quel effet cela produit-il sur le lecteur ?*
– Dans la réponse, lier dans une même phrase la qualification de la construction et le commentaire, en citant, à l'intérieur de la réponse, les mots essentiels qui soutiennent le procédé ou la construction repérés.
• Éviter la répétition des mêmes verbes pour lier idée et procédé de style. Voici quelques expressions qui permettent de varier :
– *(cette idée) est soulignée par, est rendue par, est mise en valeur par, est marquée par, est mise en évidence par, est traduite par, s'appuie sur ;*
– *(par ce procédé, l'auteur, ou ce procédé) traduit, souligne, met en évidence, rend compte de, révèle, crée l'impression de/que, suggère, transmet ;*
– *(ce procédé) a pour effet de, sert à, concourt, a l'effet de...*

✪ **Question 3**

▶ **Faire appel à vos connaissances**
• **Les perceptions sensorielles** (notions utiles à connaître pour toute analyse de description ou de poésie) concernent les cinq sens :
– l'ouïe (adjectif : *auditif*) : sons et silences ;
– l'odorat (adjectif : *olfactif*) : odeurs, parfums, arômes ;

– le goût (adjectif : *gustatif*) : saveurs et consistances ;
– le toucher (adjectif : *tactile*) : température, aspérités, solidité, consistance ;
– la vue (adjectif : *visuel*) : taille, forme, contours, couleurs, mouvement.
• Pensez que certains mots peuvent renvoyer à l'un de ces sens par comparaison* ou par métaphore*.

▶ Comprendre la consigne

La question est curieusement posée : en effet, si l'on veut répondre exactement à ce qui est demandé, on est amené à choisir parmi les différents « *organes* des sens » à proprement parler, c'est-à-dire : les yeux (pour le sens de la vue), le nez (pour le sens de l'odorat), la langue et le palais (pour le sens du goût), les oreilles (pour le sens de l'ouïe), la peau (pour le sens du toucher). Or, ces mots *ne sont pas* dans le texte, à l'exception du mot « langue » (l. 19). La réponse se réduirait donc à un mot...

Il faut donc reformuler la question et la comprendre comme si on demandait : *quels sens sont sollicités par la description et le récit ?* ou : *quels mots (ou expressions) du texte font référence à des sensations ? Précisez quel sens est concerné par chacun d'eux.*

▶ Ce que l'on vous demande

• Relevez, en les surlignant de couleurs différentes, les mots qui sollicitent les sens : ceci vous permettra de les grouper plus facilement et aussi de repérer à quels endroits du texte ils se trouvent (ceci peut apporter un élément intéressant dans le commentaire qui conclura votre repérage : où se trouvent ces mots ?).
• Classez ces mots par sens concerné. Dites quelle est précisément la sensation perçue.
• Commentez leur nature, leur fréquence, leur localisation.
• Remarquez alors si tous les sens sont sollicités. Si oui, signalez-le ; sinon, dites lequel ou lesquels est/sont omis.
• Intégrez les mots ou expressions trouvés entre guillemets dans une réponse rédigée qui commentera les mots que vous avez trouvés.
• **Attention :** vous ne devez pas présenter votre réponse sous forme de tableau ou de liste ; les mots cités doivent être intégrés à vos propres phrases.
• Commentez **l'effet** produit par l'ensemble de ces notations.

▶ Conseil de méthode en ce qui concerne les relevés

Munissez-vous de surligneurs de couleurs qui vous permettront d'effectuer de façon instantanément visible le relevé des groupes de mots qu'il faut associer : au moment de la rédaction de la réponse et de l'insertion toujours délicate des citations dans votre réponse, vous les retrouverez facilement.

PRÉPARER LES QUESTIONS D'INTERPRÉTATION

✪ Question 1

▶ **Comprendre la consigne**

Point de vue: angle de vue adopté par le narrateur, la position qu'il occupe par rapport à ce qui est raconté ou décrit.
• Définir le point de vue dans un texte, c'est répondre aux questions: **qui voit?** (le héros, un personnage, un personnage extérieur à l'action, le narrateur adulte, le narrateur enfant; communique-t-il ses **émotions**, ses **sentiments** et comment? *Point de vue, focalisation*, mode de vision* ou *angle de vue* sont des expressions synonymes.
• Ici, c'est un auteur *adulte* qui écrit, mais la description est faite à travers le regard de l'*enfant* qu'il était et dans la peau duquel il se remet en écrivant.
• Le point de vue se détermine en étudiant:
– les thèmes développés, les goûts et les sentiments évoqués;
– le style utilisé et le registre de langue: vocabulaire, grammaire, syntaxe (types de phrases)...
– les procédés narratifs (paroles rapportées...).

▶ **Ce que l'on vous demande**
• Vous devez repérer les éléments qui indiquent que c'est un enfant qui voit la scène, qui décrit.
• Pour cela, demandez-vous quelle vision/perception du monde, quels goûts a un enfant, quels sentiments il ressent, comment il s'exprime, comment il raconte.
• Relevez les indices en les surlignant de couleurs différentes selon leur nature (lexicaux, thématiques, grammaticaux...) de façon à pouvoir plus facilement les grouper lors de la rédaction de la réponse.
• En effet vous devez construire votre réponse en groupant les indices trouvés et en les commentant.

▶ **Faire un plan**

Introduction
1. L'échelle de grandeur d'un enfant.
2. Les thèmes de l'imaginaire enfantin.
3. La sensualité et la sensibilité d'un enfant
4. Le style d'un enfant.
Conclusion

◯ **Question 2**

▶ **Comprendre la consigne**
• La question porte sur la pertinence du titre de la nouvelle dont est extrait le texte, sur son adéquation avec le fond de l'extrait. En somme, on vous demande : « Le titre correspond-il bien au texte ? Lui est-il adapté ? »
• « Voyageur immobile » : il faut percevoir le paradoxe* que comporte ce titre (si on voyage, on se déplace, on bouge, ce qui est le contraire d'être « immobile »). Il faut donc montrer comment le texte résout ce paradoxe.

▶ **Ce que l'on vous demande**
• Vous devez expliquer par des références précises au texte les *deux* termes du titre, puis les mettre en relation.
• Il faut donc chercher ce qui fait référence au voyage (moyens de transport, destination...), puis ce qui indique que le narrateur ne bouge pas (étudiez les éléments qui rappellent la réalité de l'épicerie, les mots qui suggèrent l'immobilité).
• Vous devez ensuite montrer comment se résout le paradoxe et préciser qu'il s'agit d'un voyage métaphorique, effectué par la seule imagination.

▶ **Faire un plan**
Introduction
1. Tous les éléments d'un voyage.
2. Mais un voyage métaphorique et imaginaire qui se nourrit du réel.
3. Le rôle des sensations, de l'imagination et des mots.
Conclusion

❑ Corrigé des questions d'observation

◯ **Question 1**
Le discours direct de la ligne 13 est facile à identifier grâce à la présence de guillemets, d'un tiret pour signaler le changement d'interlocuteur et de certains indices du style oral : le mode impératif pour exprimer une défense, l'utilisation d'une phrase elliptique du verbe en guise de réponse (« Non, mademoiselle »), les apostrophes (« Janot, mademoiselle »). Néanmoins le lecteur ne s'y attendait pas, à cause de l'absence de verbe introducteur de la parole (on attendait alors plutôt un style indirect : « elle me disait de ne pas m'enrhumer » et un passage à la ligne). Le passage au style direct est ici brusque et surprenant.

Ce discours direct met en présence l'enfant, Janot, et l'épicière. Il a plusieurs effets : tout d'abord, il crée une rupture soudaine dans la narration, un effet de surprise.
Ensuite, il marque que la seule évocation de l'éternuement (« J'éternuais ») a pour conséquence simultanée de faire remonter le souvenir de cette recommandation que lui a faite si souvent l'épicière. Le souvenir fait irruption à l'évocation d'une sensation, l'« odeur » de la boîte au poivre. C'est un peu ce que Proust avait analysé au sujet de son expérience avec la madeleine : l'immédiateté et la force du souvenir qui font resurgir toutes les sensations mêlées (odeur et mots entendus confondus). Avec ce style direct est rendue la force du souvenir réactualisé qui semble prendre la place de la réalité présente du narrateur : il croit entendre, comme s'il y était, cette voix et est encore prêt à répondre comme autrefois.
De même, le lecteur a aussi l'impression que la scène se joue devant lui.

◯ Question 2

La phrase « le vent tirait sur les pavés un long câble de feuilles sèches » contient deux figures de style, qui sont des images : la personnification et la métaphore.
Le vent, qui est sujet du verbe d'action, est assimilé à un marin qui « tirait un câble » (c'est le contexte qui nous précise cette identification : il s'agit en effet de l'évocation d'une traversée en mer imaginée et rêvée). Cette personnification qui renvoie au monde du voyage et de la marine fait partie de l'imaginaire de l'enfant qui, transformant la réalité, associe les éléments à son « rêve ».
La métaphore « long câble de feuilles mortes » assimile les feuilles, balayées par le vent qui les fait s'enrouler et voleter en s'agglutinant, à un câble. Elle rend compte du mouvement et de l'action du vent. Les deux figures sont reliées l'une à l'autre, car le mot « câble » appartient au domaine de la marine : il relie le navire – qui n'est autre que l'épicerie – au quai, le trottoir. Par contagion, les « pavés » sont comparés à la mer.
Les deux figures de style, dans une même phrase, ont reconstitué et rassemblé tous les éléments nécessaires à un voyage merveilleux sur mer : le marin, le vent, la mer, le câble (qui amarre un bateau ainsi suggéré), le quai.
Le texte comporte de nombreuses autres métaphores, ce qui n'a rien d'étonnant puisque l'enfant vit dans l'imaginaire. Ainsi, il y a une double métaphore aux lignes 10 et 11 : le plancher de l'épicerie est assimilé à la mer dans l'expression « le plancher en latte souple ondulait », par l'intermédiaire du verbe « onduler » qui s'applique d'ordinaire aux flots. La terre ferme est devenue la mer et l'épicerie elle-même est bateau : « La mer, déjà, portait le navire. »

[*Si vous choisissez de relever comme « autre exemple » une personnification, vous pouvez écrire :*]
Le texte comporte de nombreuses autres personnifications, ce qui n'a rien d'étonnant puisque l'enfant vit dans l'imaginaire. Ainsi, tout l'univers qui entoure l'enfant est comme animé de vie, parfois peuplé de créatures monstrueuses : la mercerie « dormait paisiblement » (l. 8), « l'eau » (imaginaire) est « émue de vents magnifiques » (l. 15) et « l'ombre » « engloutit » l'enfant.

❂ Question 3

Pour rendre compte de la richesse de ce voyage imaginaire que l'enfant vit pleinement, le texte sollicite les cinq sens, comme en témoignent les verbes qui traduisent une opération des sens : « je regardais », « on n'entend plus ».

C'est d'abord la vue qui donne son essor à ce voyage imaginaire, par les notations de lumière : le narrateur mentionne la « lampe à pétrole », mais l'associe à une négation restrictive (« ne... que ») qui suggère une faible luminosité propice au mystère et à l'imagination ; cette impression est soulignée par le jeu des ombres – le mot est employé à trois reprises, d'abord au singulier (l. 3), puis multiplié au pluriel (l. 7) – démesurément agrandies (« grandes ») ; à la fin du le texte, l'ombre devient omniprésente : « l'ombre m'engloutissait ». Certaines formes sont aussi évoquées : « le plafond [...] en voûte »...

Au fur et à mesure que l'esprit de l'enfant s'évade, tout son corps est remué dans son tréfonds : ainsi, vers le milieu du texte, d'autres sens sont stimulés, l'odorat et l'ouïe. L'odeur dans sa brutalité et sa force est rendue par une brève phrase nominale dissyllabique – « L'odeur » – qui restitue la sensation dans sa crudité et son immédiateté, et cela par deux fois pour rendre compte du parfum entêtant de la « boîte au poivre ». L'effet de ce parfum sur l'enfant – l'éternuement (« J'éternuais ») – en souligne la puissance et introduit en même temps un bruit qui déchire le silence du début du texte. Les paroles échangées au style direct et les « cris du port » qui vont s'amenuisant complètent ce tableau sonore.

Très vite, sont mentionnées les sensations tactiles suscitées par les mouvements ressentis : le plancher « en latte *souple* » de l'épicerie – devenue « eau *molle* » « qu'on sentait profonde » – « ondulait » (le verbe est utilisé deux fois) « sous (les) pieds » de l'enfant.

Enfin, l'enfant est touché dans ce qu'il a de plus intime : le goût, dont l'organe est explicitement nommé (« la langue »). Janot suce une « bille de sucre roux » qui fond « sur (sa) langue ». La saveur est là, bien définie dans sa douceur, et le plaisir éprouvé revécu par l'intermédiaire de l'imparfait.

Janot est ainsi touché dans tout son être. En multipliant ces notations et en progressant de la plus extérieure (la vue) à la plus intime (le goût), Giono met en évidence le pouvoir envoûtant de cette épicerie-navire et de ce voyage imaginaire.

❏ Corrigé des questions d'interprétation

Attention ! Les indications entre crochets ne sont qu'une aide à votre lecture et ne doivent pas figurer dans votre rédaction.

✪ Question 1

[Introduction]
Le narrateur adulte revit dans le texte des instants particulièrement intenses de son enfance et adopte, pour décrire et raconter, le point de vue interne. C'est à travers le regard et la sensibilité de l'enfant qu'il était qu'il nous fait découvrir l'épicerie et les rêves qu'elle suscite.

[1. L'échelle de grandeur d'un enfant]
L'échelle de grandeur que prend le narrateur est d'abord celle d'un adulte («on semblait être dans la poitrine d'un oiseau»), mais instantanément, il la modifie et la ramène à celle d'un enfant, rappelant ainsi l'écart entre le narrateur adulte et l'enfant d'autrefois : «Non, la cale d'un navire» (l. 3-4). La tonalité est alors donnée. De la même façon, certaines expressions mettent l'accent sur sa petite taille : il doit en effet se hausser «sur la pointe des pieds» (l. 8), il tient accroupi dans une «logette», endroit où seul un enfant peut se cacher.

[2. Les thèmes de l'imaginaire enfantin]
Ce sont ensuite les thèmes abordés qui sont ceux de l'univers et de l'imaginaire enfantins : rêves d'aventures peuplés de voyages, surtout par mer, qu'a certainement alimentés la littérature enfantine, comme l'histoire de Robinson. La métaphore filée du navire rassemble tous les éléments clichés de l'imaginaire enfantin : le «navire», «la plage», le «câble» qui va céder sous l'appel du grand large, enfin, l'obsession de «partir» («J'étais parti»). La description trahit le goût de l'exotisme («la mer portait le navire», l. 11), symbolisé par la «plage aux palmiers avec le Chinois» (l. 12), qui compose une sorte de carte postale. Ces images toutes faites baignent dans une atmosphère de douceur un peu sucrée et mièvre.

[3. La sensualité et la sensibilité d'un enfant]
Tout au long du texte affleure la sensualité enfantine : l'auteur trahit en effet sa gourmandise, péché mignon des enfants, devant le « sucre roux » qui « fondait sur (sa) langue », mais en même temps son goût des sensations fortes que procure l'« odeur du poivre » qui se résout en un éternuement sonore...
Giono évoque aussi la sensibilité et le mode de fonctionnement de l'esprit enfantin : il semble que le narrateur joue à se faire peur avec ces « grandes ombres » (l. 7) qui l'« engloutissai(en)t », comme les petits aiment à ressentir des terreurs nocturnes – redoutées et à la fois attendues – qui suscitent des émotions fortes.
Le narrateur, comme un enfant, fait aussi preuve d'une capacité à s'émerveiller devant des objets banals telle « la *belle* étiquette » d'une simple boîte à fil. Enfin, il marque un goût prononcé pour l'univers merveilleux, pour le jeu qui consiste à transformer le réel (c'est la fiction du « si j'étais... ») et consacre la prépondérance de l'imagination souvent innocente et naïve (la « cachette » devient « navire »). Cela l'amène à une totale confusion entre réalité et fiction et à des situations absurdes où ne s'exercent plus les lois de la logique : la plage qu'il imagine est peuplée du Chinois sorti d'une boîte de « fil » (on pense au film de Paul Grimault *Le Roi et l'oiseau*, où les personnages peints sur des tableaux sortent du cadre et prennent vie). L'esprit du narrateur, peu soucieux de la logique des adultes ou de véracité, combine ainsi des données hétéroclites sorties du grand bric-à-brac de l'imaginaire enfantin que stimulent d'ordinaire les greniers...

[4. Le style d'un enfant]
Mais c'est aussi le style du narrateur qui rappelle celui d'un enfant : assez « relâché », il ne s'embarrasse pas d'effets rhétoriques compliqués.
La syntaxe est simple : elle comporte de nombreuses phrases nominales non travaillées (l. 3-6), construites sur des énumérations (l. 4-6), qui ne répugnent pas aux répétitions (« doucement, doucement », « ondulait », l'« odeur »), des interrogations proches du style oral (« La poitrine d'un oiseau ? », l. 3). La construction est en général très simple : ce sont des propositions indépendantes constituées de la séquence de base sujet/verbe/complément (« Je relevais [...] poivre »).
Cette syntaxe s'appuie sur un vocabulaire courant. La nature grammaticale des mots est celle que l'on trouve dans le langage parlé, dans le registre familier : ce sont des interjections (« Ah », l. 12), des adverbes intensifs (« Non », l. 3), le pronom démonstratif « ça », ou encore des diminutifs (le narrateur se désigne lui-même par « Janot », il parle de « logette », l. 20). Ces diminutifs rendent compte de l'univers « réduit » du

narrateur-enfant et riment du point de vue du sens avec des termes comme l'adjectif « petite » (bille) ou les marques de respect à l'égard des adultes (« mademoiselle »).
Ce lexique parle surtout des réalités enfantines et rappellent les jeux de l'enfance : la « bille de sucre » évoque le jeu de billes, la « cachette » renvoie au jeu si populaire de « cache-cache ».
Les images qu'il construit sont aussi inspirées par le monde de l'enfance (l'épicerie est comparée à la « poitrine d'un oiseau », par exemple).
Enfin, la technique narrative a aussi quelque chose de naïf : les paroles sont rapportées au style direct (l. 13) et composent le dialogue type qui oppose l'adulte à l'enfant : « Ne t'enrhume pas, Janot. – Non, mademoiselle ».

[Conclusion]
On sent ici que Giono prend plaisir à se remettre dans la peau de l'enfant qu'il était, à revivre pleinement, comme se plaisent souvent à le faire les autobiographes, les instants désormais enfuis d'une enfance que l'on voudrait rattraper et que seule l'écriture peut ressusciter dans son intensité.

✪ Question 2
[Introduction]
Le titre de la nouvelle dont est extrait le texte est pour le moins paradoxal, puisqu'il associe le terme « voyageur » — qui implique des déplacements — et l'adjectif « immobile ». Comment peut-on voyager sans se déplacer ? Le texte de Giono résout ce paradoxe en retraçant un voyage que l'on pourrait appeler métaphorique : il présente en effet tous les éléments indispensables au voyage, mais ce dernier s'effectue entre les quatre murs d'une vieille « épicerie », et cela grâce au pouvoir des sensations qu'elle procure et de l'imagination de l'enfant.

[1. Tous les éléments d'un voyage]
La structure même du texte suit les étapes obligées d'un voyage en mer : le bateau est d'abord à quai (« le plancher ondulait sous mon pied », l. 10), puis il rompt ses amarres sous l'effet du vent (« le vent tirait […] un long câble », l. 17) ; enfin le texte se clôt sur le départ (« j'étais parti », l. 21). Ce déroulement chronologique du voyage s'appuie sur le champ lexical du mouvement : « je m'avançais » (l. 9), « ondulait » (l. 10 et 14)… L'impression d'éloignement est aussi rendue par la notation auditive des « cris du port » qui vont s'atténuant (l. 15).
Tous les éléments concrets sont réunis pour effectuer un voyage en bateau : le « port », le « navire », le « câble » qui retient le bateau… Dans la

moutarde.

« cale », sont stockées les vivres nécessaires pour subsister pendant une longue traversée : riz, sucre, olives, fromages, tonneaux de « harengs ». Enfin, l'exiguïté de l'espace suggérée par les termes « logette », « m'accroupissais », ou la comparaison avec une « poitrine d'un oiseau » rappelle les conditions de vie dans un navire.

Enfin, la destination du périple est précisée : lointaine et exotique, elle se trouve quelque part en « mer » et prend les traits d'une « plage aux palmiers », balayée par des « vents magnifiques », habitée par des indigènes très typés (le « Chinois et ses moustaches ») et rehaussée par des odeurs exotiques. Il s'agit bien d'un pays idéal, baigné de douceur et de promesses d'aventures, sans doute une île de rêve comme celle de Robinson ou comme une Tahiti, pleine de couleur locale qui permet l'évasion (« J'étais parti »).

[2. Mais un voyage métaphorique et imaginaire qui se nourrit du réel]

Mais le voyageur reste bel et bien « immobile » : du début à la fin du texte, pendant que l'épicerie-navire s'éloigne dans l'imaginaire, l'enfant reste accroupi « dans la logette », et tout cela se passe sans aucun mouvement réel. Du reste, le style direct qui rompt de façon inattendue l'amorce du voyage ramène brusquement le lecteur et l'enfant à la réalité bien prosaïque de l'épicerie.

En effet, toute la construction imaginaire part de la réalité. Ce sont les éléments d'un décor immobile qui sont les supports de la création imaginaire : l'épicerie, par son architecture « en voûte aiguë » fournit les lignes du navire et le plancher figure la mer imaginaire, les « feuilles sèches » sont le « câble » du navire, le stock de l'épicerie fournit les vivres ; le Chinois est bel et bien sur une « étiquette », mais en... deux dimensions seulement, l'odeur de poivre s'exhale d'une « boîte »... Les « vitrines à cartonnages » autorisent les illusions d'optique créées par les « grandes ombres ». Les mots triviaux « étiquette » et « boîte », qui font partie du champ lexical du commerce, rappellent que le lecteur comme l'enfant sont toujours, même une fois « parti(s) » (l. 21) dans l'épicerie exiguë.

[3. Le rôle des sensations, de l'imagination et des mots]

Quels sont donc les « moteurs » de ce voyage où le voyageur est enchaîné à son port comme Prométhée à son rocher ?

En fait, c'est la force des sensations qui assiègent l'enfant qui l'autorise à voyager en rêve. Comme le goût d'une madeleine[1] peut faire resurgir le passé et faire voyager à rebours dans le temps, « l'odeur » du « poivre »

---

1. Voir réponse à la question 1 et p. 199, question 2.

permet de se projeter loin dans l'espace et dans des aventures exaltantes. Les sollicitations olfactives, visuelles, auditives mettent en mouvement l'esprit et l'imagination qui achèvent le « travail » de dépaysement vers une destination idéale.
Divers procédés accompagnent ce périple imaginaire. D'abord par les images. La force de l'imagination se marque dans le passage insensible de la comparaison à la métaphore, plus puissante. Ainsi, on passe du rapprochement à l'assimilation, qui fait qu'on « s'y croit » : de la comparaison « le plancher en latte souple ondulait sous mon pied », le narrateur fait magiquement une métaphore (« l'eau molle ondulait »), oubliant définitivement le comparé (le plancher), disparu à jamais au profit d'un horizon lointain vers lequel il est résolument « parti ».
C'est aussi la répétition incantatoire de certains mots qui, en le berçant, fait voyager l'esprit, sans que le corps bouge, et rythme la navigation imaginaire : « l'ombre » (l. 3, 7, 21), l'ondulation (« ondulait » deux fois), « l'odeur » entêtante (l. 12, 14), le « vent » (l. 15, 17), le « Chinois » (l. 9, 12). Ce sont alors les mots qui, par les refrains qu'ils créent, permettent ce voyage « immobile ».

[Conclusion]
Le texte met ainsi en valeur le pouvoir de l'imagination enfantine qui résout les paradoxes – qui ne sont paradoxes que dans le monde des adultes – et qui ferait bouger des montagnes ou même... une vieille épicerie !
On peut cependant se demander si ce périple « immobile » de l'enfant ici raconté n'est pas l'image d'un autre voyage et si le narrateur n'est pas, lui aussi, un « voyageur immobile » qui, par l'autobiographie, effectue aussi miraculeusement un retour dans le temps, assis « immobile » à son bureau, mais transporté dans son enfance par les mots.

La dent arrachée

11 MAROC • JUIN 2000
SÉRIES STI, SMS, STL, STT

Joris-Karl Huysmans (1848-1907)
À rebours
(1884)

    Vaguement il se souvenait de s'être affaissé, en face d'une fenêtre, dans un fauteuil, d'avoir balbutié, en mettant un doigt sur sa dent : « Elle a été déjà plombée ; j'ai peur qu'il n'y ait rien à faire. »
    L'homme avait immédiatement supprimé ces explications, en lui enfonçant un index énorme dans la bouche ; puis, tout en grommelant sous ses moustaches vernies, en crocs, il avait pris un instrument sur une table.
    Alors la grande scène avait commencé. Cramponné aux bras du fauteuil, des Esseintes avait senti, dans la joue, du froid, puis ses yeux avaient vu trente-six chandelles et il s'était mis, souffrant des douleurs inouïes, à battre des pieds et à bêler ainsi qu'une bête qu'on assassine.
    Un craquement s'était fait entendre, la molaire se cassait, en venant ; il lui avait alors semblé qu'on lui arrachait la tête, qu'on lui fracassait le crâne ; il avait perdu la raison, avait hurlé de toutes ses forces, s'était furieusement défendu contre l'homme qui se ruait de nouveau sur lui comme s'il voulait lui entrer son bras jusqu'au fond du ventre, s'était brusquement reculé d'un pas, et levant le corps attaché à la mâchoire, l'avait laissé brutalement retomber, sur le derrière, dans le fauteuil tandis que, debout, emplissant la fenêtre, il soufflait, brandissant au bout de son davier[1], une dent bleue où pendait du rouge !
    Anéanti, des Esseintes avait dégobillé du sang plein une cuvette, refusé, d'un geste, à la vieille femme qui rentrait, l'offrande de son chicot qu'elle s'apprêtait à envelopper dans un journal et il avait fui, payant deux francs, lançant, à son tour, des crachats sanglants sur les marches, et il s'était retrouvé, dans la rue, joyeux, rajeuni de dix ans, s'intéressant aux moindres choses.
    — Brou ! fit-il, attristé par l'assaut de ces souvenirs.

---

1. *Davier* : instrument de chirurgie dentaire.

Questions d'observation (8 points)

▶ **1.** Quels sont les indices prouvant qu'il s'agit d'un souvenir ? (2 points)
▶ **2.** Relevez les verbes d'action dans le, passage allant de « Il avait perdu la raison » à « où pendait du rouge » (l. 14-20), en les classant selon leurs sujets grammaticaux. Que constatez-vous ? (3 points)
▶ **3.** Identifiez les procédés de style marquant l'exagération dans le paragraphe allant de « Alors la grande scène » à « ainsi qu'une bête qu'on assassine » (l. 8-11) (3 points)

Questions d'analyse, d'interprétation ou de commentaire (12 points)

▶ **1.** Comment le romancier évoque-t-il la violence de cette intervention ? (6 points)
▶ **2.** De quelle manière l'auteur parvient-il à transformer cette consultation en scène comique ? (6 points)

❏ Travail de préparation

PRÉPARER LES QUESTIONS D'OBSERVATION

✪ Question 1
▶ **Comprendre la consigne**
• Les **indices** sont des marques, des preuves.
• Il faut montrer ce qui, dans le texte, indique que ce récit au passé n'est pas fait par un narrateur extérieur, mais revu et revécu par le personnage de des Esseintes qui se remémore une scène passée par rapport à ce que le narrateur raconte de lui.
• Les indices peuvent être de deux sortes : lexicaux (champ lexical* du souvenir) ou grammaticaux (emploi des temps verbaux).
• S'il s'agit d'un souvenir, cela signifie que toutes les actions que se rappelle le personnage dépendent d'un verbe (exprimé ou non) : « il se souvint » ou « il se souvenait ». Et les souvenirs sont alors rapportés comme au style indirect ou indirect libre (voir p. 100-101). Il faut alors respecter la concordance des temps.

▶ **Faire appel à ses connaissances**
• **Les temps du passé**
Ici, le récit principal est au passé.
1. Pour les actions de premier plan, on utilise le passé simple (ou le passé composé).
2. Pour la description et pour les actions de second plan, on utilise l'imparfait.
3. Le plus-que-parfait exprime une action antérieure à un fait passé exprimé à un autre temps du passé (exemple : il se souvenait qu'il *avait pris sa clef*).
• **Les paroles rapportées**
Discours direct : Elle les rassura et leur dit : « Vos parents sont revenus ! »
Discours indirect : Elle les rassura et leur dit que leurs parents étaient revenus.
Discours indirect libre : Elle les rassura : leurs parents *étaient revenus* !
• **La concordance des temps**
Si le verbe introducteur est au passé, il faut respecter la concordance des temps suivante :

Si dans les paroles prononcées, il y a	On emploie dans le discours indirect	Exemple discours direct	Exemple discours indirect
le présent	l'imparfait	« Je ne renonce pas »	Il affirma qu'il ne renonçait pas
le passé simple	le plus-que-parfait	« J'ai tout perdu »	Il affirma qu'il avait tout perdu

– Les temps verbaux peuvent donc vous indiquer si les actions sont racontées par un narrateur (elles sont alors au passé simple, au passé composé ou à l'imparfait) ou si elles sont repensées par le personnage (dans un récit au passé, il y a alors le plus-que-parfait).
• **La distanciation** : recul (ici par rapport à un événement, une personne, une idée) qui marque un certain esprit critique, un jugement ou un regard amusé. Plusieurs expressions ou procédés peuvent créer cette impression de distanciation :
– les dénominations qui servent à désigner les personnages ;
– la caricature et ses différentes formes ;
– la façon de rapporter les actions ou les propos d'autrui et leur teneur (par exemple, en les rendant ridicules).

▶ **Ce que l'on vous demande**
• Relevez le champ lexical* du souvenir et les indices verbaux (temps) qui montrent qu'il s'agit de souvenirs.

- Expliquez en quoi les temps verbaux vous indiquent cela.
- Vous pouvez aussi réfléchir sur la tonalité* du texte (voir question d'analyse 2) comme indice de distanciation.
- Rédigez la réponse en groupant les indices par ressemblance (lexicaux, grammaticaux).

✪ Question 2
▶ Faire appel à ses connaissances
- **Le verbe** est une sorte de mots que l'on reconnaît à ce qu'il peut se conjuguer ; il est souvent la base, le noyau de la phrase.
- **Pour reconnaître le sujet d'un verbe**, poser la question : *qui est-ce qui ?* (ou : *qu'est-ce qui ?*) + le verbe à la troisième personne du singulier.
Le sujet peut être un nom, un pronom, un verbe à l'infinitif, une proposition subordonnée introduite par « que ».
- Pour l'analyse des verbes, il est parfois utile d'étudier la voix (active, passive, pronominale) à laquelle ils sont employés :
– l'actif peut permettre de personnifier un objet ;
– le passif souligne l'état, l'inertie ;
– la voix pronominale (*se cabrer, se délivrer...*) souligne que le sujet est l'auteur, mais aussi l'objet de l'action (idée d'action interne, réfléchie qui revient sur le sujet, lui-même « champ d'action ») ; elle peut aussi isoler le sujet par rapport à ce qui se passe autour de lui.

▶ Conseil de méthode en ce qui concerne les relevés
- Munissez-vous de surligneurs de couleur – ici deux couleurs – qui vous permettront de signaler de façon instantanément visible les groupes de mots qu'il faut associer.
- Cela vous permet de voir la fréquence des éléments que vous avez eu à relever ; vous repérerez si certains mots sont plus utilisés à un endroit précis du texte (début, fin), s'il se raréfient ou se multiplient. Ceci peut vous suggérer des commentaires.
- Par ailleurs, au moment de la rédaction de la réponse et de l'insertion toujours délicate des citations dans votre réponse, vous les retrouverez vite et gagnerez du temps.
- Ne présentez jamais de relevé sous forme de liste ou de tableau ; groupez les mots ou expressions par ressemblance et indiquez leur point commun ; intégrez-les dans vos propres phrases.

▶ Ce que l'on vous demande
- Relevez les verbes, cherchez le sujet de chacun d'eux et surlignez-les de deux couleurs différentes selon leur sujet : vous repérerez ainsi très vite s'il y a une distribution particulière de ces verbes dans le texte.

- Cherchez quels en sont les sujets. Groupez-les selon ce critère.
- Repérez où s'effectue le changement de sujet.
- Dites l'impression que crée ce changement, notamment son impact sur la mise en relief de l'un ou l'autre des personnages.
- Remarquez que le dernier verbe a un sujet différent des autres verbes et tirez-en une conclusion.

✪ Question 3

▶ Faire appel à ses connaissances

Amplification : c'est le fait de donner plus d'importance et d'ampleur à une idée, une personne, un objet ou une situation, de les mettre en relief.
L'amplification est courante dans les textes lyriques* ou épiques*.
Pour créer un effet d'amplification*, il existe plusieurs figures de style, dont voici les plus courantes.
Hyperbole :* c'est l'équivalent de l'exagération ; elle exagère les mots pour mettre en valeur une idée, un objet ou une situation (« mille mercis » ; « je suis mort de peur... »).
Anaphore :* c'est la répétition d'un même mot, d'une même expression au début de vers, de membres de phrases ou de phrases qui se succèdent. L'anaphore crée un rythme ample (« Oui, j'ai menti ! Oui, je l'ai trahi ! Oui, je suis coupable ! »).
Gradation :* progression croissante de termes successifs de plus en plus forts ou intensifs (« je suis fatigué, je suis fourbu, je suis mort »).

▶ Ce que l'on vous demande

- Repérez, en les surlignant de différentes couleurs selon le procédé utilisé (voir ci-dessus), les expressions exagérées (mots forts ou hyperboliques*, images frappantes, sonorités, effets de rythme...).
- Pour les repérer, si vous avez du mal, faites cette expérience : reformulez la phrase en essayant de lui donner une tonalité* neutre, comme vous décririez normalement la scène. Cela donnerait quelque chose comme : *Alors l'extraction commença. Se tenant au fauteuil, des Esseintes avait senti, dans la joue, du froid, puis il avait eu un éblouissement et il s'était mis, sous la douleur, à bouger les pieds et à geindre.* Comparez cela avec le texte : vous trouverez tout de suite **où** l'auteur a exagéré.
- Classez les procédés par ressemblance pour organiser votre réponse.
- Appuyez votre réponse sur des références précises aux lignes indiquées (l. 8-11).

PRÉPARER LES QUESTIONS D'ANALYSE ET D'INTERPRÉTATION

✪ Question 1

▶ **Comprendre la consigne**
• « Comment… ? » vous invite à relever les procédés par lesquels l'auteur crée l'impression de violence.
• Il faut étudier les procédés stylistiques (vocabulaire, nature grammaticale des mots, images, forme des phrases, sonorités…) et en analyser les effets.
Hyperbole* : exagération dans l'expression pour donner de l'intensité à une idée, un événement, un sentiment et frapper le lecteur.

▶ **Ce que l'on vous demande**
• Relevez en les surlignant de couleurs différentes selon leur nature (champ lexicaux, nature des mots, sonorités…) les procédés qui donnent une atmosphère violente à la scène.
• Groupez ces procédés par affinité, par ressemblance, nommez-les précisément et qualifiez-les.
• Construisez votre réponse autour de ces divers procédés et appuyez chaque remarque sur des références précises au texte.

▶ **Conseils de méthode pour éviter les répétitions dans la rédaction d'une réponse**
• Les questions tournent souvent autour d'une notion. Ici, pour la question 1 : la « violence » ; pour la question 2 : le « comique ».
Vous risquez d'être amené à utiliser de très nombreuses fois ces termes.
• Pour éviter ces répétitions, **avant** de rédiger, constituez-vous une réserve, une « banque » de mots ayant un rapport avec cette notion, sans vous limiter à des synonymes, mais en variant la nature grammaticale des mots que vous trouvez (verbes, noms, adjectifs…).
• Ici, par exemple :

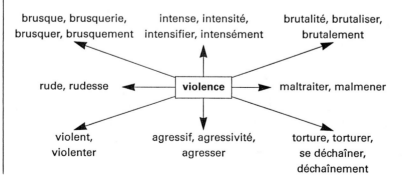

▶ **Faire un plan**
Introduction
1. Une scène vue par le patient, déformée par sa douleur.
2. Un situation paroxystique.
3. Le thème du sang et le jeu des couleurs.
Conclusion

✪ **Question 2**
▶ **Comprendre la consigne**
• « De quelle manière… ? » vous invite aussi à chercher les moyens ou procédés utilisés par l'auteur pour rendre comique une situation qui, en soi, ne l'est pas.
• « Scène » : ce terme vous indique que vous devez être sensible à l'aspect théâtral du récit. Vous devez donc réfléchir à ce que comporte une scène de théâtre comique (gestes = équivalent des didascalies*, bruits et sons, procédés de l'amplification*, hyperboles*, caricature*).

▶ **Faire appel à ses connaissances**
• Il existe plusieurs moyens de créer le **comique** :
– par les gestes et les mimiques (au théâtre surtout) (exemple : coups de bâton, grimaces) ;
– par les mots : jeux sur les sonorités et sur les mots, injures ;
– par les situations : situations absurdes (il n'y a pas de logique entre les événements ou les faits), quiproquos (voir plus bas) ;
– par la répétition (elle donne l'impression d'une mécanique, comme si les hommes étaient des marionnettes) ;
– par la caricature (voir plus bas) ;
– par l'imitation et la déformation.
• **L'humour** est une façon spirituelle et amusante de présenter la réalité (des personnes ou des situations) qui fait sourire ; il *enlève* à une personne ou à une situation son *sérieux*. Exemple : « Si vous voulez aller sur la mer sans aucun risque de chavirer, alors, n'achetez pas un bateau, achetez une île » (Pagnol).
• **La caricature** consiste à *grossir*, à *exagérer* certains traits (physiques ou psychologiques) d'une personne ou certaines caractéristiques d'une situation. Elle existe aussi dans le dessin. Elle sert à *souligner les ridicules* d'un être ou d'une situation. Dans une caricature, on utilise souvent :
– le procédé de style de l'hyperbole : c'est une exagération dans les mots. Exemple : Gargantua avait une bonne trogne, avec ses *18 doubles mentons*.
– les comparaisons ou les métaphores amusantes (par exemple, avec un animal ou un objet). Exemple : Le premier délégué de Suède s'inclinait tristement, *haute grue mécanique*…

• **L'ironie** consiste à dire *le contraire* de ce que l'on pense pour *faire comprendre* son opinion. *Exemple :* Travailler jour et nuit, quelle joie ! = Je déteste travailler tout le temps. Elle sert à critiquer des personnes ou des idées, à les dénoncer en en soulignant l'absurdité.

• **La parodie** consiste à *imiter* un texte, une œuvre littéraire ou une situation, mais *de façon caricaturale* (= très exagérée) et en les déformant. *Exemple :* on peut parodier le discours d'un homme politique, le cours d'un professeur... Elle sert à *critiquer*, en s'en moquant, les ridicules dans l'attitude ou le style de quelqu'un, ses manies.

▶ **Ce que l'on vous demande**

• En introduction, expliquez, éventuellement en la comparant avec d'autres scènes similaires de la littérature, que la situation, en soi, n'est pas comique, mais que la façon de la raconter lui donne une tonalité* comique.

• Repérez, en les surlignant de couleurs différentes (selon le procédé ou la figure de style), les différentes expressions qui créent un effet comique.

• Groupez-les par ressemblance.

• Nommez clairement ces procédés (voir le point ci-dessus), qualifiez-les, expliquez l'impression qu'ils créent.

• Appuyez chacune de vos remarques par des références précises au texte.

▶ **Faire un plan**

Introduction
1. Un monde et un combat étranges.
2. La caricature.
3. Détails crus, répugnants et mots triviaux.
4. Les contrastes.
Conclusion

❏ Corrigé des questions d'observation

✪ Question 1

Dans ce récit au passé où l'auteur emploie la focalisation interne, le personnage principal se rappelle une consultation chez le dentiste. En effet, dès la première phrase, apparaît le verbe « se souvenait » qui indique bien qu'il s'agit d'un retour en arrière par rapport au récit « principal ». De même, l'auteur utilise à la fin du texte un autre mot du même champ lexical : il parle de « (l'assaut de ces) souvenirs ».

Les temps verbaux utilisés pour le récit de la consultation confirment qu'elle est racontée en « flash back ». En effet, l'auteur emploie l'imparfait

(« se souvenait ») et le passé simple (« fit-il ») pour les actions que vit réellement le personnage sur le moment et, pour la consultation, alors rapportée au style indirect (l. 1-3), puis au style indirect libre (l. 4-26), il respecte la concordance des temps : certains verbes sont à l'infinitif passé (« s'être affaissé », « avoir balbutié »), et la majorité sont au plus-que-parfait, qui expriment l'antériorité par rapport au verbe « se souvenait » (« avait [...] supprimé », « s'était retrouvé »...).

L'imprécision dans la dénomination des autres personnages de cette consultation (« l'homme », « la vieille femme ») montrent aussi que les souvenirs sont devenus plus flous. On peut enfin penser que la théâtralisation de la scène revécue, la tonalité comique et la caricature impliquent une certaine distance du personnage par rapport à ce souvenir : on sent bien qu'au moment où il se souvient, il n'a plus mal et... peut enfin en rire !

❂ Question 2

Des lignes 14 à 20, on compte dix verbes d'action conjugués et trois verbes au participe présent.

Les trois premiers verbes ont pour sujet le pronom « il » (l. 14) qui représente des Esseintes : « il avait perdu », « avait hurlé », « s'était [...] défendu »... Le récit se focalise sur l'attitude du patient, en le mettant au premier plan. On remarque tout de même que toutes ces actions ont une nuance négative ou péjorative (le premier souligne un manque, le deuxième traduit la douleur, le troisième implique un combat « contre l'homme »).

Mais, à partir du début de la proposition relative qui commence à la ligne 15, les verbes d'action « se ruait », « s'était (brusquement) reculé » (qui expriment des mouvements violents), « voulait » (qui implique de la détermination), « (l')avait laissé », « soufflait » ont comme sujet le pronom relatif « qui » ou le pronom personnel « il » (mis pour « l'homme » qui n'est autre que... le dentiste, second combattant dans cette étrange bataille...). C'est lui aussi qui est sujet agissant des participes présents « levant » et « brandissant ».

Ce changement dans le sujet des verbes d'action marque l'avantage décisif que prend dans le combat le dentiste qui, maître d'œuvre, réduit définitivement le pauvre patient, qui a perdu toute humanité ou toute initiative, à néant ou plutôt à l'état de « corps attaché à la mâchoire » (on remarque qu'ici « le corps » est sujet d'un participe passé, donc passif...).
Enfin, le dernier verbe d'action « pendait » a pour sujet ce qui a causé ce combat féroce... et ce qui reste du patient : « une dent bleue », sur laquelle l'auteur effectue un gros plan.

L'étude de cette transformation grammaticale met bien en lumière l'évolution du combat, la supériorité du dentiste, fier de son trophée, et l'anéantissement de des Esseintes, devenu une misérable chose, un vrai... patient.

○ Question 3

Toute la scène de l'extraction de la dent est mise sous le signe de l'amplification. Ainsi, dans le troisième paragraphe, qui marque le début de l'intervention, l'auteur utilise plusieurs procédés de l'exagération, tant dans le choix du vocabulaire que dans les images, les sonorités et le rythme des phrases.

Dès les premiers mots, le ton est donné par l'emploi explicite d'adjectifs qui insistent sur l'ampleur de l'opération : c'est une « *grande* scène », les douleurs du patient sont « inouïes » (adjectif qui signifie étymologiquement : « qu'on n'a jamais entendu », d'où le sens actuel : extraordinaire).

Puis, ce sont des termes hyperboliques qui intensifient tous les gestes et les actions : au lieu de « se tenir » au fauteuil, le patient s'y « cramponne » ; à la place du verbe « tuer », l'auteur emploie « assassiner ». L'hyperbole est aussi sensible dans l'emploi de chiffres à l'intérieur d'une expression métaphorique très visuelle et concrète : des Esseintes a vu « *trente-six* chandelles ». Les mouvements aussi sont exagérés : des Esseintes ne remue pas les pieds, il « bat » des pieds, ce qui suggère des mouvements frénétiques et amples, d'une forte intensité.

Mais l'exagération vient aussi du fait que, pour l'extraction d'une simple dent, partie minime du corps, on a l'impression que tout le corps est atteint ; en effet, sur trois lignes, sont mentionnés la « joue », les « yeux », les « pieds » et la vie même du patient semble en danger (« comme une bête qu'on assassine »).

Les images utilisées renforcent cet effet : la comparaison de des Esseintes avec une « bête » (il s'agit d'une animalisation) et, qui plus est, avec un mouton (il « bêle »), animal des sacrifices religieux par excellence, le verbe « assassiner » — au lieu de sacrifier — par son intensité, font de cette extraction une véritable scène de sacrifice (au dieu de la dentisterie ?) qui est dans la veine épique.

Enfin, le rythme des phrases donne, par sa gradation, de l'ampleur à la scène : la première phrase est courte, comme un prélude. Mais la deuxième, qui s'étend sur plus de trois lignes, suit un rythme croissant qui, par endroits, marque des pauses dans l'envolée (8/8/3/10/5/8/19). Le dernier membre de phrase a un souffle presque épique. Les sonorités elles-mêmes soutiennent ce mouvement : les sons durs (« c ») et forts (« r ») rythment la scène (on croirait presque entendre, tout au long de la dernière phrase du paragraphe, les roulements de tambour des anciens arracheurs de dents ou les râles de des Esseintes) : « *c*ramponné », « *br*as », « *fr*oid », « *tr*ente », « souff*r*ant », « ba*ttr*e »... L'assonance finale en « è » combinée à l'allitération en « b » reproduit de façon exagérée les bêlements du patient : « à *b*attre d*e*s pi*e*ds et à *b*êler ainsi qu'une *b*ête qu'on assassine » !

Le récit est digne des scènes les plus fameuses de Rabelais qui affectionnait la parodie épique.

❏ Corrigé des questions d'analyse, d'interprétation ou de commentaire

✪ Question 1

[Introduction]
Malgré tous les progrès de la médecine, les séances chez le dentiste sont rarement abordées sans une certaine appréhension. Et pourtant, que de progrès réalisés, notamment dans le domaine de l'anesthésie, expérimentée d'une façon très rudimentaire à partir du milieu du XIXe siècle. Même si, dans ce texte, l'intervention a lieu dans un cabinet spécialisé – ce n'est tout de même plus l'estrade publique de l'arracheur de dents avec accompagnement de tambour pour couvrir les cris du patient –, il semble qu'il n'y ait aucune anesthésie (le « froid » que des Esseintes sent dans sa joue est celui de la pince du dentiste, le davier, et non celui d'une anesthésie locale par le froid) : c'est une scène d'une violence exceptionnelle, une véritable boucherie, que décrit ici Huysmans, par les souffrances du patient, par la brutalité du praticien.

[1. Une scène vue par le patient, déformée par sa douleur]
Des Esseintes se souvient de cette expérience traumatisante et, il revoit, et même revit, la scène dans toute sa violence, alternant les plans sur lui-même (ses attitudes, ses propos, ses souffrances, ses tentatives pour se défendre) dans le premier et le troisième paragraphe, et sur son tortionnaire (le deuxième et le quatrième paragraphe). Mais la longueur croissante des paragraphes successifs et, notamment, la répartition des rôles dans le quatrième paragraphe où le praticien s'impose face à des Esseintes, montrent que le pauvre garçon est réduit, au sens propre, au rôle de patient et de souffre-douleur.

[2. Un situation paroxystique]
C'est une situation paroxystique, où les sensations, les douleurs, les actions, poussées à leur maximum, atteignent une intensité insupportable, rendue par une succession d'hyperboles.
Des Esseintes souffre « des douleurs *inouïes* » (on note le pluriel) au point d'en perdre « la raison ». Ses perceptions sont déformées et il semble se ratatiner, alors que le dentiste devient gigantesque, avec son « index énorme » et sa silhouette massive « emplissant la fenêtre ». Les bruits

sont terribles : des Esseintes hurlait « de toutes ses forces » et il perçoit le « craquement » de la dent qu'on arrache. Cette mise en scène sonore est elle-même renforcée par de nombreuses allitérations : on a vraiment l'impression d'entendre les craquements de la mâchoire et de la dent de des Esseintes à travers les innombrables récurrences de la consonne « r » combinée à « c », ou « g », « b » (« *cr*amponné », « *c*asser » « *battre* des pieds », « *fra*casser », « a*rr*acher », « se *r*uer », « *reb*ondi*r* », « hu*r*ler » ainsi que « *brus*quement », « *bru*talement », « *b*randissant).

La majorité des verbes rendent compte d'actions brutales, violentes ou négatives : « supprimé », « cramponné », « casser » « battre des pieds », « fracasser », « arracher », « se ruer », « rebondir ». Les adverbes intensifs « furieusement », « brusquement », « brutalement » accentuent encore cette brutalité.

[3. Le thème du sang et le jeu des couleurs]
L'intervention, à la fin, se transforme en véritable boucherie et des Esseintes saigne abondamment : il y a « du sang plein une cuvette », et il lance en partant « des crachats sanglants ».

La scène, si elle était adaptée au cinéma, serait sans aucun doute d'une violence à peine supportable.

✪ Question 2
[Introduction]
La description souligne la violence on ne peut plus réelle de cette intervention. Et pourtant, on rit à la lecture de ce texte... Comment cela se peut-il ? C'est parce que cette consultation devient une « grande scène » de comédie, de grand guignol. La situation en soi n'a rien de comique et devrait susciter notre pitié mais, par le parti pris adopté par le narrateur dans son récit, cette consultation n'a plus rien de réaliste et prend des proportions si exagérées que ce patient et ce praticien ne peuvent plus susciter que notre rire : ce ne sont plus des personnes réelles, mais des pantins caricaturaux !

[1. Un monde et un combat étranges]
Sommes-nous vraiment chez le dentiste ? Bien sûr, quelques détails peuvent nous donner cette impression : il y est question d'une « molaire » qui a été « déjà plombée » et l'extraction se fait avec « un davier ». Mais cela s'arrête là !
En fait, il n'est jamais question d'un dentiste, mais de « l'homme ». Aucune sollicitude, aucune attitude médicale : pas un mot de sa part sinon quelques grommellements, et il empêche aussi son patient de parler. De fait, la brutalité de cet individu, son allure menaçante, presque animale,

avec ses « moustaches en crocs » comme un instrument de torture supplémentaire, son sadisme, alors qu'il est censé soigner, tout nous projette déjà dans le monde de l'humour noir, sur une scène de théâtre où les effets sont grossis.

[2. La caricature]

On a pu mettre en évidence dans la réponse précédente la violence de l'intervention, mais on en voit aussi le côté caricatural.

Ce n'est plus un acte chirurgical mais un match de boxe, un combat épique entre deux pantins grotesques, une espèce de ballet sauvage et sanguinaire, avec un vainqueur qui brandit son trophée ridicule (« une dent ») et un vaincu qui a « fui ».

Caricature dans la situation, mais aussi dans le personnage : des Esseintes n'a plus rien d'humain, il bêle « ainsi qu'une bête qu'on assassine » ; c'est « un corps attaché à une mâchoire », qui ensuite se réduit à « un derrière ». Les tortures qu'il a l'impression de subir sont tellement extrêmes (« on lui arrachait la tête », « on lui fracassait le crâne »), qu'elles n'en sont plus crédibles et deviennent paradoxalement comiques.

[3. Détails crus, répugnants et mots triviaux]

Des détails crus et répugnants ajoutent encore à la bouffonnerie de la mise en scène qui ne fait pas dans la délicatesse, avec la cuvette pleine de « sang » et « les crachats rouges » de des Esseintes qui s'exprime dans un registre de langue parfois familier, voire vulgaire (il avait « dégobillé du sang »).

[4. Les contrastes]

Quelques contrastes insolites ajoutent encore au comique de la scène. Le morceau de dent cariée — « un chicot » — devient un objet précieux, (quoique enveloppé dans « du journal »), dont on fait « l'offrande » à des Esseintes. Le bariolage des couleurs, le « bleu » de la dent et le « rouge » de la chair qui y est attachée jurent l'un avec l'autre... La chute du texte dédramatise encore — s'il en était besoin – cet épisode burlesque : finalement, cette extraction mouvementée a des effets miraculeux : des Esseintes est désormais « joyeux », « rajeuni de dix ans » !

[Conclusion]

Ce texte permet de mesurer l'évolution suivie par Huysmans qui, dans ses débuts, fut un des disciples naturalistes de Zola... Ici, c'est le caricaturiste qui prend le dessus, dans une veine et sur un thème à la postérité littéraire abondante : Feydeau dans sa comédie *Hortense a dit : « je m'en fous »* et, plus près de nous, Henri Salvador, dans son *Blues du dentiste* dans lequel on apprend, après une extraction particulièrement mouvementée, que le dentiste est en fait un plombier !

Plaisirs minuscules

12 GUADELOUPE-GUYANE-MARTINIQUE • JUIN 2000
SÉRIES STI, SMS, STL, STT

Philippe Delerm (né en 1950)
La Première Gorgée de bière et autres plaisirs minuscules
(1997)

Ce petit frôlement qui freine et frotte en ronronnant contre la roue. Il y avait si longtemps que l'on n'avait plus fait de bicyclette entre chien et loup[1] ! Une voiture est passée en klaxonnant, alors on a retrouvé ce vieux geste : se pencher en arrière, la main gauche ballante, et appuyer sur le bouton-poussoir – à distance des rayons, bien sûr. Bonheur de déclencher cet assentiment docile de la petite bouteille de lait[2] qui s'incline contre la roue. Le mince faisceau jaune du phare fait aussitôt la nuit toute bleue. Mais c'est la musique qui compte. Le petit frr frr rassurant semble n'avoir jamais cessé. On devient sa propre centrale électrique, à pédales rondes. Ce n'est pas le frottement du garde-boue qui se déplace. Non, l'adhésion caoutchoutée du pneu au bouchon rainuré de la dynamo donne moins la sensation d'une entrave que celle d'un engourdissement bénéfique. La campagne alentour s'endort sous la vibration régulière.

Remontent alors des matinées d'enfance, la route de l'école avec le souvenir des doigts glacés. Des soirs d'été où on allait chercher le lait à la ferme voisine – en contrepoint le brinquebalement de la boîte de métal dont la petite chaîne danse. Des aubes en partance de pêche, avec derrière soi une maison qui dort et les cannes de bambou légères entrechoquées. La dynamo ouvre toujours le chemin d'une liberté à déguster dans le presque gris, le pas tout à fait mauve. C'est fait pour pédaler tout doux, tout sage, attentif au déroulement du mécanisme pneumatique. Sur fond de dynamo, on se déplace rond à la cadence d'un moteur de vent qui mouline avec l'air de rien des routes de mémoire.

---

1. *Entre chien et loup :* à la tombée de la nuit.
2. *Bouteille de lait :* la dynamo par sa forme et celle de son « bouchon rainuré » rappelle celle d'une petite bouteille de lait.

Question d'observation (8 points)

▶ **1.** Étudiez dans ce texte une allitération et une assonance particulièrement expressives. (2 points)
▶ **2.** Quelles sont les perceptions sensorielles évoquées dans ce texte ? Relevez, en les présentant de manière organisée, les éléments et les procédés qui les expriment. (4 points)
▶ **3.** Quelles remarques pouvez-vous faire sur la construction des phrases, au second paragraphe ? (2 points)

Questions d'analyse et d'interprétation (12 points)

▶ **1.** Comment comprenez-vous, à la lumière du texte, l'expression finale : « des routes de mémoire » ? (6 points)
▶ **2.** Dans un développement composé, vous mettrez en évidence la dimension poétique du texte. (6 points)

❏ Travail de préparation

PRÉPARER LES QUESTIONS D'OBSERVATION

✪ Question 1

▶ **Comprendre la consigne**

Allitération* : répétition d'un son consonantique (consonne) visant à produire un effet.
Assonance* : répétition d'un son vocalique (voyelle) visant à produire un effet.
• Ces deux procédés de style reposant sur les sonorités ne sont pas « gratuits » : l'auteur, en répétant le son, veut créer une impression. Ainsi, l'allitération fameuse de Racine : « Pour qui sont ces serpents qui sifflent sur vos têtes ? » vise à reproduire le sifflement des reptiles.
• « Expressive » : qui crée une impression (à déterminer). Il ne suffit donc pas de relever les sonorités répétées, il faut aussi préciser l'effet que veut créer l'auteur ou l'impression que vous ressentez à la lecture de la phrase. Par exemple :
– le « e » muet allonge la phrase ou le vers ;
– le « i » est une consonne aiguë et stridente ;
– le « f » est une fricative qui donne une impression de frottement ou d'air, de vent ;

– la diphtongue « ou » est sourde ;
– le « m » est un son doux.

▶ **Ce que l'on vous demande**
• Repérez une allitération et une assonance, mais choisissez celles qui vous paraissent les plus propres à reproduire le bruit de ce qu'elles évoquent.
• Collectez les mots où se trouvent ces sons et citez-les.
• Dites quelle est l'impression créée.

✪ **Question 2**

▶ **Faire appel à ses connaissances**
• **Les perceptions sensorielles** (notions utiles à connaître pour toute analyse de description ou de poésie) concernent les cinq sens :
– l'ouïe (adjectif : *auditif*) : sons et silences ;
– l'odorat (adjectif : *olfactif*) : odeurs, parfums, arômes ;
– le goût (adjectif : *gustatif*) : saveurs et consistances ;
– le toucher (adjectif : *tactile*) : température, aspérités, solidité, consistance ;
– la vue (adjectif : *visuel*) : taille, forme, contours, couleurs, mouvement.
• Pensez que certains mots peuvent renvoyer à l'un de ces sens par comparaison* ou métaphore*.

▶ **Conseils de méthode pour l'étude de sensations ou perceptions sensorielles et leur expression**
• Relevez, en les surlignant de couleurs différentes, les mots qui sollicitent les cinq sens, : ceci vous permettre de les grouper plus facilement et aussi de repérer à quels endroits du texte ils se trouvent (ceci peut apporter un élément intéressant dans la construction du plan de votre réponse ou le commentaire qui conclura votre repérage).
• Classez ces mots par sens concerné. Dites quelle est précisément la sensation perçue.
• Commentez leur nature, leur fréquence, leur localisation.
• Remarquez alors si tous les sens sont sollicités. Si oui, signalez-le ; sinon, dites lequel ou lesquels est/sont omis.
• Intégrez les mots ou expressions trouvés entre guillemets dans une réponse rédigée qui commentera les mots que vous avez trouvés.
• **Attention** : vous ne devez pas présenter votre réponse sous forme de tableau ou de liste ; les mots cités doivent être intégrés à vos propres phrases.
• Commentez l'effet produit par l'ensemble de ces notations.

▶ **Conseil de méthode en ce qui concerne les relevés**
Voir sujet 2, question 1.

▶ **Ce que l'on vous demande**
- Relevez les mots qui touchent aux perceptions sensorielles (voir ci-dessus).
- Classez-les par sens.
- Dites quel élément (= quel objet ou action) est à l'origine de cette sensation.
- Dites par quel moyen stylistique est rendue cette sensation (lexique, image, assonance/allitération...).
- Intégrez des exemples précis dans les phrases de votre réponse.

✪ **Question 3**

▶ **Faire appel à ses connaissances**

Phrase simple/phrase complexe : une phrase simple n'a qu'un seul verbe ; la phrase complexe comprend une proposition principale et une ou plusieurs subordonnées.

Phrase composée : elle comporte deux indépendantes (ou plus) coordonnées ou juxtaposées.

Phrase verbale : phrase qui a pour noyau un ou plusieurs verbes conjugués.

Phrase non verbale : phrase sans verbe principal conjugué.

Phrase nominale* : c'est une phrase sans verbe, construite autour d'un nom qui lui sert de noyau.

Phrase elliptique* (du verbe, du sujet) : phrase à laquelle il manque le verbe ou le sujet.

Juxtaposition* : c'est le fait de mettre à côté deux groupes de mots (le plus souvent des propositions) sans mot de liaison (remplacé par un point ou une virgule)

Asyndète* : absence ou suppression de liaison (conjonction, connecteur logique ou temporel) entre deux groupes de mots étroitement liés par le sens (*bon gré, mal gré*).

Anaphore* : répétition d'un même mot ou d'un même groupe de mots, d'une même construction au début de phrases ou de propositions qui se succèdent (*il y a..., il y a..., il y a...*).

Les **phrases non verbales** créent un effet stylistique. Elles permettent de souligner, mettre en relief, d'un nom, un adverbe ou un adjectif *(stupide, oui, parfaitement stupide !)*, de traduire la force d'une émotion, d'une idée, d'une information *(l'angoisse..., l'angoisse absolue...)*, d'accélérer un récit ou le rythme d'un texte, créer le suspense...

La **juxtaposition** peut créer un effet stylistique : elle peut accélérer le rythme, créer un effet de rapidité, gommer tous les rapports logiques ou temporels pour rendre plus surprenante, plus frappante la relation entre deux faits, qui devient alors implicite.

PRÉPARER LES QUESTIONS D'ANALYSE ET D'INTERPRÉTATION

✪ Question 1

▶ **Ce que l'on vous demande**
- L'expression à commenter est peu banale. Vous devez en analyser les deux mots importants : « routes » et « mémoire ».
- Pensez que certains mots peuvent avoir un sens figuré* (c'est le cas ici du mot « routes »).
- Nommez la figure de style sur laquelle elle repose.
- Vous devez aussi établir quels sont les liens entre ces deux mots, comment se fait le passage du concret à l'abstrait.
- Remettez cette expression dans son contexte et dites quel éclairage cette métaphore* reçoit du texte. Établissez des relations entre le sens que vous avez donné aux deux mots et des expressions du texte.
- À la fin de votre réponse, vous devez avoir mis en lumière l'originalité de l'expression et son adéquation avec le sens du texte.

▶ **Faire appel à ses connaissances**
- La plupart des mots possèdent un **sens propre**, ou dénoté*, et un **sens figuré**, ou connoté*.
- Le premier (sens dénoté) correspond à la définition première du dictionnaire : ici, *route* = moyen de communication pour les véhicules.
- Le second (sens connoté) est un sens particulier que le mot prend en fonction du contexte (quels autres sens peut prendre le mot *routes* ?).

✪ Question 2

▶ **Comprendre la consigne**
- La question exige la connaissance de la notion de **poésie**. À ce propos, il vous faut savoir définir précisément le terme *poétique*. Ne cherchez cependant pas d'idées trop compliquées : demandez-vous simplement : *Qu'est-ce qu'un poète ?* C'est avant tout un artiste qui :
 – a un « moi » très sensible ;
 – a une connaissance aiguë et profonde du monde et des hommes ;
 – a la mission de dévoiler le monde intérieur et extérieur aux hommes ;
 – a la capacité de créer un nouvel univers (*poiein* en grec signifie « créer »), en choisissant, en transformant la réalité ;
 – a la capacité d'exprimer tout cela dans une langue originale et souvent esthétique*.
- Demandez-vous aussi : *Que signifie poétique ?* c'est-à-dire *quelle est l'essence* de la poésie ?* Attention : la poésie n'est pas forcément un texte en vers.

- On peut voir la poésie comme :
— une façon différente, peu habituelle de voir le monde et de réagir face à lui, qui en révèle à l'homme ordinaire les aspects cachés ou insoupçonnés. Cela vous amène à analyser quelle vision du monde propose le texte ;
— une façon originale de s'exprimer : est poétique ce qui est dit de façon inhabituelle, aussi bien du point de vue du vocabulaire, de la syntaxe que des procédés de style (images comme les comparaisons* ou les métaphores*, rythme...). Cela vous amène à analyser la langue, le style original du texte.
- On peut aussi dégager certains thèmes qui sont récurrents* dans la poésie et qu'on qualifie de poétiques. On retiendra, par exemple : les sentiments et émotions, le bonheur et le malheur ; la nature, la beauté. Cela vous amène à analyser les thèmes récurrents dans le texte.

▶ **Faire appel à ses connaissances**

- **Poème en prose :** genre (difficile à définir) qui est né au XIXe siècle et qui a montré que la poésie n'est pas seulement dans les vers. Texte qui constitue une unité, un tout et qui, par son rythme, ses jeux de sonorités, son pouvoir suggestif et ses images, ses thèmes porte les marques de l'inspiration d'un poète et provoque émotions et réflexion sur la vie. Les principaux auteurs de poèmes en prose sont au XIXe siècle : Aloysius Bertrand *(Gaspard de la nuit)*, Baudelaire *(Petits poèmes en prose)*, Mallarmé, Lautréamont *(Les Chants de Maldoror)*, Rimbaud *(Illuminations, Une saison en enfer)* ; au XXe siècle : Francis Ponge *(Le Parti pris des choses)*.

- **Rythme dans les textes en prose :** le rythme est créé, dans la prose, par :
— la longueur des phrases (brèves, longues) ;
— les pauses introduites par la ponctuation, notamment les virgules ;
— la longueur des membres de phrases ou des groupes syntaxiques créés par la ponctuation ;
— la juxtaposition* ou la liaison des phrases : la juxtaposition rend le rythme plus heurté, la liaison l'assouplit et le rend plus harmonieux ;
— les systèmes binaires* ou ternaires*.

- Ces notions permettront d'étudier :
— la progression et l'alternance dans la longueur : amplification, progression croissante, décroissante, répétition, chute* ;
— les effets de balancements, de déséquilibre.

▶ **Ce que l'on vous demande**

- Le texte n'est pas en vers, mais peut être considéré comme un poème en prose.

- En vous aidant des remarques ci-dessus sur la poésie, cherchez ce qui dans ce texte est du domaine de la poésie, aussi bien les thèmes, les contenus (thèmes lyriques, enfance, mémoire, nature, sensations...) que les procédés de l'écriture poétique (lexique, images, jeu sur les sonorités et les rythmes...).
- Groupez ce que vous avez relevé par affinité (par ressemblance).

▶ **Faire un plan**

Il ne faut pas, dans votre analyse, séparer fond et forme ; un tel plan ne rendrait pas compte de l'imbrication et de l'interdépendance entre ces deux composantes, qui justement contribuent à donner au texte son caractère poétique, donc complexe.

Introduction

1. Un poète recrée un monde magique.

2. Entre réalisme et poésie.

2.1. Des registres de langue contrastés.

2.2. Des tons divers ou des personnages divers.

2.3. Thèmes qui s'entrecroisent : échos.

Conclusion

❏ Questions d'observation

Attention ! Les indications entre crochets ne sont qu'une aide à votre lecture et ne doivent pas figurer dans votre rédaction.

✪ Question 1

Ce texte célèbre le bruit de la dynamo et le qualifie même de « musique » (l. 8) ; il n'est donc pas surprenant que l'auteur nous le fasse entendre dès la première phrase par une allitération. La combinaison des consonnes fricatives « f » (« frôlement », « freine », « frotte ») et des « r », une consonne sonore, contenues dans ces mots et dans « ronronnant », « contre », « roue » annonce de façon saisissante l'onomatopée amusante de la ligne 8 (« Le petit frr frr... »).
Cette petite musique du bonheur est aussi soutenue, dans les lignes 10 à 13, par des assonances en « o » (dynamo », « donne », « s'endort »), « ou »

(« caoutchoutée », « engourdissement », « alentour »), et par les sons nasalisés « en », « on » (non », « adhésion », « bouchon », « sensations », « vibration ») qui apportent leur mélodie plus grave.

✪ Question 2

Les écrivains ont souvent constaté que la mémoire volontaire est le plus souvent incapable de rappeler le passé. On pense bien sûr aux célèbres passages de *La Recherche du temps perdu* – la fameuse madeleine, par exemple –, où Marcel Proust montre comment, à partir d'une sensation fortuite, la mémoire involontaire sait restituer le passé dans toute sa plénitude. C'est le rôle que joue dans ce texte le bruit de la dynamo et les perceptions sensorielles y occupent une place essentielle.

[Sensations auditives]
Les sensations auditives sont prédominantes, d'abord par l'évocation du bruit, de la « musique » de la dynamo.

L'auteur rend compte du bruit qu'émet la dynamo par des noms (« un frôlement » et non « un frottement », « une vibration régulière ») et des verbes qui suggèrent aussi des sonorités analogues (« frotte », « freine », « ronronnant »).

Une onomatopée (« frr frrr »), des assonances et des allitérations étudiées dans la réponse à la question 1, imitent encore plus directement le bruit de la dynamo.

On entend la voiture qui double en « klaxonnant » le cycliste. Plus étonnants, ce sont les « fantômes » de bruits, leurs échos rappelés sur les routes de la mémoire : celui du pot à lait, pour lequel Delerm crée un mot expressif et sonore : « brinquebalement », dérivé du verbe « brinquebaler », ou celui, plus léger, des cannes à pêches « entrechoquées ».

[Sensations visuelles, gustatives]
La vue et le goût sont assez peu présents. On relève quelques couleurs : l'auteur essaie de rendre la lumière indécise du crépuscule par l'expression un peu vieillie « entre chien et loup » ou des approximations de nuances « le *presque* gris, le *pas tout à fait* mauve ». La phrase « Le mince faisceau jaune du phare fait la nuit toute bleue » fait penser, dans la simplicité de ses oppositions de couleurs, à un dessin d'enfant ou à une nuit à la Van Gogh. La métaphore « la petite bouteille de lait » suggère la forme de la dynamo. Quant au goût, seule une métaphore aussi abstraite qu'insolite y fait référence : quand Delerm parle du « chemin d'une liberté à déguster » (l. 20), ouvert par la dynamo, on pense aux nourritures plus terrestres que cet épicurien célèbre souvent dans ses textes, banana-split, bière, et autres douceurs !

[Sensations tactiles]
Le toucher occupe une place presque aussi importante que l'ouïe. À côté du souvenir de sensations très ponctuelles – encore des fantômes du passés –, comme ces « doigts glacés », ou ces « légères » cannes de bambou, ce qui domine c'est la « sensation » globale d'euphorie, « d'un engourdissement bénéfique... » un bien-être « tout doux », auquel participent le « vent », « l'air », le rythme régulier, cyclique des « pédalées rondes », l'élasticité « du mécanisme pneumatique »

[L'absence de verbes de perception]
Ces observations nous amènent à constater l'absence de verbes de perception (voir, entendre, sentir) – à l'exception de « déguste » mais employé dans un contexte métaphorique –. Il semble que le narrateur, dans une espèce de perte bienheureuse de conscience, s'immerge dans ses sensations, qu'il nomme sans chercher à les analyser, sans prendre de recul.

✪ Question 3
Le deuxième paragraphe comprend deux parties : l'énumération émue des souvenirs suscités par le bruit familier de la dynamo (des lignes 15 à 20) puis une réflexion sur ce phénomène de mémoire. C'est par des constructions et des types de phrases différents que Philippe Delerm rend compte de ces deux opérations de l'esprit, contrastées, mais complémentaires.
Pour rendre compte de l'apparition, de la remontée des souvenirs d'enfance, Philippe Delerm enchaîne d'abord trois phrases de structure analogue. La première phrase se caractérise par l'antéposition du verbe « remontent ». Les deux suivantes sont elliptiques du verbe : « remontent » n'est pas répété.
L'antéposition du verbe crée un effet d'attente que complète la métaphore contenue dans « remontent » : les souvenirs sont enfouis dans les profondeurs du passé comme dans un puits et le bruit de la dynamo les ramène à la surface de la conscience. L'anaphore des sujets « [...] des matinées [...] », « Des soirs d'été [...] », « Des aubes [...] » suggère, une fois le mouvement amorcé, l'arrivée, par vagues successives, du flux des souvenirs et l'ellipse du verbe accélère ce mouvement. Les trois groupes nominaux sujets sont complétés par de nombreuses expansions qui ajoutent à cette impression d'abondance, de plénitude heureuse, avec un effet d'écho provoqué par la reprise de la préposition « avec » (« avec le souvenir des doigts glacés », « avec derrière soi une maison qui dort »). C'est donc un moment dont la syntaxe quelque peu atypique traduit le côté affectif.

Les trois dernières phrases ont des constructions régulières – sujet/verbe/complément – et des longueurs sensiblement identiques : elles apportent à cette fin de paragraphe un aspect logique, un rythme paisible, fluide, à l'image du calme pédalage de l'auteur. Après l'affirmation des vertus de la dynamo, au présent de vérité générale renforcé par l'adverbe « toujours », l'auteur donne une sorte de mode d'emploi pour que la petite centrale électrique génère en plus tout son flux de bonheur (« C'est fait pour […] »), avant de conclure par une analyse subtilement sophistiquée du vélo-dynamo à remonter le temps !

❑ Questions d'analyse et d'interprétation

✪ Question 1

À mi-chemin entre des métaphores et des expressions qui nous sont déjà familières comme « le chemin de la pensée » ou « les lieux de mémoire » (pour désigner des lieux souvent douloureux de l'Histoire), Philippe Delerm invente avec bonheur une métaphore originale – « des routes de mémoire » – pour conclure « Le bruit de la dynamo ».

L'expression joue en effet poétiquement sur le propre et le figuré, l'abstrait et le concret : c'est un déplacement nocturne sur une route de campagne qui – avec la mise en marche de la dynamo et son bruit familier – fait magiquement resurgir tout un passé, mettant en « route » la mémoire du narrateur.

C'est désormais sur les « routes » plurielles du souvenir qu'il poursuit sa promenade, celles qu'il a parcourues dans son enfance, vers l'école, la ferme, ses coins de pêche, et qui maintenant, par le jeu de la « mémoire » se superposent à la route bien réelle qu'il parcourt.

On peut observer que les circonstances du récit inspirent une métaphore analogue à la ligne 19, « la dynamo ouvre toujours *le chemin* d'une liberté à déguster […] » à laquelle font écho ces « routes de mémoire ».

Par ailleurs, cette dernière phrase du texte est riche d'autres ambiguïtés poétiques qui préparent subtilement l'image des « routes de mémoire ». La dynamo, par exemple, devient comme l'instrument qui donne la « cadence » à cette petite musique de nuit (« sur fond de dynamo »), avec cet « air de rien » qui renvoie à la fois à ce « rien » impalpable de l'« air » mouliné par le cycliste mais aussi à la façon mystérieuse dont « remontent » (l.13) les souvenirs.

Question 2

[Introduction]

Dans son recueil *La Première Gorgée de bière et autres plaisirs minuscules*, Philippe Delerm s'inscrit dans la voie ouverte par le poète Francis Ponge (1899-1988) dans *Le Parti pris des choses* : les choses sont muettes, mais le travail du poète consiste à les aider à s'exprimer, à les nommer d'une manière poétique et précise pour qu'elles deviennent un objet littéraire.

On peut en effet qualifier « Le bruit de la dynamo » de poème en prose : Philippe Delerm y joue avec bonheur des registres variés d'une langue parfois simple, parfois plus précieuse, pour faire d'une banale dynamo une machine à remonter le temps sur les routes de mémoire.

[1. Un poète recrée un monde magique]

C'est un monde magique que recrée Philippe Delerm en bousculant par des métaphores insolites les catégories habituelles auxquelles semblent assignées une fois pour toutes les choses, les notions... Chez Delerm, la liberté est « à déguster », comme une des glaces dont il aime à se régaler (voir « Le banana-split »).

Comme la bonne fée de *La Belle au bois dormant*, la dynamo provoque « un engourdissement bénéfique » et « la campagne alentour s'endort », les souvenirs remontent, les routes réelles s'abolissent... La dynamo est tour à tour un chat « ronronnant contre la roue », une petite personne de bonne volonté, qui « s'incline », dans « un assentiment docile » contre le pneu, ou une « petite bouteille de lait » — cette métaphore contribuant sans doute à rappeler un peu plus loin dans le texte les « soirs d'été où on allait chercher le lait à la ferme ».

C'est enfin l'auteur lui-même qui devient, par une nouvelle métaphore, « sa propre centrale électrique », dans un rêve d'autarcie électrique de Robinson de la nuit.

[2. Entre réalisme et poésie]

[2.1. Des registres de langue contrastés]

L'écriture de Philippe Delerm oscille entre poésie et réalisme, et ces décalages subtils contribuent à la tonalité si particulière de la description. Par exemple, il s'applique – avec une gravité très technicienne – à décrire méticuleusement « l'adhésion caoutchoutée du pneu au bouchon rainurée de la dynamo » ou « le déroulement du mécanisme pneumatique ». Mais il abandonne parfois ce registre pour une langue toute simple, presque enfantine, à peine incorrecte, pour expliquer qu'il faut « pédaler tout doux, tout sage ». Au lieu de parler, bien simplement, de départs à l'aube pour la pêche, il invente « des aubes en partance de pêche », qui, par l'étrangeté de la syntaxe, colorent de mystère ce souvenir d'enfance. Il semble suivre les conseils de Verlaine dans *Art poétique*, qui recommande de « ne point choisir les mots sans quelque méprise », et de préférer « à la couleur, rien que la nuance » : il s'efforce de définir « le presque gris », « le pas tout à fait mauve » du soir qui tombe, une nuance difficile à préciser, comme le traduit l'hésitation à dessein maladroite de ces approximations successives.

Parfois, c'est une exclamation lyrique, une phrase nominale : « Bonheur de déclencher cet assentiment docile [...] », parfois une phrase toute simple et familière : « Une voiture est passée en klaxonnant, alors on a retrouvé ce vieux geste », parfois il préfère inventer un mot (« à pédalées rondes » « brinquebalement ») quand aucun autre mot ne fait l'affaire !

[2.2. Des tons divers ou des personnages divers]
Le narrateur-poète dialogue avec lui-même familièrement, pour se donner des conseils de prudence dans la mise en marche de la dynamo (« [...] appuyer sur le bouton poussoir – *à distance des rayons, bien sûr*. », pour rectifier ses définitions « Ce n'est pas le frottement du garde-boue [...]. *Non,* [...] ». Mais l'utilisation du pronom indéfini « on », préféré au « je » trop direct, donne à ces réflexions un caractère général, ouvert, qui permet au lecteur de « rentrer » dans le texte, de s'approprier les impressions, les souvenirs de l'auteur.

[2.3. Thèmes qui s'entrecroisent : échos]
Les thèmes poétiques s'entrecroisent et se mêlent. Le vélo et sa dynamo abandonnent leur caractère platement utilitaire de moyen de transport (on ne sait pas d'où vient l'auteur, ni où il va). Ils deviennent instruments d'une partition musicale : « c'est la musique qui compte » et la route se fait « sur fond de dynamo » comme on dit sur fond de violon... Et la petite chaîne du pot-à-lait « danse » à la cadence du « moteur à vent » (un nouvel instrument à vent ?)...

L'enfance et l'âge adulte se rejoignent, sur fond de nature amicale, entre les « doigts glacés de l'hiver » et la douceur « des soirs d'été ». Les références au « lait » (la dynamo « petite bouteille de lait », « le lait à la ferme ») renvoient probablement à la première enfance, au « lait » maternel, aux berceuses que l'on chante « tout doux, tout sage »

[Conclusion]
Avec Philippe Delerm, « Le bruit de la dynamo » devient une musique douce, à déguster « entre chien et loup », un petit poème en prose qui ose dire son bonheur à célébrer les objets les plus quotidiens et les moments simples de l'existence.

Dissertation sur un sujet littéraire

TROISIÈME SUJET 3

LE NATURALISME

Introduction — 202

Le roman naturaliste : observation ou imagination ? — 206

La description dans le roman naturaliste — 215

La modernité du roman naturaliste — 224

Une nouvelle conception des personnages — 233

Une « œuvre de vérité » — 243

Le sordide — 249

Le naturalisme

INTRODUCTION

▶ **Le naturalisme** est une école littéraire de la fin du XIXe siècle, dont le chef de file est le romancier Émile Zola (1840-1902).

▶ **Les principes du naturalisme s'inspirent du réalisme** qui avait pour but, « après les écoles littéraires qui ont voulu donner une vision déformée, surhumaine, poétique, attendrissante, charmante ou superbe de la vie », de « nous montrer la vérité, rien que la vérité, toute la vérité » (Maupassant) ;
– les romanciers privilégient le vrai plutôt que le beau, ils s'appuient sur l'observation méthodique et objective de la réalité contemporaine ;
– les sujets des romans ou nouvelles sont des histoires vécues ou tirées de faits divers ou encore fondées sur une documentation précise ;
– les personnages sont des gens ordinaires, vraisemblables.

▶ **Le naturalisme dépasse le réalisme :**
– sous l'influence des scientifiques de l'époque, tel le médecin Claude Bernard, il prétend appliquer à des réalités humaines les principes des sciences, les lois de l'expérimentation ;
– les hommes sont considérés comme des choses, soumis à un déterminisme (surtout biologique et social), à des lois (par exemple, celles de l'hérédité) ;
« (Notre héros) est le sujet physiologique de notre science actuelle, un être qui est composé d'organes et qui trempe dans un milieu dont il est pénétré à toute heure... » (Zola).

▶ **Le romancier naturaliste** applique ces principes à la littérature et :
– part d'un fait qu'il observe ;
– reconstitue avec précision le milieu observé (ce sont les conditions de l'expérimentation) ;
– crée une situation (c'est « l'hypothèse »), avec un (ou des) personnage(s) (ce sont les matériaux de l'expérience) ;
– fait évoluer ses personnages dans ce milieu et dans cette situation dans lesquels la succession des faits met en valeur le déterminisme qui mène les personnages (c'est l'expérience).

▶ **Maupassant** a d'abord été réaliste, puis a été tenté par le naturalisme, pour enfin prendre ses distances par rapport à lui. Il expose sa conception du roman dans la préface de *Pierre et Jean*.
Zola a été le chef de file du naturalisme ; il expose ses principes dans *Le Roman expérimental* et a écrit un cycle de vingt romans (1869-1893), *Les Rougon-Macquart, histoire naturelle et sociale d'une famille sous le Second Empire*, dont les membres sont marqués par une hérédité alcoolique et névrotique.

▶ **Attention :** vous n'étudierez qu'**un** roman naturaliste cette année.
– L'une des dissertations qui suivent porte sur plusieurs romans naturalistes, quatre sur un seul roman.
– Au baccalauréat, vous vous appuierez sur **le** roman que vous aurez étudié. Mais les corrigés, **et surtout les préparations**, doivent vous permettre de traiter les sujets à partir de l'œuvre que vous aurez étudiée, de vous documenter dans des directions variées.
– **Utilisez les préparations** pour faire un devoir personnel sur l'œuvre que vous connaissez.
– **Utilisez les corrigés rédigés** pour élargir vos horizons et vos connaissances sur le thème traité, pour observer comment on construit une dissertation.
– Mais **adaptez** votre devoir à l'œuvre que vous avez étudiée. Néanmoins, à l'examen, si vous connaissez d'autres romans naturalistes, vous pouvez y faire de rapides allusions.
– **Vous ne pouvez pas non plus tout dire :** ne retenez que ce qui est le plus probant par rapport au roman que vous aurez étudié.
– **Pour comprendre la portée des corrigés qui suivent,** les **brefs résumés** des romans qui servent de références dans ces dissertations vous seront utiles.

▶ **Quelques repères sur les œuvres de référence dans les dissertations**
Zola : *Les Rougon-Macquart*
1877   *L'Assommoir*
1883   *Au bonheur des dames*
1885   *Germinal*
1890   *La Bête humaine*
Maupassant :
1883   *Une vie*
1885   *Bel-Ami*
1888   *Pierre et Jean*

RÉSUMÉS DE QUELQUES ROMANS DE…

✪ Maupassant

▶ **Une vie** : Le destin misérable d'un cœur noble et sensible.
Jeanne, fille d'un couple de petits nobles normands, vient de quitter le couvent à la fin de ses études. Sensible et romanesque, elle croit prolonger le bonheur qu'elle a connu auprès de ses parents en épousant le vicomte de Lamare. Mais son mari révèle vite son vrai caractère, infidèle, brutal et avare. Le vicomte est tué par un mari jaloux et la solitude de Jeanne ne va pas cesser de grandir : ses parents meurent, son fils mène une vie dissipée et la ruine. La pauvre femme, menacée de folie, est sauvée et soutenue par sa sœur de lait, son ancienne servante, elle-même jadis séduite par le vicomte…

▶ **Bel-Ami** : Paris à la fin du XIXᵉ siècle, la ville des plaisirs et de l'argent facile…
George Duroy, jeune sous-officier rendu à la vie civile, trouve dans le journalisme la voie qu'il cherchait pour réaliser son ascension sociale : son intelligence dénuée de scrupules, son charme d'homme à femmes, (d'où son surnom de Bel-Ami), lui permettent en quelques mois et grâce à plusieurs liaisons et deux mariages, de devenir le riche et puissant rédacteur en chef de *La Vie française*, un journal parisien au service des intérêts politico-financiers de ses propriétaires.

▶ **Pierre et Jean** : La médiocrité du milieu des petits bourgeois provinciaux…
La vie s'écoule paisiblement au Havre pour la famille Roland, des petits bourgeois à la retraite. Leurs deux fils, Pierre et Jean, sont sur le point de s'établir, l'un comme médecin, l'autre comme avocat. L'annonce du legs fait à Jean par un ami de la famille déclenche la jalousie ombrageuse de son aîné, puis ses soupçons, bientôt vérifiés : le généreux donateur est le père naturel de Jean. L'adultère, pourtant bien ancien, de sa mère désespère et révolte Pierre qui accable la pauvre femme. Pierre se sent trahi par sa famille et choisit de s'exclure de cet univers médiocre : il s'embarque comme médecin sur un paquebot.

✪ Zola

▶ **L'Assommoir** : « Le premier roman sur le peuple, [...] qui ait l'odeur du peuple. »
La vie dans le quartier populaire de la Goutte-d'Or à Paris, autour de l'Assommoir, un cabaret dont l'alambic distille l'alcool qui provoque la

déchéance des ouvriers. Gervaise Lantier, qui a cru pouvoir échapper à sa condition misérable par le travail et une vie honnête, tombe à son tour dans l'alcoolisme et la misère.

▶ *Au bonheur des dames* : Le roman de la victoire des grands magasins sur le petit commerce.
L'affrontement commercial entre Octave Mouret, patron du Bonheur des dames, et les boutiques du quartier, peu à peu réduites à la faillite au fur et à mesure que se développe le grand magasin, sert de cadre à l'évolution des sentiments qu'éprouvent l'un pour l'autre Mouret et Denise, une douce jeune fille, un temps vendeuse au Bonheur des dames. Il faudra plusieurs années – et bien des difficultés pour Denise – pour que l'amour l'emporte et couronne le triomphe commercial de Mouret.

▶ *Germinal* : Le roman de la mine
Étienne Lantier, un jeune chômeur, arrive au pays des mines, dans le nord de la France. Révolté par la dureté et l'injustice des conditions de vie des mineurs, il prend la tête d'une grève. Mais les mineurs, matés par une répression violente, reprennent le travail sans avoir rien obtenu. Un ouvrier anarchiste russe sabote alors la mine. Étienne, qui a survécu à l'effondrement du puits, part pour Paris, avec le pressentiment d'un avenir meilleur pour le monde ouvrier.

▶ *La Bête humaine* : Le roman des chemins de fer
Jacques Lantier, un conducteur de locomotive, sent en lui une folie homicide, notamment à l'égard des femmes, dont il se tient éloigné pour ne pas céder à ses pulsions criminelles. Il transpose sur sa machine, la Lison, la passion qu'il s'interdit de porter à une femme. Témoin d'un meurtre commis par un couple, il ne dénonce pas les coupables mais devient leur intime, et bientôt l'amant de la jeune femme. Repris par ses démons, il tue sa maîtresse mais un autre est accusé du crime. Lors d'une rixe avec le chauffeur de la Lison, Lantier tombe sous les roues de la machine, lancée à pleine vitesse.

Le roman naturaliste : observation ou imagination ?

13 SUJET COMPLÉMENTAIRE
SÉRIES STI, SMS, STL, STT

Selon certains critiques : « La valeur d'un roman se mesure à ce qu'il contient d'observation, non à ce qu'il contient d'imagination ». Pour d'autres au contraire : « Tout grand roman est poétique » et « Tout grand romancier crée un monde. »
Dans quelle mesure le roman que vous avez étudié répond-il à ces deux exigences opposées ?

Œuvres de référence : *Bel-Ami, Pierre et Jean* de Maupassant.

❏ Travail de préparation

▶ **Analyser le sujet**
• Le sujet comprend deux parties :
– trois citations, qu'il faut mettre en relation les unes avec les autres ;
– une consigne qui vous indique que des trois citations ci-dessus, vous devez extraire deux « conceptions opposées » du roman.
• **Les citations** contiennent les mots qui indiquent le thème*, le fond du sujet. Vous remarquerez que la façon dont le sujet est formulé vous indique que les deux dernières citations (« d'autres… ») sont à grouper et s'opposent à la première (« au contraire », « opposées »).
– Le **point commun** entre les trois citations est la notion de réussite littéraire, suggérée par les mots emphatiques* « valeur », « grand ».

– Le **point d'opposition** entre la citation 1 et les citations 2 et 3 est précisé à l'intérieur de la citation 1 : « observation », « imagination ».
– D'un côté, il y a donc la notion d'observation, de l'autre celle d'imagination. Dans cette dernière notion, le sujet fait entrer l'idée de « poétique » et de « créer un monde ». Vous allez donc devoir montrer le lien entre ces deux dernières expressions avant de commencer la recherche précise des idées.
– Le point commun entre les citations 2 et 3 est à chercher dans l'étymologie du mot « poète », qui vient du grec *poiein* = créer, et dans l'idée que tout poète crée un monde à lui, s'affranchit de la pure observation de la réalité pour imposer sa vision du monde, grâce à son imagination.
• **La consigne**
L'expression « Dans quelle mesure… » implique que vous ne répondiez pas par « oui » ou par « non », mais que vous recherchiez dans le roman la proportion d'observation – le côté réaliste* – par rapport à celle d'imagination.

▶ **Faire appel à ses connaissances**
Le sujet exige deux types de connaissances : celle de l'œuvre, mais aussi celle de la notion de poésie. À ce propos, il vous faut savoir définir précisément le terme *poétique*. Ne cherchez cependant pas d'idées trop compliquées : demandez-vous simplement : *Qu'est-ce qu'un poète ?* C'est avant tout un artiste qui :
– a un « moi » très sensible ;
– a une connaissance aiguë et profonde du monde et des hommes ;
– a la mission de dévoiler le monde intérieur et extérieur aux hommes ;
– a la capacité de créer un nouvel univers (*poiein* en grec signifie *créer*), en choisissant, en transformant la réalité ;
– a la capacité d'exprimer tout cela dans une langue originale et souvent esthétique*.
• Demandez-vous aussi : *Que signifie poétique ?* c'est-à-dire *quelle est l'essence* de la poésie ?* Attention : la poésie n'est pas forcément un texte en vers.
• On peut voir la poésie comme :
– une façon différente, peu habituelle de voir le monde et de réagir face à lui, qui en révèle à l'homme ordinaire les aspects cachés ou insoupçonnés. Cela vous amènera à parler de la perception du monde de Maupassant (ou de Zola) ;
– une façon originale de s'exprimer : est poétique ce qui est dit de façon inhabituelle, aussi bien du point de vue du vocabulaire, de la syntaxe que des procédés de style (images comme les comparaisons* ou les métaphores*, rythme…). Cela vous amènera à parler de la langue de Maupassant (ou de Zola) ;

• On peut aussi dégager certains thèmes qui sont récurrents* dans la poésie et qu'on qualifie de poétiques : on retiendra, par exemple : les sentiments et émotions, le bonheur et le malheur ; la nature, la beauté. Cela vous amènera à parler des thèmes prédominants du roman que vous avez étudié.
Cela vous amènera aussi à parler des diverses tonalités (par exemple épique pour Zola...)

▶ **Énoncer une question à traiter**
Plusieurs questions sont suggérées par l'énoncé, qu'il vous faut formuler à votre façon, avec vos propres mots :
– en quoi les romans de Maupassant (de Zola) tirent-ils leur valeur de la part d'observation qu'ils contiennent ?
– qu'est-ce qui, dans son œuvre, nous montre la réalité ?
– qu'observe-t-il ? Quelles sont les techniques d'observation de Maupassant (de Zola) ?
– en quoi sa vision du monde est-elle poétique ?
– est-il toujours fidèle au réel ?
– comment crée-t-il un monde nouveau ? comment recrée-t-il le monde ?

▶ **Faire référence à l'œuvre étudiée**
• Selon les directions d'étude que vous aurez décidé de retenir, vous chercherez des exemples précis dans le roman que vous avez étudié. Pensez surtout :
– aux passages où Maupassant (Zola) observe avec précision :
• des milieux (lesquels ?),
• des lieux (lesquels ?),
• des personnages (quels traits ?) ;
– aux points de vue* qu'il adopte pour observer : point de vue omniscient ? focalisation* interne ? externe ?
– aux passages où il fait des « choix » par rapport à la réalité : dans la durée, dans les descriptions de lieux ou de personnages ;
– aux passages où il transforme la réalité par la métaphore* ou la comparaison*, par les images ;
– aux passages poétiques.
• Vous devez aussi connaître :
– pour Maupassant : la préface de *Pierre et Jean* ;
– pour Zola : les théories qu'il expose dans le *Roman expérimental*.

Attention ! Bien évidemment, si vous avez étudié un roman de Zola, le plan et les idées ne seront pas les mêmes (vous pourriez par exemple être amené à parler de la vision épique), mais les directions de recherche seront les mêmes et le plan adopté pourra être très similaire.

▶ **Élaborer un plan**
Le plan ne saurait être dialectique* ; il répondra de façon plus complète et personnelle au sujet s'il est thématique*.

Introduction
1. La valeur d'un roman tient à ce qu'il contient d'observation.
1.1. L'observation précise des milieux.
1.2. Des lieux précis.
1.3. Les voies nouvelles de l'observation : la variation des points de vue.
2. Quelle fidélité au réel ? une vision poétique et la création d'un monde.
2.1. Choisir dans le réel.
2.1.1. Le jeu sur la durée.
2.1.2. Les descriptions : portraits et lieux ; le choix du détail.
2.2. Transformer la réalité.
2.2.1. La métamorphose esthétique.
2.2.2. Une transformation inquiétante et fantastique.
2.2.3. Une métamorphose poétique.
Conclusion

❏ Corrigé

Attention ! Les indications entre crochets ne sont qu'une aide à la lecture et ne doivent pas figurer dans votre rédaction.

[Introduction]
La part respective de l'observation et de l'imagination est un thème constant de la réflexion critique sur la création romanesque. Pour certains, « la valeur d'un roman se mesure à ce qu'il contient d'observation, non à ce qu'il contient d'imagination ». Pour d'autres au contraire, « tout grand roman est poétique » et « tout grand romancier crée un monde ». Dans la préface de *Pierre et Jean*, Maupassant oppose aux critiques littéraires qui voudraient fixer des règles rigides pour faire un roman sa vision ouverte : « Tous les écrivains, Victor Hugo comme Zola, ont réclamé avec persistance le droit absolu, droit indiscutable, de composer, c'est-à-dire d'imaginer ou d'observer, suivant leur conception personnelle de l'art. » Nous retrouvons ici les deux pôles de la problématique :

imaginer ou observer ? Le dernier mot, selon Maupassant, doit revenir aux auteurs eux-mêmes et nul ne peut contester à un écrivain le droit de « faire une œuvre poétique ou une œuvre réaliste... » L'important pour Maupassant est de « tenter des voies nouvelles... » pour réaliser une œuvre personnelle. Quelles « voies nouvelles » Maupassant a-t-il suivies dans *Bel-Ami* et dans *Pierre et Jean* pour passer de l'observation à la création d'un monde ? Comment le romancier est-il devenu « poète », c'est-à-dire créateur, selon l'étymologie grecque du mot ?

[1. La valeur d'un roman tient à ce qu'il contient d'observation]

Le but principal recherché par Maupassant, qu'il partage avec le groupe naturaliste, est de « montrer la vérité, rien que la vérité et toute la vérité » (préface de *Pierre et Jean*). Cependant, il prend une certaine distance par rapport aux thèses de Zola. Et lorsque celui-ci écrit : « Le romancier est fait d'un observateur et d'un expérimentateur », Maupassant se reconnaît sans doute dans la première proposition mais les prétentions scientifiques de Zola et son credo déterministe transposés en littérature ne l'ont jamais convaincu. Néanmoins, il n'oublie pas les conseils de Flaubert et l'importance que son maître donnait à l'observation : il faut, disait Flaubert, « regarder tout ce qu'on veut exprimer assez longtemps et avec assez d'attention pour en découvrir un aspect qui n'a été vu et dit par personne » car « la moindre chose contient un peu d'inconnu ».

Cet impératif de « l'observation » amène Maupassant, comme les naturalistes, à prendre ses sujets dans le monde contemporain et à placer ses actions dans des milieux et des lieux qu'il connaît bien, qu'il affectionne.

[1.1. L'observation précise des milieux]

Dans *Bel-Ami*, Maupassant raconte l'irrésistible ascension sociale de George Duroy qui conquiert Paris « en se servant de la presse comme un voleur d'une échelle ». Maupassant connaissait bien cet univers du journalisme pour avoir collaboré à de nombreux journaux et la description qu'il fait de *La Vie française*, le journal de *Bel-Ami*, est nourrie de ses observations. En effet, l'ensemble de la société gravite autour d'un journal : politiciens véreux, hommes d'affaires sans scrupules, femmes d'influence, monde du spectacle, et c'est un cadre idéal pour y situer un roman sur les mœurs et la société du moment dans ce Paris de la fin du siècle, de l'argent facile et des plaisirs. Maupassant veut aller au-delà du projet de Zola dans *L'Argent*, roman qui a aussi pour thème l'ascension sociale, en montrant les liens entre l'ambition, les trafics d'influence, la corruption, la spéculation et les jeux de l'amour.

Dans *Pierre et Jean*, en partant d'un fait réel, Maupassant revient à la peinture de la petite bourgeoisie provinciale, milieu qui sert de cadre à nombre de ses nouvelles. Les membres de la famille Roland sont des êtres ordinaires, chez qui rien de spectaculaire ne devrait se produire : c'est l'histoire de la crise personnelle et familiale déclenchée par l'annonce de l'héritage de Jean, dont l'essentiel se passe en moins d'une semaine et dont le dénouement – avec l'embarquement de Pierre –, survient à peine un mois après la nouvelle de l'héritage.

[1.2. Des lieux précis]
Maupassant observe aussi avec précision les lieux. *Bel-Ami* se déroule pour l'essentiel à Paris dont on découvre avec une grande exactitude, sur les pas de Duroy, toute la diversité : lorsque Bel-Ami progresse dans la société, il quitte les quartiers pauvres pour s'installer dans les beaux quartiers, il flâne sur les boulevards, fréquente les salons bourgeois, les théâtres, les restaurants, canote sur les bords de Seine. Il se déplace aussi quelque temps en Provence, puis en Normandie, région natale de Maupassant.

La Normandie constitue le cadre unique de *Pierre et Jean*. La mer et la navigation jouent un rôle important dans le roman et Maupassant, lui-même navigateur passionné, multiplie les notations précises, aussi bien en énumérant les localités sur la côte normande qu'en employant un vocabulaire technique très précis pour décrire les bateaux et leurs manœuvres, le fonctionnement du port. Des termes comme « vergues », « flèches », « cacatois » pourraient figurer dans un guide de navigation.

**[1.3. Les voies nouvelles de l'observation :
la variation des points de vue]**
Mais, dans chacun de ses romans, Maupassant adopte des voies nouvelles et différentes pour observer.

Ainsi, sa fidélité au réel, son exactitude donnent à *Bel-Ami* une réelle valeur documentaire, par la peinture des milieux, des mœurs et des lieux. La perspective dans *Pierre et Jean* est différente : la peinture de la vie provinciale, des activités du bord de mer démontre tout le talent d'observateur de Maupassant, mais on remarque aussi la diversité des techniques narratives qu'il explore pour décrire la psychologie de ses héros, celle de Pierre par exemple. Maupassant se montre particulièrement attentif à la mobilité des sentiments, des émotions, des humeurs de Pierre, qui constituent un des ressorts essentiels du récit. Pour cela, il multiplie les points de vue : tantôt narrateur omniscient, tantôt adoptant sur son personnage un point de vue externe, tantôt passant au point de vue interne et laissant alors la parole à son personnage. Il lui arrive aussi de jouer d'une certaine ambiguïté et de passer d'une focalisation à une autre.

[2. Quelle fidélité au réel ? une vision poétique et la création d'un monde]

La préface de *Pierre et Jean* pose le cadre dans lequel s'inscrit le réalisme de Maupassant. Il refuse d'épurer, d'idéaliser la réalité, mais il ne s'agit pas de montrer la « photographie banale de la vie mais une vision plus complète, plus saisissante, plus probante que la réalité même ». En effet, chaque homme, et à plus forte raison, chaque artiste, réinterprète la réalité à travers son individualité, physique et psychologique : la neutralité, l'objectivité totales sont impossibles, si bien que « faire vrai consiste à donner l'illusion complète du vrai ». Dans cette perspective, « les grands artistes sont ceux qui imposent à l'humanité leur illusion personnelle ».

C'est alors que le romancier recrée le monde et apporte sa vision propre, poétique, c'est-à-dire sa vision de créateur, au sens étymologique du terme « poétique ».

[2.1. Choisir dans le réel]

Dire le vrai, c'est d'abord choisir, résumer, mettre en avant certains éléments, en omettre d'autres, pour recréer un réel supérieur.

[2.1.1. Le jeu sur la durée]

Cette recréation est sensible tout d'abord dans le traitement de la durée. L'ascension sociale fulgurante de *Bel-Ami* se déroule en près de deux ans, mais Maupassant ne rapporte pas uniformément l'intégralité de cette durée. Entre la promenade de Duroy, sans le sou, sur les boulevards, un soir d'été qui va changer, grâce à la rencontre avec Forestier, le cours de son existence, et son apothéose par son mariage à la Madeleine, Maupassant sélectionne certains moments-clés qui marquent les principales étapes de la carrière de *Bel-Ami*.

Dans *Pierre et Jean*, au contraire, Maupassant consacre un chapitre à chacune des journées de la crise vécue par la famille Roland et certains moments, certains repas familiaux ou certaines rêveries de Pierre font l'objet de descriptions ou d'analyses prolongées. Mais Maupassant ne consacre que quelques pages aux deux mois qui séparent la décision du départ de Pierre et son embarquement effectif.

[2.1.2. Les descriptions : portraits et lieux ; le choix du détail]

De même, Maupassant ne se livre pas à des descriptions minutieuses, exhaustives, comme Balzac peut en faire.

Ses portraits sont rapides, vont à l'essentiel, à ce qui peindra le mieux le personnage. Le portrait de Duroy, dès les premières pages de *Bel-Ami*, retient l'allure martiale et bravache du personnage : « Il cambra sa taille, frisa sa moustache d'un geste militaire et familier, et jeta sur les dîneurs attardés un regard rapide et circulaire, un de ces regards de joli garçon, qui s'étendent comme des coups d'épervier. »

Quand le regard de Duroy, Don Juan des garnisons, s'arrête sur une femme, il détaille « la taille souple et la poitrine grasse » de l'une, la « gorge ronde » d'une autre, note pour l'une qu'elle est « un peu trop grasse, belle encore, à l'âge dangereux où la débâcle est proche », pour l'autre qu'elle a « la taille mince, des hanches et de la poitrine » malgré sa « chair trop blanche ».

De Pierre, on ne connaît que peu de chose : c'est « un homme de trente ans, à favoris noirs, coupés comme ceux des magistrats », mais ceci suffit à révéler la sévérité ombrageuse du jeune homme.

Les descriptions de lieux sont elles aussi le plus souvent traitées avec la même rapidité. Très proche, comme Zola, des peintres de son époque, Maupassant compose en quelques touches rapides et colorées des descriptions impressionnistes, où l'atmosphère des lieux compte plus que leurs contours matériels : visions fugitives d'un coin de ville ou de campagne, comme ces maisons de la rue de Rome qui semblent « peintes avec de la clarté blanche ». Les bords de Seine, près de Paris ou en Normandie, lui offrent l'occasion de quelques compositions.

[2.2. Transformer la réalité]

Maupassant va plus loin : il recourt à des images qui opèrent une transformation poétique de la réalité.

[2.2.1. La métamorphose esthétique]

L'évocation, qui s'appuie sur une comparaison, superpose parfois deux visions particulièrement esthétiques comme en surimpression : dans *Bel-Ami*, par exemple, ce sont les îles de Lérins, posées sur la Méditerranée comme « deux taches vertes, dans l'eau toute bleue. On eût dit qu'elles flottaient comme deux feuilles immenses [...]. » *Pierre et Jean* présente de nombreuses évocations des bords de mer où se mêlent parfois les mondes de la mer et de la campagne. Le port du Havre, avec tous ses mâts, « les vergues, les flèches, les cordages » ressemble à « un grand bois mort », « une forêt sans feuilles ».

[2.2.2. Une transformation inquiétante et fantastique]

Ailleurs, les lieux et les objets, par la personnification ou l'animalisation, prennent une allure inquiétante et fantastique. Dans *Bel-Ami*, Maupassant évoque la gare des Batignolles avec ses signaux rouges « qui avaient l'air de gros yeux de bête » alors qu'une locomotive sort du tunnel « comme un gros lapin de son terrier ».

[2.2.3. Une métamorphose poétique]

Parfois la vision se colore de rêve et les images permettent d'imaginer un monde poétique : la plage de Saint-Jouin semble abriter « les ruines d'une grande cité disparue qui regardait autrefois l'Océan ». Parfois même, surgissent des créatures directement sorties de l'épopée homérique : des phares deviennent « deux cyclopes monstrueux et jumeaux ».

[Conclusion]
Refusant de se laisser enfermer dans l'alternative observation ou imagination, Maupassant s'est au contraire donné pour but de les réconcilier, et c'est ainsi qu'il a su imposer à ses lecteurs son « illusion particulière » de la réalité. La valeur de ses romans ne tient ni à « ce qu'ils contiennent d'observation » ni à « ce qu'ils contiennent d'imagination », mais à la fusion de ces deux composantes, qu'il est parfois bien difficile de démêler et qui font qu'on ne peut « classer » Maupassant ni parmi les réalistes ni parmi les naturalistes. Il aurait pu dire, comme Stendhal : un « roman est un miroir que l'on promène le long d'une route », car, comme un miroir, ses œuvres s'appuient sur la réalité, mais ne la reproduisent pas telle quelle : elles la reflètent, avec tout ce que le reflet peut comporter de déformation et d'illusion.

La description dans le roman naturaliste

14 SUJET COMPLÉMENTAIRE
SÉRIES STI, SMS, STL, STT

Vous vous interrogerez sur la fonction des descriptions dans le roman naturaliste que vous avez étudié cette année.

Œuvre de référence : *Bel-Ami* de Maupassant.

❏ Travail de préparation

▶ **Analyser le sujet**
- Le sujet ne se présente pas sous forme interrogative mais pose implicitement une question (« vous vous interrogerez sur... »).
- **Le thème principal :** le mot-pilier du sujet est « description ».
- **Le thème annexe** ou sous-thème : « fonction » signifie : rôle, utilité, intérêt, raison d'être
- L'expression « vous vous interrogerez » est vague : vous devez donc l'expliciter, trouver vous-même les directions de recherche, les sous-questions à vous poser.

▶ **Comprendre la consigne**
- Le mot « fonction » vous indique que les descriptions ne sont pas inutiles, « gratuites » dans les romans de Maupassant (ou de Zola) mais qu'elles servent le projet du romancier.
- On vous demande de préciser leur(s) rôle(s). Le singulier « fonction » ne doit pas vous abuser : vous serez vraisemblablement amené à en distinguer plusieurs. Le terme a ici une valeur générique (quels *types* de fonctions).

▶ **Faire appel à ses connaissances**
Description : pause, sorte d'arrêt sur image dans une narration.
• Décrire, c'est représenter ce qui se situe dans l'espace : le cadre des actions, des lieux, des objets, des personnages (il s'agit alors de portrait).
• La description a un sujet – ce qu'elle donne à voir (formes, volumes, couleurs) – et transmet au lecteur des sensations visuelles, auditives, olfactives ou tactiles.
Point de vue* ou focalisation* : position qu'adopte le narrateur par rapport à ce qui est raconté ou décrit.
• On distingue :
– le point de vue omniscient : le narrateur voit tout, se déplace dans le temps et dans l'espace ;
– le point de vue externe : le narrateur voit ce que verrait objectivement une caméra ;
– le point de vue interne : le narrateur voit ce que perçoit subjectivement un personnage.
• Une description peut avoir plusieurs fonctions :
– si sa fonction est **documentaire**, elle informe et donne des renseignements sur une réalité existante ou imaginaire ; elle comporte alors des termes techniques, des chiffres, des données précises ;
– si sa fonction est **narrative**, elle éclaire le récit en en plantant le décor, la toile de fond (lieux et atmosphère), lui donne sa tonalité ; elle éclaire les personnages : soit du dehors ; soit de l'intérieur, lorsque le narrateur recourt à la focalisation* interne ; elle donne une valeur esthétique.
– si sa fonction est **symbolique**, elle représente une idée, prend une valeur plus générale, joue comme une métaphore* (un personnage représente tout un groupe social, ou telle ou telle qualité ou défaut...), elle traduit une vision du monde.
• Toutes ces connaissances doivent vous amener à vous poser des « sous-questions » de la question générale du sujet (voir plus bas). Exemples : sur quoi les descriptions nous fournissent-elles des informations précises ? quelle est la focalisation* la plus souvent utilisée ? quel en est l'effet ? pourquoi Maupassant (ou Zola) l'a-t-il employée ?

▶ **Faire référence à l'œuvre**
• Vous devez bien connaître le roman dans son ensemble : en effet, il n'y a pas chez Maupassant de longues descriptions comme chez Balzac, dans ses débuts de romans par exemple ; elles sont au contraire très rapides et disséminées çà et là.
• Vous devez donc repérer dans le roman de rapides aperçus qui correspondent aux différentes fonctions énumérées ci-dessus (relevez-les et

apprenez par cœur quelques expressions particulièrement significatives : portraits de personnages, paysages, milieux – intérieurs et extérieurs –, atmosphères...).

• Si vous étudiez un roman de Zola, vous trouverez des descriptions plus amples que chez Maupassant (il faudra en signaler l'ampleur et déterminer quels sont les thèmes privilégiés de ces descriptions).

▶ **Énoncer une question à traiter**
Quels sont l'importance et les rôles des descriptions dans le roman de Maupassant (ou de Zola) ? Quelle « fonction » est prépondérante ? Quelle est l'originalité de ces descriptions ?

▶ **Faire un plan**
C'est un plan thématique* qui sera le plus indiqué pour ce type de sujet.
Attention : si vous avez étudié un roman de Zola, ce ne seront pas forcément les mêmes fonctions qui seront prépondérantes, mais vous pouvez vous reporter aux fonctions énumérées ci-dessus et vous poser les mêmes questions (la réponse sera différente).

Introduction

1. Une fonction documentaire
1.1. L'univers du journalisme, le milieu de la presse.
1.2. Cadre et personnels.
1.3. Les règles du métier, les rouages d'un journal.

2. Une fonction narrative : les lieux et les personnages fréquentés par Bel-Ami
2.1. Des descriptions subjectives pour créer une atmosphère, une tonalité.
2.2. Des descriptions pour éclairer les personnages.
2.3. Des descriptions d'artiste, pour le plaisir du beau.

3. Une fonction symbolique
3.1. Des objets symboliques.
3.2. Parfums et odeurs symboliques.
3.3. La comédie humaine.

Conclusion

❑ Corrigé

Attention ! Les indications entre crochets ne sont qu'une aide à la lecture et ne doivent pas figurer dans votre rédaction.

[Introduction]
Les romanciers au XIXe siècle se veulent en prise directe avec la science et le monde contemporains et ceci explique la place de plus en plus importante qu'ils donnent dans leurs œuvres aux descriptions pour ancrer l'action dans l'espace et le temps. Par l'utilisation qu'il en fait et les fonctions qu'il leur assigne dans son œuvre romanesque, Maupassant s'inscrit dans cette évolution, mais se montre aussi résolument moderne et fait figure de précurseur de certains romanciers contemporains. Quelle est donc la spécificité des descriptions dans *Bel-Ami*? Elles se démarquent de celles des romanciers précédents, tel Balzac qui en fait souvent une pause dans le roman ; elles sont au contraire très imbriquées dans la trame romanesque, entrelacées avec souplesse à la narration à laquelle elles apportent un éclairage documentaire, psychologique ou symbolique.

[1. Une fonction documentaire]
Dans *Bel-Ami*, Maupassant veut faire un large tableau satirique de la vie parisienne en prenant comme point focal l'histoire d'une irrésistible ascension sociale, celle de George Duroy, qui conquiert Paris « en se servant de la presse comme un voleur d'une échelle ».

[1.1. L'univers du journalisme, le milieu de la presse]
Maupassant connaissait bien l'univers du journalisme et il s'est servi de son expérience pour décrire le milieu des journalistes, le rôle et le pouvoir des journaux, leur collusion avec les milieux d'affaires, de la politique, du demi-monde. Par les descriptions qu'il fait de *La Vie française* – le journal où travaille Bel-Ami – de ses locaux, de son personnel, de ses méthodes, Maupassant nous a laissé un véritable documentaire sur l'émergence de ce que l'on appelle aujourd'hui le quatrième pouvoir.

[1.2. Cadre et personnels]
Dès l'arrivée de Duroy à *La Vie française*, lorsqu'il monte « l'escalier-réclame » et traverse l'antichambre, le lecteur découvre le principe même sur lequel est bâtie la réussite du journal : « La mise en scène était parfaite pour en imposer aux visiteurs. » Mais lorsque Bel-Ami entre dans les coulisses – à savoir la salle de rédaction –, la réalité est bien différente. Maupassant ne s'attarde pas sur les aspects techniques de la fabrication du journal : quelques lignes à peine pour le petit personnel des garçons de bureau, des ouvriers compositeurs « avec leur blouse de toile tachée

d'encre » portant « avec précaution des bandes de papier imprimé, des épreuves fraîches, tout humides ». Il décrit en revanche longuement, avec ironie, les rédacteurs fort occupés à jouer au bilboquet et le directeur, que l'on dit « en conférence » mais qui dispute en fait une partie de cartes... En quelques portraits, Maupassant présente le directeur du journal et ses principaux collaborateurs, dont Saint Potin – de son vrai nom Thomas – qui s'est spécialisé dans le recueil de « potins » de seconde main auprès des concierges des grands hôtels, quand il ne les prend pas dans les bureaux « des feuilles rivales ». Les salaires des uns et des autres, les avantages en nature (billets de faveur au théâtre) sont aussi détaillés.

[1.3. Les règles du métier, les rouages d'un journal]
Mais l'essentiel est ailleurs. Duroy assimile en peu de temps les règles du métier : manipulation de l'information, mensonge et médisance, tout cela au service des manœuvres financières du patron qui n'a fondé son journal que pour « soutenir ses opérations de bourse et ses entreprises de toutes sortes ».

Maupassant « démonte » en quelques pages le fonctionnement du journal : une « demi-douzaine de députés » sont associés aux spéculations du directeur, inspirent les articles politiques qui font et défont les cabinets, façonnent l'opinion publique à coup de rumeurs, vraies ou fausses, savamment entretenues, et une troupe de rédacteurs sous-payés se chargent des articles secondaires et des chroniques variées. La « moelle » du journal, ce sont « les échos » : c'est par eux « qu'on lance les nouvelles, [...] qu'on agit sur le public et sur la rente » et Duroy, très vite promu chef des échos, fait « l'affaire à la perfection » et dépasse très vite ses maîtres en journalisme.

Derrière ces figures de journalistes sans scrupules, de politiciens véreux, le lecteur contemporain de *Bel-Ami* pouvait reconnaître des noms du monde de la presse et de la politique. Mais les coups médiatiques et boursiers de « la bande à Walter », leur enrichissement insolent grâce à des délits d'initiés ont gardé toute leur actualité, même si leurs contreparties au xxe siècle ne portent plus, comme alors, sur l'extension de notre empire colonial mais par exemple sur des fusions-acquisitions de multinationales.

[2. Une fonction narrative : les lieux et les personnages fréquentés par Bel-Ami]
Bel-Ami, c'est l'histoire d'un journal, mais aussi deux années dans l'histoire de la vie d'une « graine de gredin ». Parallèlement aux descriptions documentaires, d'autres ont une fonction narrative : elles « nourrissent » le roman en donnant au lecteur l'illusion de la réalité des lieux et des per-

sonnages fréquentés par Duroy. La vision qui est le plus fréquemment proposée est celle de Duroy, colorée par ses rêves et ses ambitions. Ces descriptions permettent de mesurer l'évolution et les progrès du personnage. Mais il arrive aussi que Maupassant choisisse de communiquer au lecteur sa propre vision, celle, « esthétique », d'un écrivain artiste.

**[2.1. Des descriptions subjectives
pour créer une atmosphère, une tonalité]**
La plupart des descriptions de lieux publics ou privés sont faites à travers le regard de Duroy à qui Maupassant, au lieu de commenter et d'expliquer, délègue ses pouvoirs de romancier pour faire voir le monde à travers ses yeux et créer une atmosphère en accord avec les sentiments, les impressions ressenties par son personnage.

Paris à la fin du XIXe siècle constitue le principal décor de *Bel-Ami* dans lequel Duroy se métamorphose en baron du Roy du Cantel : c'est une ville active et prospère, bien faite pour cet arriviste, où rues, boulevards, théâtres, restaurants, fournissent des plaisirs faciles à qui a les moyens de se les procurer.

Ces descriptions « subjectives » sont le plus souvent très brèves, insérées dans la trame romanesque et composées d'une façon quasi cinématographique, avec une alternance de scènes d'ensemble et de gros plans. C'est la chaleur d'un soir d'été du côté de la Madeleine où flâne Duroy, devant « les grands cafés, pleins de monde [...], étalant leur public de buveurs sous la lumière éclatante et crue de leur devanture illuminée ». Mais Duroy, qui meurt de soif, n'a pas les moyens de se payer un verre et son regard se concentre sur les tables des consommateurs et les carafes où « on voyait briller les gros cylindres transparents de glace qui refroidissaient la belle eau claire ».

Le monde frelaté des Folies-Bergère révèle les aspirations profondes de Duroy qui y « buvait avec ivresse l'air vicié par le tabac, par l'odeur humaine et les parfums des drôlesses ».

Maupassant entraîne son lecteur dans les restaurants de luxe, avec leurs mets raffinés comme ces truites « à la chair rose comme de la chair de jeune fille », ou les « caboulots » populaires qui apportent à Clotilde de Marelle le plaisir pervers des lieux interdits.

Ce sont aussi les lieux privés, les appartements, sordides, puis luxueux qu'occupe successivement Duroy au fur et à mesure qu'il monte dans la société. Tout le confort d'un salon bourgeois est contenu dans la sensation qu'éprouve Duroy en s'asseyant sur un fauteuil chez les Forestier : « [...] quand il se sentit enfoncé, appuyé, étreint par ce meuble caressant dont le dossier et les bras capitonnés le soutenaient délicatement, il lui sembla qu'il entrait dans une vie nouvelle. »

De même, la description de l'agonie de Forestier introduit un registre dramatique : l'horreur de la mort devant ce cadavre au « visage décharné » fait un instant peser sur Duroy une « terreur confuse, immense, écrasante ».

[2.2. Des descriptions pour éclairer les personnages]

Le romancier naturaliste refuse l'analyse psychologique traditionnelle : il s'efface derrière ses personnages, il n'intervient plus pour expliquer ou approfondir et cesse de livrer leur pensée, mais montre leur comportement et les définit par leurs actions et leurs paroles. La description est alors chargée de révéler les personnages comme le ferait une caméra et retient de l'environnement tout ce qui peut éclairer les protagonistes.

Le portrait de Duroy, dès les premières pages de *Bel-Ami*, tout en mouvement, dénote le côté prédateur du personnage : « Il cambra sa taille, frisa sa moustache d'un geste militaire et familier, et jeta sur les dîneurs attardés un regard rapide et circulaire, un de ces regards de joli garçon, qui s'étendent comme des coups d'épervier. »

Toutes les femmes qui vont marquer les étapes successives de l'ascension de Duroy sont d'abord vues par le regard d'expert de cet homme « à femmes » qui sait que « c'est par elles qu'on arrive le plus vite ». C'est d'abord Rachel, la fille des Folies-Bergère à la « chair blanchie par la pâte » avec « sa poitrine trop forte », Mme Forestier dont il note « la taille souple et la poitrine grasse » et Mme de Marelle « dont la gorge ronde le séduisait », Mme Walter « un peu trop grasse, belle encore, à l'âge dangereux où la débâcle est proche », et sa fille, Suzanne « pas mal du tout », « la taille mince, des hanches et de la poitrine » malgré sa « chair trop blanche ».

La description des appartements peint leurs occupants. Celui de Mme de Marelle reflète son originalité, son côté indépendant et bohème, « l'insouci visible pour le logis qu'elle habitait », alors que le luxe insolent du nouvel hôtel particulier de M. Walter est celui d'un parvenu, plus soucieux de « l'épate » – c'est Duroy qui le dit ! – que de bon goût.

[2.3. Des descriptions d'artiste, pour le plaisir du beau]

Parfois, Maupassant, proche, comme Zola, des peintres de son époque, a le goût des descriptions impressionnistes, colorées, sonores et animées et peint, en quelques touches rapides, sa propre vision fugitive d'un coin de ville ou de campagne, comme ces maisons de la rue de Rome qui semblent « peintes avec de la clarté blanche » ou la gare des Batignolles avec ses signaux rouges « qui avaient l'air de gros yeux de bête » et cette locomotive qui sort du tunnel « comme un gros lapin de son terrier ».

Les bords de Seine, près de Paris ou en Normandie, lui offrent l'occasion de quelques compositions, de même que les paysages de la Côte d'Azur, avec les îles de Lérins : « elles avaient l'air, ces îles, de deux taches vertes, dans l'eau toute bleue. On eût dit qu'elles flottaient comme deux feuilles immenses [...] ».

[3. Une fonction symbolique]
Il faut aussi se rappeler que Maupassant disait : « Bel-Ami, c'est moi ». Le romancier a en effet mis beaucoup de lui-même dans son œuvre, par ses souvenirs de journaliste, son goût des femmes, mais surtout par sa vision pessimiste, et même désespérée, de la vie, de l'homme et de l'amour.

[3.1. Des objets symboliques]
C'est le plus souvent par la description d'un objet, d'un personnage ou d'un lieu, chargée d'une valeur symbolique, que Maupassant dépasse le niveau de la narration pour projeter sur son œuvre un regard plus profond.
Ainsi, la moustache même de Duroy semble prendre une existence autonome, symbole – au moins dans cette fin du XIXe siècle – du pouvoir de « la séduction irrésistible » de l'homme sur les femmes : « Elle s'ébouriffait sur sa lèvre, crépue, frisée, jolie, d'un blond teinté de roux avec une nuance plus pâle dans les poils hérissés des bouts. » Mme Walter ne se souvient-elle pas que Duroy, sans qu'il en ait même conscience, l'a « vaincue rien que par les poils de sa lèvre » ?
Duroy, le viveur, l'amateur de femmes, porte en lui comme une fêlure, l'angoisse de la mort qui étreint Maupassant lui-même. Le regard qu'il lance sur ses vêtements, jetés sur son lit, va au-delà de leur apparence objective : « vides, fatigués, flasques, vilains, comme des hardes de la morgue ».

[3.2. Parfums et odeurs symboliques]
Des parfums et des odeurs peuvent avoir aussi des significations symboliques : Duroy, lors de sa première soirée chez les Forestier, a remarqué que l'air dans le salon « était frais et pénétré d'un parfum vague, doux [...] », mais de retour chez lui, l'odeur de son immeuble l'accable, car elle lui semble être l'émanation de la misère du monde : « une odeur lourde de nourriture, de fosse d'aisance et d'humanité, une odeur stagnante de crasse et de vieille muraille ».

[3.3. La comédie humaine]
La promenade matinale que Duroy effectue au bois de Boulogne ne fournit pas seulement à Maupassant l'occasion d'un tableau coloré d'un lieu très parisien : ce défilé des « riches du monde » devient, sous les yeux de Duroy, le symbole de la comédie humaine ; sous les « sévères apparences », Duroy constate l'« éternelle et profonde infamie de l'homme » et

s'en amuse, mais il est clair que Maupassant tire de cette constatation des conclusions beaucoup plus pessimistes.

[Conclusion]
La fonction des descriptions dans les romans de Maupassant résulte des multiples facteurs qui ont contribué à former son tempérament d'écrivain : elles combinent la mise en œuvre des principes naturalistes – lorsqu'il décrit le milieu du journalisme – et l'application de ses propres réflexions théoriques ; par elles, il crée l'illusion de la réalité, éclaire « le dedans » des personnages par « le dehors ». Elles sont aussi l'expression de sa sensibilité la plus profonde, de ses goûts esthétiques, inspirés par ses amis impressionnistes et par des paysages qu'il aimait tout particulièrement. Enfin, elles sont l'émanation d'une personnalité pathologiquement pessimiste, sans illusion sur la nature humaine, qui colore le monde de sa misanthropie. C'est sans doute en partie pour cette complexité que les romans de Maupassant restent d'actualité.

La modernité du roman naturaliste

SUJET COMPLÉMENTAIRE 15
SÉRIES STI, SMS, STL, STT

Que peut apporter à un jeune lecteur de l'an 2000 la lecture d'un roman de Maupassant ou de Zola ?

Œuvre de référence : *L'Assommoir* de Zola.

❑ Travail de préparation

▶ **Analyser le sujet**

• **Le sujet** est court ; il comprend deux questions, qui se complètent. La première est plus large, elle vous invite à chercher des idées « tous azimuts ». La seconde vous guide un peu, au cas où vous seriez à court d'idées, pour commencer votre recherche.
• La consigne utilise un champ lexical positif, celui de l'intérêt : « apporter », « divertissement », « intérêt ».
• Cependant, parmi ces trois mots :
– « divertissement » se rattache au domaine du plaisir, du délassement, de l'agrément ;
– les deux autres renvoient à quelque chose de plus profond et suggèrent un intérêt plus « sérieux » du domaine des idées et de la pensée. Il faut donc traiter les deux aspects, mais l'adjectif « simple » vous invite à dépasser la seule recherche des intérêts superficiels.

• Il faut être attentif à l'expression «jeune lecteur de l'an 2000» : elle implique d'une part qu'il s'agit d'un adolescent, comme vous ; mais, avec la mention de l'an 2000, elle indique aussi qu'il faut travailler sur le degré de modernité du roman étudié, sur son actualité.

▶ **Comprendre la consigne**
• La seconde question de l'énoncé semble indiquer qu'une discussion* est possible : Constitue-t-elle *ou* peut-elle avoir... ? Mais il s'agit là presque d'une question rhétorique* ; si vous pouvez, théoriquement, affirmer que la lecture du roman étudié ne constitue pour vous qu'un divertissement, l'énoncé vous engage fortement à dépasser ce stade.
• En fait, il s'agira surtout de montrer :
– ce qui, dans le roman que vous avez étudié, peut divertir, distraire le lecteur, rendre la lecture aisée et agréable ;
– ce qui peut intéresser un jeune ;
– ce qui est encore d'actualité dans ce roman écrit au XIXe siècle.

▶ **Faire appel à ses connaissances, élargir son champ de recherche**
• Vous devez bien connaître le roman étudié.
• Mais vous devez aussi rechercher :
– ce qu'attend un jeune (quels types d'histoire l'attirent, quels thèmes) ;
– quels thèmes et quelles perspectives notre temps privilégie.

▶ **Faire référence à l'œuvre étudiée**
• Selon les directions d'étude que vous aurez décidé de retenir, vous chercherez des exemples précis dans le roman que vous avez étudié.
• Pensez surtout :
– à l'aspect narratif : types d'histoire, schéma narratif, personnages, structure du roman, tonalités* diverses ;
– à l'aspect documentaire (perspective historique) ;
– aux thèmes plus généraux que soulève l'action ;
– à la démarche de Zola : rapport entre roman, société et science ;
– au type de focalisation* : interne ou externe ?

▶ **Énoncer une question à traiter**
Plusieurs questions sont suggérées par l'énoncé, qu'il vous faut formuler à votre façon, avec vos propres mots.
• En quoi la lecture du roman étudié est-elle divertissante ?
• Quelles caractéristiques capables d'attirer un jeune présente-t-il ? de répondre à ses attentes ?
• Quels traits font que ce roman est encore d'actualité et ne s'est pas démodé ?

▶ Conseils de méthode pour le choix et l'exploitation des exemples

• Au cours de vos lectures successives de l'œuvre, vous devez faire des fiches sur les passages ou les aspects que vous avez repérés comme importants.

• Choisissez des exemples particulièrement significatifs (ici, par exemple, l'alambic du père Colombe) ; notez précisément les références (chapitre, page) pour pouvoir les retrouver.

• Consignez quelques remarques en les classant ; cela vous aidera à trouver les axes de l'explication méthodique du passage.

• Enfin, relevez une ou deux courtes citations ayant valeur de preuve pour chacune des idées que vous voulez illustrer ; vous aurez ainsi un canevas pour une éventuelle explication (pensez au « hors liste ! »).

• Appuyez-vous sur un exemple exploitable de façon convaincante dans l'essai littéraire : un exemple simplement mentionné et non caractérisé ou analysé perdrait une grande partie de sa valeur.

• Par exemple, la description de la grande maison ouvrière au chapitre 2 de *L'Assommoir*, illustre :

– l'aspect documentaire, le « reportage » (« La forge d'un *serrurier* y flambait ; on entendait plus loin des coups de *rabot* d'un *menuisier* ; tandis que, près de la loge, un *laboratoire de teinturier* lâchait à gros bouillons ce ruisseau d'un rose tendre... ») ;

– le dépassement du réalisme*, l'amplification épique* (« Gervaise [...] surprise de cette énormité, se sentant au milieu *d'un organe vivant* [...], intéressée par la maison, comme si elle avait eu devant elle *une personne géante*. »).

▶ Élaborer un plan

Vous penserez sans doute d'abord à un plan dialectique*, dans la mesure où vous serez sans doute amené à dire en premier lieu : « oui, la lecture de ce roman est divertissante », puis à montrer dans un deuxième temps que « son intérêt dépasse le seul agrément » ; mais vous vous apercevrez qu'il est préférable d'opter pour un plan thématique* (retenez quelques-unes des directions de recherche définies plus haut et exploitez-les ; vous ne sauriez tout dire).

Introduction

1. L'aspect purement narratif et esthétique
1.1. Une histoire d'amour et de violence, une « tragédie »...
1.2. ... racontée de façon linéaire, selon une structure simple, proche du cinéma...
1.3. ... mais qui atteint parfois au fantastique.
1.4. Une langue simple et parfois populaire.

2. L'intérêt documentaire et historique sur une époque et un milieu.
 2.1. Un documentaire sur une époque proche de nous.
 2.2. Une fresque historique : la précision des détails.
 2.3. L'histoire « en action » : une perspective moderne.
 2.4. Le témoignage d'un certain chemin parcouru.
3. Des thèmes actuels et une perspective moderne.
 3.1. Des thèmes et des problèmes actuels.
 3.2. Une démarche moderne : la démarche expérimentale.
 3.3. La perspective sociale et économique.
 3.4. Une conception moderne du rôle de l'écrivain : l'engagement.

❏ Corrigé

Attention ! Les indications entre crochets ne sont qu'une aide à la lecture et ne doivent pas figurer dans votre rédaction.

[Introduction]
Voilà plus d'un siècle que Zola a publié *L'Assommoir*. Après avoir déclenché des réactions très diverses et extrêmes, cette histoire de Gervaise, ce « premier roman sur le peuple » a été un énorme succès et a aussitôt inspiré pièces de théâtre et spectacles de music-hall. Qu'en est-il de nos jours ? *L'Assommoir*, avec *Germinal*, est l'un des romans de Zola les plus lus. Si l'on se fie à l'indicateur moderne de succès d'une œuvre, à savoir la fréquence de ses adaptations cinématographiques, on s'aperçoit que *L'Assommoir* ne dément pas sa popularité : il a été en effet quatre fois adapté à l'écran, en 1909, en 1921, en 1933 et en 1956. Comment expliquer la permanence de cet engouement ? Quels intérêts, en dehors de son « histoire », un jeune lecteur peut-il trouver à la lecture de ce roman « vieux » de cent vingt-trois ans, dans un siècle où tout se démode si vite ? En fait, l'« âge » même de ce roman ne peut-il présenter quelque intérêt ? Et, en même temps, Zola, précurseur, n'y traite-t-il pas de thèmes encore très actuels et selon une démarche moderne ?

[1. L'aspect purement narratif et esthétique]
Nombreux sont les jeunes qui, lorsqu'ils ont aimé un roman de Zola, continuent « sur leur lancée » la lecture de son œuvre. En effet, dans chacun des romans des Rougon-Macquart, ils peuvent trouver une « histoire » où se mêlent amour, violence et drame et qui les « divertit », en ce sens qu'ils se sentent « pris » par le récit.

[1.1. Une histoire d'amour et de violence, une «tragédie»...]
L'Assommoir raconte une tragédie mouvementée, celle de la «déchéance de Gervaise et de Coupeau»; mais ce n'est pas l'«histoire» de héros auxquels le lecteur peut avoir du mal à s'identifier; c'est un drame qui se déroule dans la vie de tous les jours, au milieu d'une humanité commune. Cette caractéristique fait que le lecteur entre facilement dans un récit auquel il se laisse aisément prendre.

L'attrait de ce drame sur le lecteur tient aussi à la vision très manichéiste, aux contrastes forts qui excluent les demi-teintes, entre les «bons et les méchants»: comme chez Hugo, on prend fait et cause pour certains personnages et on méprise, sans mauvaise conscience, ou on craint ceux qui font peur. Ainsi, le lecteur s'attache à Gervaise, personnage sympathique jusqu'à la fin, malgré sa déchéance; elle est en effet, alors même qu'elle se trouve dans le dénuement, pleine de compassion pour les autres, le père Bru ou Lalie; tous les personnages qui lui veulent du bien suscitent la sympathie. Au contraire, les Lorilleux, petits artisans méchants, Lantier lui-même, sont profondément antipathiques. Le lecteur est amené à prendre parti.

Par ailleurs, ce drame ne repose pas sur une fatalité qui paraît inexplicable comme dans la tragédie antique: ce qui le met à la portée d'un jeune lecteur d'aujourd'hui, c'est que le destin prend ici un nouveau visage, beaucoup plus moderne et identifiable, celui de l'hérédité.

[1.2. ... racontée de façon linéaire, selon une structure simple, proche du cinéma...]
Outre le sujet même, c'est la simplicité de la structure et du mode de narration qui fait de *L'Assommoir* un roman dans lequel on «entre» facilement. Zola lui-même parlait au sujet de son roman de «faits mis au bout les uns des autres» et avait d'ailleurs songé à intituler son roman «La vie *simple* de Gervaise Macquart». En effet, le récit est chronologique, sans complication de structure, et suit la vie de Gervaise de 1850 à 1869.

En outre, la perspective narrative est proche de celle du cinéma et, par là, familière à un lecteur du XXe siècle: les détails précis, ancrés dans la réalité, l'importance accordée aux objets et aux descriptions très visuelles – on pense à celle de la maison ouvrière qui effraie Gervaise ou à celle de l'alambic – font du récit de la vie de Gervaise une histoire «vue».

[1.3. ... mais qui atteint parfois au fantastique]
Cependant, cette simplicité ne tient pas à une vision réaliste, qui pourrait paraître fastidieuse à un jeune lecteur. L'écriture de Zola confine parfois au fantastique et son imagination opère des métamorphoses, les objets s'animent: ainsi l'alambic du père Colombe est doué d'une vie fascinante et

devient un monstre effrayant, une « bête sauvage » avec un « gros bedon de cuivre » qui « laissait couler sa sueur ». La maison ouvrière devient une « gueule ouverte ». Ces sortes d'hallucinations qui donnent au roman une dimension presque surréaliste plaisent au lecteur moderne, comme les « effets spéciaux » du cinéma, qui créent l'épouvante.

[1.4. Une langue simple et parfois populaire]
La langue enfin, dans *L'Assommoir*, est accessible au lecteur moderne. Le roman, qui raconte l'histoire du peuple, calque son écriture sur la simplicité de son sujet et de ses personnages, et ne déroute pas un jeune d'aujourd'hui. On a pu dire à propos de *L'Assommoir* qu'il s'agissait d'un « roman parlé ».
Parfois même, l'usage du parler populaire, que Zola reproduit à dessein, avec son vocabulaire imagé et pittoresque, peut faire penser à l'argot, familier aux jeunes : ainsi « battre la breloque » signifie « déraisonner », « se cocarder » veut dire « s'enivrer », « pochard » désigne un ivrogne.

[2. L'intérêt documentaire et historique sur une époque et un milieu]
Cependant, la lecture de *L'Assommoir* ne constitue pas seulement un divertissement pour les lecteurs modernes : il prend aussi un intérêt documentaire et historique.

[2.1. Un documentaire sur une époque proche de nous]
Du temps de Zola, pour les premiers lecteurs du roman, *L'Assommoir* constituait déjà un documentaire très fouillé sur le monde ouvrier : l'auteur voulait y « montrer le milieu du peuple et expliquer par ce milieu les mœurs du peuple ». Pour nous maintenant, il constitue, grâce à l'enquête très poussée qu'a menée Zola sur le terrain, une mine de renseignements sur le monde ouvrier, sur la naissance du « prolétariat » et sur les conditions de la mécanisation. Et l'époque que peint Zola est assez proche de la nôtre pour que nous y trouvions un intérêt. L'industrialisation est un phénomène qui a encore sur notre société actuelle des retentissements par lesquels le lecteur d'aujourd'hui peut être touché.

[2.2. Une fresque historique : la précision des détails]
Quand bien même un jeune moderne ne se sentirait pas directement concerné par ce milieu, *L'Assommoir* offre un intérêt historique incontestable : Zola y reconstitue une époque essentielle de l'histoire, celle du second Empire, du point de vue du peuple. On y apprend aussi bien la durée d'une journée de travail, que des détails sur le salaire des ouvriers. Y sont décrites les conditions de travail de nombreux métiers : les laveuses (chapitre I), les chaînistes (chapitre II), le zingueur (chapitre IV), les blanchisseuses (chapitre V). On y voit la vie des ouvriers en garni, on

y découvre le quartier ouvrier de la Goutte-d'Or, les usines et les manufactures de la rue Marcadet (chapitre VI), le mont-de-piété...

[2.3. L'histoire « en action » : une perspective moderne]

La plupart des détails ont la précision d'un livre d'histoire. Mais, justement, L'Assommoir n'est pas un livre d'histoire ; il présente l'histoire « en action », sous forme narrative, en une fresque historique. C'est là une perspective qui plaît au lecteur moderne, et plus spécialement aux jeunes qui sont habitués à l'approche de l'histoire par des documents (éventuellement filmés). On connaît aussi le goût actuel pour tout ce qui est « reportage », pour l'image.

Le roman de Zola répond à une conception moderne de l'histoire : on a tendance à substituer à la seule vision héroïque du passé l'étude de la « vie des peuples », des évolutions collectives qui font les événements et la trame de l'histoire.

[2.4. Le témoignage d'un certain chemin parcouru]

Enfin, ce témoignage, même pour un lecteur que n'intéresserait pas l'aspect historique proprement dit du roman, permet cependant de mesurer le chemin parcouru depuis la fin du XIXe siècle par une société qui, si elle n'est pas idéale, a néanmoins accompli des progrès en ce qui concerne le niveau de vie des classes les moins favorisées. Paradoxalement, il pourrait presque rendre optimiste...

[3. Des thèmes actuels et une perspective moderne]

On pourra objecter qu'il s'agit là de préoccupations de spécialistes et qu'alors L'Assommoir doit rejoindre sur les étagères les livres d'histoire.

[3.1. Des thèmes et des problèmes actuels]

Or, au-delà du passé, L'Assommoir est un roman qui aborde des thèmes et des problèmes encore actuels, qui touchent et préoccupent les jeunes. Il suffit de procéder à une légère transposition et de « décaper » le roman de ce qui l'ancre dans une époque précise, ce qui est relativement aisé, pour retrouver nos préoccupations.

Les ravages de l'alcool dont Gervaise et son mari sont victimes ressemblent fort à ceux de la drogue de nos jours : refuge contre le désespoir, il modifie les comportements, fait ressortir la bête qui sommeille dans l'homme et conduit à la déchéance ; le piège qu'il tend est bien similaire à celui de la drogue.

L'injustice sociale, la menace du chômage, l'engrenage des dettes, l'exiguïté des logements, le manque d'éducation, le travail des enfants (on pense par exemple aux enfants d'Amérique du Sud), même s'ils ne revêtent pas exactement les mêmes formes que du temps de Gervaise, existent toujours et font peur aux jeunes qui craignent pour leur avenir. Gervaise qui, après avoir tout vendu, avec son seul tas de paille comme lit, est réduite à fouiller dans les poubelles et à mendier, existe encore de nos jours sous les traits d'une SDF. L'abbé Pierre lance des appels en faveur des Gervaise modernes.

Enfin, plus généralement, *L'Assommoir* pose la question de la condition de la femme, victime de la société et des hommes.

[3.2. Une démarche moderne : la démarche expérimentale]

Plus que dans les thèmes mêmes, c'est en fait par sa perspective littéraire que Zola peut satisfaire un jeune lecteur actuel. Son ambition est de donner à la littérature un statut scientifique. Or, le XXe siècle est une époque qui privilégie la démarche scientifique, notamment expérimentale. Le processus qui consiste à constater les phénomènes et en vérifier les mécanismes, à faire du romancier « un observateur et [...] un expérimentateur » *(Le Roman expérimental)* qui part des faits observés, correspond à la pensée moderne.

Par ailleurs, Zola adopte une attitude matérialiste : pour lui, la psychologie de l'homme résulte uniquement de la matière, de la physiologie ; il s'intéresse aux sensations, aux pulsions, aux besoins et aux instincts, aux « forces incontrôlées, animales », aux hantises et obsessions, à la sexualité et à l'agressivité inhérente à l'homme, enfin à l'instinct de mort : ce sont là les objets d'étude de la psychanalyse, science du XXe siècle.

Ainsi, le projet de Zola, dont *L'Assommoir* fait partie, se trouve dans le droit fil de la recherche génétique et de l'hérédité dont il démontre l'importance : l'ascendance de Nana, fille de Gervaise et d'Étienne, parents alcooliques, explique déjà son avenir.

[3.3. La perspective sociale et économique]

La perspective de Zola rejoint aussi les préoccupations sociales et économiques de notre temps, qui s'intéresse aux rapports entre l'individu et la société : on souligne souvent le poids du milieu dans les violences des banlieues ; c'est cela même que révèle Gervaise lorsqu'elle dit : « la mauvaise société, [...] c'est comme un coup d'assommoir, ça vous cassait le crâne, ça vous aplatissait une femme en moins de rien » ; Zola écrit de même dans ses notes que Gervaise est « une nature moyenne qui pourrait faire une excellente femme, selon le milieu ».

[3.4. Une conception, moderne du rôle de l'écrivain : l'engagement]

Enfin, la mission que se donne Zola répond à l'engagement que prônent de nombreux écrivains et intellectuels modernes, conscients de leur devoir et de leur influence. *L'Assommoir* prend en effet l'allure d'un réquisitoire contre la société qui tolère des fléaux comme l'alcoolisme – ou de

nos jours, la drogue – et parfois même l'encourage. Zola, pour répondre à diverses critiques qui lui étaient adressées, écrit : « Si l'on voulait me forcer absolument à conclure, je dirais que tout *L'Assommoir* peut se résumer dans cette phrase : fermez les cabarets, ouvrez les écoles [...]. La question du logement est capitale [...]. Oui, le peuple est ainsi, mais parce que la société le veut bien. »
Cet engagement et ce réquisitoire ne prennent pas la forme rigide d'un discours ou d'arguments logiques, mais adoptent des accents humanistes et des moyens qui s'adressent à la sensibilité, propres à émouvoir les jeunes générations. Zola veut convaincre en touchant et rejoint là les idéaux des jeunes.

[Conclusion]
C'est donc par des aspects multiples que *L'Assommoir* peut retenir un lecteur de notre temps, et qui plus est, un jeune lecteur. On ajoutera à cela que, de nos jours, la mode est encore aux feuilletons, aux séries. Or, *L'Assommoir* prend aussi sa valeur par son appartenance à une « saga » et porte en germe l'histoire de Nana. Très souvent, un lecteur qui a apprécié un des romans de Zola se trouve ainsi « pris » dans le cycle des *Rougon-Macquart*.

Une nouvelle conception des personnages

16 SUJET COMPLÉMENTAIRE
SÉRIES STI, SMS, STL, STT

En quoi la conception du personnage dans le roman naturaliste est-elle originale ?
Vous vous interrogerez sur les différents types de personnages, sur leur traitement et leur fonction dans le roman que vous avez étudié.

Œuvre de référence : *La Bête humaine* de Zola.

❏ Travail de préparation

▶ **Analyser le sujet**
• **Le sujet** est court ; il contient une question, très ouverte, et une consigne complémentaire qui vous indique des directions de recherche et pose implicitement des questions, même si elle n'est pas formulée de façon interrogative.
• Le mot-pilier du sujet est « personnage ».
• Les thèmes annexes ou sous-thèmes : « types » = sortes, classes ; « traitement » = façon dont un personnage est présenté et décrit, dont le lecteur en prend connaissance ; « fonction » = le rôle, l'importance dans le roman.
• L'adjectif « originale » vous invite à trouver ce qui différencie les personnages de Zola ou de Maupassant de ceux des autres écrivains. Il faut donc que vous ayez un ou deux points de comparaison (romanciers du XIXe siècle comme Balzac, Flaubert, ou du XXe siècle comme Mauriac, Giono...). Cela vous aidera à trouver la spécificité de votre auteur.

• « Vous vous interrogerez » signifie que vous devez faire des remarques. Le sujet ne vous donne pas d'idée préconçue à discuter. Vous devez trouver vous-même les questions à vous poser. Mais les mots qui explicitent les « sous-thèmes » (voir ci-dessus) vous donnent des directions de recherche.

▶ **Comprendre la consigne en la décomposant en plusieurs sous-questions**
Le sujet pourrait se décomposer en plusieurs questions (vous choisirez celles qui vous paraissent importantes) :
– les personnages de *La Bête humaine* sont-ils décrits et analysés comme dans les autres romans du XIXe siècle ? physiquement ? psychologiquement ?
– en quoi sont-ils soumis aux principes naturalistes de Zola ? Quelles conséquences ces principes ont-ils sur le traitement et la fonction des personnages ?
– quelle conception du monde les personnages révèlent-ils ?
– comment le titre est-il à mettre en relation avec les personnages du roman ?
– les personnages sont-ils symboliques ?

▶ **Faire appel à ses connaissances, élargir son champ de recherche**
• Le **personnage de roman** n'est pas une « personne », c'est un être fictif.
• Quelques caractéristiques du personnage de roman : il naît de l'imagination de l'auteur et, par cela même, il peut être modifié par sa seule volonté, être représentatif d'un type humain, prendre la valeur d'un symbole...
• **Le portrait** peut comprendre la description extérieure (physique) plus ou moins précise, ainsi que la description psychologique (caractère) ou morale (âme), plus ou moins approfondie. Le portrait peut être fidèle à la réalité, exagéré (caricature), ou simplifié (croquis, esquisse) ; il peut être objectif* (neutre) ou subjectif* (tendancieux, positif ou négatif).
• Le personnage peut aussi avoir un rôle dans l'action, dans la compréhension des autres personnages ; il peut convoyer les idées de l'auteur...
• Il a une importance relative dans le roman : personnage principal, personnage secondaire, « figurant ».
• L'auteur peut nous le présenter objectivement ou non ; le narrateur peut nous faire part des pensées du personnage ou au contraire ne relater que ses actions.
Réalisme : au XIXe siècle, des romanciers, en réaction contre le romantisme, veulent rendre compte de la réalité avec l'exactitude des savants (Stendhal, Balzac, Flaubert).
Naturalisme : les naturalistes, Zola en tête, prétendent appliquer au domaine littéraire les théories scientifiques et les procédés de l'expérimentation, avec une objectivité sans faille.

Épopée/épique. L'épopée :
– raconte les exploits extraordinaires d'un personnage héroïque (parfois d'une foule) ;
– s'appuie sur une réalité spectaculaire (données historiques ou sociales réelles) ;
mais :
– elle transforme la réalité par des images frappantes (comparaison*, métaphore*, personnification*...) ;
– elle déforme la réalité par une vision grossie (effets d'amplification par le rythme, les hyperboles*) qui amène au merveilleux*, parfois au fantastique* ;
– elle donne aux situations et aux événements une valeur symbolique*.

Fantastique : il apparaît lorsque le naturel se mêle à l'étrange de sorte que l'on hésite entre une explication rationnelle scientifique et une interprétation surnaturelle des faits. Les métamorphoses opérées par l'imagination peuvent créer cette tonalité*.

Tragédie : le personnage tragique est soumis à une fatalité, un destin auquel il ne peut échapper ; ce destin prend différentes formes, selon les époques littéraires (malédiction mythique et héréditaire, vengeance divine, fatalité interne – passion, par exemple...).

• Vous pourrez enrichir notre analyse en relevant les procédés stylistiques utilisés par l'auteur :
Comparaison :* voir sujet 7.
Métaphore :* voir sujet 5.
Personnification : voir sujet 2.
Animalisation :* voir sujet 10.
Explicite/implicite* :* est explicite ce qui est clairement exprimé ; est implicite ce qui est sous-entendu.
Métaphore filée :* métaphore qui se poursuit sur plusieurs termes, quelquefois sur l'ensemble d'un paragraphe ou d'un texte.

▶ **Faire référence à l'œuvre étudiée**
• Réfléchissez sur le sens du titre.
• Faites la liste des personnages qui apparaissent dans le roman et classez-les : par ressemblance (famille, profession) ; par types de portraits, par couples ou « trios », femmes/hommes...
• N'oubliez pas les « objets personnages » (ici, les locomotives, la Lison ; pour d'autres romans de Zola : le Voreux, la mine dans *Germinal*, l'alambic ou la maison ouvrière dans *L'Assommoir*...)
• Pour chaque personnage, relevez ses caractéristiques, mais aussi les qualificatifs, les dénominations que lui donne l'auteur ; quels procédés

l'auteur utilise-t-il pour les décrire ? Faites une fiche sur les personnages essentiels.
• Voyez comment chaque personnage évolue par rapport aux autres, ses relations avec eux au cours du roman.

▶ **Élaborer un plan**
Le plan ne saurait développer l'un après l'autre les termes du sujet : « types », « traitement », « fonction ». Il serait alors beaucoup trop descriptif et vous amènerait à des redites. Vous devez suivre une progression et aborder ces trois perspectives à propos de chaque question que vous poserez. *Attention :* si vous avez étudié un autre roman que *La Bête humaine*, votre plan risque d'être différent du plan ci-dessous. Ainsi, pour *Germinal*, il faudrait, dans la deuxième partie, parler des foules, véritables personnages du roman, et insister sur la dimension épique* de leur traitement.

Introduction

1. Une perspective nouvelle ? La simplification des personnages ?
1.1. Le refus du personnage central et de la psychologie.
1.2. Des personnages d'un nouveau genre, enserrés dans des réseaux : les contraintes de la série.
1.3. Des personnages plongés dans un milieu, au service d'un projet : la contrainte de l'expérience.

2. Un nouveau type de complexité ? Une nouvelle répartition des rôles ?
2.1. Bêtes ? Humains ? Des bêtes sauvages : la vision scientifique.
2.2. Pas des types mais des mythes et des symboles foncièrement tragiques.
2.3. Machines ? Bêtes ou humains ? La vision épique ou fantastique.
2.4. Conséquences du mélange des visions scientifique et épique sur le « traitement » des personnages.

Conclusion

❏ Corrigé

Attention ! Les indications entre crochets ne sont qu'une aide à la lecture et ne doivent pas figurer dans votre rédaction.

[Introduction]
La question du personnage est au centre du genre romanesque : sa conception a évolué en même temps que le genre lui-même, jusqu'à ce que, de nos jours, le Nouveau Roman exige sa disparition. Zola, dans *Les*

Rougon-Macquart, ne va pas jusqu'à cette extrémité : ses romans fourmillent de personnages. Il y en a plus de cinquante dans *Germinal*, une vingtaine dans *La Bête humaine*. Mais, en même temps qu'il redéfinit le roman, il dessine un nouveau profil de personnage. Qu'est-ce donc qui fait l'originalité des personnages de Zola et qui a pu justifier l'étonnement des contemporains face à eux ? Est-ce la nouvelle fonction que Zola leur attribue et qui amène à leur simplification ? Est-ce plutôt le traitement que l'auteur leur impose, qui aboutit à un renversement étrange des rôles ? Ou est-ce le mélange de diverses conceptions, qui aboutit à un personnage inclassable ? *La Bête humaine*, dix-septième roman des *Rougon-Macquart*, nous fournit une réponse à ces questions.

[1. Une perspective nouvelle ? La simplification des personnages ?]
Zola ne fait pas figure d'iconoclaste : il ne remet pas en cause la traditionnelle hiérarchie entre les personnages – secondaires et principaux – et il peuple ses romans d'individus qui ont nom, âge, physique et caractère, rôle social et participent au récit pour le construire. Cependant, il ne leur donne pas la même importance ni la même fonction que ses prédécesseurs : il redéfinit leur rôle, comme il s'en explique lui-même dans *Le Roman expérimental*.

[1.1. Le refus du personnage central et de la psychologie]
Zola renonce à la tradition du personnage central autour duquel se construit et tourne tout le roman. Témoins, les titres de ses romans : très peu portent le nom d'un de leurs personnages ou, si c'est le cas, ce nom est en général assorti de la mention de la fonction du personnage, insistant plus sur la profession que sur l'individu : *Son Excellence Eugène Rougon*, *Le Docteur Pascal*. Ainsi, parmi les nombreux titres entre lesquels Zola a hésité avant de choisir celui de *La Bête humaine* – « Les fauves », « L'homicide », « L'homme mangeur de l'homme », « Détruire », « Né pour tuer » –, aucun ne désigne de héros ou d'héroïne éventuels. Du reste, le titre auquel il s'est arrêté est énigmatique et ne dévoile pas explicitement le « héros » du roman : la « bête humaine », est-ce Jacques Lantier ? Sont-ce tous les meurtriers du roman ? Est-ce le progrès, concrétisé dans la machine ? Que l'on mesure la différence avec les titres des romans de Balzac : *Eugénie Grandet, La Cousine Bette, Le Cousin Pons*...
De la même façon, on dit de *La Bête humaine* que c'est le « roman des chemins de fer » ou le « roman de la justice », et non le « roman de Jacques Lantier » ou celui « de Séverine », tout comme *Germinal* reste dans les mémoires comme le « roman de la mine » et non d'Étienne Lantier.
La deuxième « tradition » à laquelle se soustrait Zola est celle de la profondeur psychologique des personnages. Il renonce à retracer les méandres

d'un caractère compliqué et affirme lui-même : « Les personnages de second plan ont été indiqués d'un trait unique : c'est mon procédé habituel », « Le personnage n'est plus une abstraction psychologique ». Ainsi, les personnages de La Bête humaine, s'ils ont tous « leur mouvement propre » (Zola), n'évoluent pas de façon compliquée au cours du roman. Séverine présente des traits assez simples : c'est un être fragile et avide d'amour sensuel, inconsciemment « instrument d'amour, instrument de mort » ; Flore, elle, est toute d'une pièce, jalouse, violente, entière.
Zola lui-même parle d'une « simplification constante des personnages », ce qui fait qu'on leur a reproché de n'avoir aucune profondeur, de ne pas évoluer, d'être des pantins sans consistance.
C'est un jugement réducteur qui ne tient pas compte de la spécificité et de la nouveauté des personnages de Zola, dans leur nature même, de la nouvelle fonction qu'ils assument et des contraintes qui pèsent sur eux.

[1.2. Des personnages d'un nouveau genre, enserrés dans des réseaux : les contraintes de la série]
S'il est vrai qu'ils n'existent plus vraiment pour eux-mêmes, ils n'en ont pas moins une identité propre. Leur caractéristique commune est leur appartenance à une famille : ils prennent leur valeur comme « maillons » d'une chaîne, solidaires les uns des autres. Du reste, toute étude d'un roman des Rougon-Macquart est en général précédée d'un arbre généalogique, qui permet de mieux lire le roman et de mieux comprendre le personnage.
Ainsi Jacques Lantier est-il le fils de Gervaise Macquart ; or son appartenance à la branche Macquart le voue au crime et l'enserre dans un réseau généalogique très lourd : « Il payait pour les autres, les pères, les grands-pères qui avaient bu, les générations d'ivrognes dont il était le sang gâté, un long empoisonnement, une sauvagerie qui le ramenait avec les loups mangeurs de femmes, au fond des bois. » C'est l'idée directrice de Zola – rendre compte de l'influence de l'hérédité et des liens familiaux –, qui construit ses personnages et qui fait qu'ils ne prennent leur vraie valeur que dans un ensemble, une série.
De la même façon, non plus dans l'ensemble de l'œuvre, mais à l'intérieur du roman lui-même, chaque personnage ne prend sa véritable dimension et ne se définit que par les rapports qu'il entretient avec les autres : il n'y a pas de héros, mais le personnage participe au jeu des liens qui se font et se défont. On a ainsi souvent parlé, dans La Bête humaine, de construction « triangulaire ». On distingue d'abord le couple Séverine-Roubaud, et, à l'écart, Lantier ; puis, par inversion, le couple Séverine-Lantier, et, à l'écart Roubaud. « L'évolution de ce rapport "triangulaire" se

retrouve entre Lantier, Pecqueux et Philomène : d'abord le couple Philomène-Lantier, et Lantier à l'écart ; puis le couple Philomène-Lantier, et Pecqueux à l'écart [...]. À chaque fois un personnage s'insère dans les rapports d'un couple pour le briser » (Gérard Macé), dans un système de couple/trio, générateur de violence. C'est ainsi que les personnages acquièrent leur existence. En un sens, ce qui caractérise les personnages de Zola, c'est leur « solidarité ».

[**1.3. Des personnages plongés dans un milieu, au service d'un projet : la contrainte de l'expérience**]
Sur les personnages de Zola pèse aussi la contrainte pédagogique et scientifique : « Le personnage est devenu un produit de l'air et du sol, comme la plante ; c'est la conception scientifique », affirme Zola dans *Le Roman expérimental*, qui souhaite démontrer l'influence du milieu sur les hommes.

Ingrédients d'une expérience, les personnages principaux ont une fonction similaire à celle du réactif en chimie et servent le projet de l'observateur qu'est le romancier naturaliste. Cela explique la recherche des règles de comportement plutôt que des analyses individuelles. Ainsi, les personnages sont construits méthodiquement : pour créer Lantier, dont l'hérédité, dans le milieu où il vit, se tourne en folie homicide, Zola a étudié la pathologie criminelle et le « vertige criminel épileptoïde ».

Aussi ces personnages ne sont-ils plus des types au sens où l'entendait Balzac, c'est-à-dire psychologiques – l'avare, l'arriviste, le père –, mais représentent des comportements types ou des fonctions, tel le cheminot type. Et le personnage tire ses caractéristiques physiques, morales, intellectuelles de la fonction que Zola lui assigne dans la démonstration que constitue le récit : Cabuche, être fruste, a « des poings énormes, des mâchoires de carnassier » ; Flore, tout l'opposé de Séverine, violente et passionnée, a « les hanches solides et les bras durs d'un garçon ».

Dans ce contexte, les personnages secondaires prennent surtout une fonction sociale et servent aussi l'économie du roman : en même temps qu'ils donnent de la vraisemblance au récit, ils rendent compte de la vie ou de la mentalité du milieu et permettent de mesurer les « réactions » des personnages principaux. C'est le rôle, par exemple, du secrétaire général du ministère de la Justice, Camy-Lamotte, ou des membres de la famille du président Grandmorin, Mme Bonnehon ou M. et Mme de Lachesnaye.

Là encore, les personnages de Zola n'existent pas pour eux-mêmes, mais se définissent par le rôle qui leur est assigné dans l'expérience pédagogique : en ce sens, Zola leur délègue une grande responsabilité, en fait ses « aides » dans son projet.

Et pourtant, ces créations ne sont pas de purs éléments théoriques, simplifiés à l'extrême, et ne sont pas dénués de présence : ce sont des personnages puissants qui restent dans les mémoires. C'est sans doute que leur nouveauté ne réside pas seulement dans leur rôle « scientifique ».

[2. Un nouveau type de complexité ? Une nouvelle répartition des rôles ?]

L'originalité des personnages de *La Bête humaine* est déjà suggérée par le titre même du roman. Zola procède à une nouvelle donne dans le monde romanesque, où les rôles semblent presque inversés entre les hommes et les objets.

[2.1. Bêtes ? Humains ? Des bêtes sauvages : la vision scientifique]

Le principe même qui consiste à montrer le fond d'animalité présent en tout homme amène Zola à assimiler ses personnages à des animaux. Presque tous les personnages du roman sont des fauves, souvent qui tuent : ainsi Roubaud, dans sa crise de jalousie, devient un « loup » ; Cabuche est un « loup-garou », une « bête violente », un « carnassier », mais aussi un « chien fidèle ». Flore est tantôt une « chèvre échappée de sa montagne », tantôt une « louve » ; Grandmorin est « saigné » comme un « cochon », Misard est un « insecte rongeur ». Ces métaphores animales qui peuvent accompagner le personnage tout au long du récit servent à caractériser son physique ou son moral et, en même temps, elles ravalent les humains à l'état de bêtes. Cela crée une dualité constante dans les personnages, mi-hommes, mi-bêtes.

[2.2. Pas des types, mais des mythes et des symboles foncièrement tragiques]

Par ce moyen, Zola décrit la dégénérescence ou l'instinct, le fond d'animalité primitive présent en tout homme. Lantier porte en lui la tare familiale, mais aussi le poids des instincts bestiaux primitifs : « Il obéissait à ses muscles, à la bête enragée [...] qu'il sentait en lui », « terrifié de n'être plus lui, de sentir la bête prête à mordre ».

« Je voulais exprimer cette idée : l'homme des cavernes resté dans l'homme de notre XIXe siècle », dit Zola. Ces personnages, images de tout homme, accèdent ainsi au statut de symboles ou de mythes.

Ils deviennent par là des personnages tragiques : en effet, Zola ne leur laisse aucun libre arbitre et, prévisibles, ils subissent le poids d'une fatalité, mais moderne, scientifique, bien différente de celle de l'Antiquité : celle de la « fêlure héréditaire », du déterminisme biologique.

[2.3. Machines ? Bêtes ou humains ? La vision épique ou fantastique]

Ce n'est pas seulement sur cette métamorphose des hommes en bêtes que repose le « système » des personnages chez Zola ; on assiste en fait à un véritable renversement des rôles.

En effet, l'animalisation des hommes se double de celle des êtres inanimés. Ainsi, par cette transformation et ce cheminement en sens inverse, machines et êtres humains se rejoignent dans l'animalité : dans *La Bête humaine*, Zola donne un nom, un diminutif féminin, à la locomotive de Jacques : la Lison. Elle est souvent assimilée à une jument, devenue une « bête qui fonçait tête basse et muette » « ainsi qu'un cheval qui a peur », et on la voit « mourir », « détendant [...] son genou de géante », « pareille à une cavale monstrueuse, [...], souillée de terre et de bave [...], les membres épars, les flancs ouverts, dans le sifflement de ses râles ». Ailleurs, elle ressemble à « un sanglier dans la futaie ».

Parfois, ce sont les éléments naturels eux-mêmes qui accèdent au rang de véritables personnages : la tempête de neige qu'affronte la Lison s'anime et devient un redoutable ennemi vivant : « la neige dormait », mais tout à coup elle se réveille, monstre effrayant.

Ainsi, les hommes et les objets – également monstrueux – se distinguent à peine dans le roman et se fondent dans une même animalité. C'est dans cette vision fantastique – qui confine à l'épopée et rappelle Victor Hugo – que réside la véritable originalité de la création de Zola : construits à partir d'un principe d'objectivité proprement scientifique, ses personnages dépassent la dimension réaliste.

Paradoxalement même, les machines, par le biais de la personnification, accèdent parfois au rang d'êtres humains, remplaçant et surpassant les hommes : les locomotives sont « des ménagères vives et prudentes » ; la Lison est « une maîtresse apaisante » et apparaît pour Lantier comme un substitut de la femme. Lantier a avec elle les rapports qu'il peut avoir avec un véritable personnage. L'étrange couple de l'homme et de la machine consacre le mélange du réel et du fantastique, que suggère le titre du roman.

[2.4. Les conséquences du mélange des visions scientifique et épique sur le « traitement » des personnages]

Ce mélange de ces deux perspectives apparemment contradictoires entraîne un « traitement » original des personnages chez Zola. Le refus de l'analyse psychologique fait de ces créations des personnages « vus », dont l'auteur n'analyse pas les pensées, mais que le lecteur *voit* agir. Ce principe, associé à la puissance de ces personnages mûs par leurs instincts, infléchit le type de narration : le roman privilégie l'action et le drame. Ainsi, dans *La Bête humaine*, les meurtres se multiplient.

En même temps, le narrateur s'efface devant ses personnages et privilégie les paroles rapportées, souvent au style indirect libre : c'est la parole du personnage qui vient s'immiscer dans le corps de la narration. Ainsi, on *entend* Lantier, fatigué, victime d'hallucinations : « N'était-ce pas un

arbre abattu, là-bas, en travers de la voie ? [...] Des pétards, à chaque minute n'éclataient-ils pas, dans le grondement des roues ? »
Ces personnages d'un nouveau genre se rapprochent ainsi de ceux du cinéma, comme en témoignent les nombreuses adaptations à l'écran des romans de Zola. On pense notamment à *La Bête humaine*, porté à l'écran par Jean Renoir, avec Jean Gabin.

[Conclusion]

L'originalité des personnages de Zola, notamment de ceux de *La Bête humaine*, ne tient plus tellement de nos jours à leur composante scientifique, nouvelle au XIXe siècle, mais plutôt au mélange de deux visions qui peuvent sembler contradictoires et que Zola entremêle de façon indissociable : la vision réaliste et la vision fantastique et épique qui s'éclairent l'une l'autre. D'une part, les personnages répondent aux préoccupations scientifiques du XXe siècle, d'autre part, ils satisfont, comme les personnages de cinéma, le goût pour l'action et l'imaginaire, parfois visionnaire.

Une « œuvre de vérité »

17 FRANCE MÉTROPOLITAINE • JUIN 2000
SÉRIES STI, SMS, STL, STT

Zola présente un de ses romans comme une « œuvre de vérité ». **Cette définition s'applique-t-elle à l'œuvre de Zola ou de Maupassant que vous avez étudiée ?**

❏ Travail de préparation

▶ **Analyser le sujet**
• Il est court : il contient une affirmation de Zola avec une expression citée littéralement qui forment une « définition » d'une part, une question d'autre part. Dans la question, vous trouvez aussi la confirmation de ce que l'on vous dit toute l'année : il faut appuyer votre devoir sur des exemples précis, extraits de l'œuvre que vous avez étudiée.
• Il n'est pas ambigu : il vous demande de prendre position sur la thèse suivante : *Zola (ou Maupassant) dans son œuvre montre la vérité*.
• Le verbe « s'applique-t-elle » vous invite à donner votre avis sur la définition. Vous pouvez donc être d'accord avec cette définition (étayer la thèse de Zola), la récuser (réfuter la thèse de Zola), ou encore la nuancer (discuter la thèse de Zola), à votre choix.
• Mais à chaque fois, vous devez donner des arguments et des exemples qui appuient votre position.

▶ **Comprendre la consigne en la décomposant
en plusieurs sous-questions**
- La question générale à traiter est : Zola (ou Maupassant) dit-il la vérité dans son œuvre ou non ?
- Le mot-pilier du sujet est « vérité ». Pour la recherche de pistes à exploiter, une définition de ce mot est indispensable et vous aidera à trouver des sous-questions à se poser :
– la vérité est la fidélité à la réalité, d'où la question : Zola (ou Maupassant) est-il fidèle à la réalité ?
– la vérité est proche de l'objectivité, de l'impartialité, d'où la question : L'œuvre de Zola (ou Maupassant) est-elle objective, ne porte-t-elle aucune marque de subjectivité ?
– la vérité est le contraire de la fausseté, d'où la question : Zola (ou Maupassant) peint-il des choses fausses ? Donne-t-il une image fausse du monde ou des hommes ?
– la vérité est le contraire du mensonge, de l'illusion, mais on peut mentir de plusieurs façons :
– par omission, d'où la question : Zola (ou Maupassant) n'omet-il pas certains aspects du monde ou des hommes dans sa peinture romanesque ?
– par déformation, d'où la question : Zola (ou Maupassant) ne déforme-t-il pas certains aspects du monde ou des hommes dans sa peinture romanesque ?
– la vérité est le contraire de la fiction, de l'imagination, d'où la question : Zola (ou Maupassant) fait-il une œuvre de fiction ? d'imagination ?
- Le mot « vérité » indique donc que Zola considère que son œuvre est fidèle à la réalité, ne ment pas, c'est-à-dire n'omet rien (« montre tout ») et ne déforme pas ce qu'elle peint.

▶ **Dépasser le sens étroit des mots du sujet**
- Vous pouvez aussi essayer d'aller plus loin et vous demander :
– s'il est possible d'atteindre la vérité dans la peinture du monde qu'est le roman, si l'œuvre d'art ne porte pas forcément les marques de la subjectivité de son créateur, comme toute œuvre d'art ;
– si vérité et réalité sont vraiment synonymes ou si on ne peut pas atteindre la vérité, et même « faire plus vrai » que la réalité grâce au traitement artistique : c'est le problème de l'illusion artistique (recomposition de la réalité, composition de l'œuvre, choix de détails particulièrement significatifs, mots particulièrement évocateurs...).
- D'autres questions viennent alors préciser le sujet :
– l'œuvre de Zola (ou de Maupassant) ne porte-t-elle pas des traces de la personnalité artistique de son auteur, ne présente-t-elle pas **sa** vision du monde ?

– par quels moyens Zola (ou Maupassant) arrive-t-il éventuellement à faire plus vrai que le vrai ? (étude des procédés artistiques, de l'écriture).

▶ **Conseils de méthode pour trouver les sous-questions d'un sujet qui ne comporte qu'un mot-clé**
• Trouver le mot-clé, porteur de sens et posant le thème à traiter, qui indique sur quoi il faut faire reposer la problématique générale (exemple ici : « vérité »).

• Subdiviser ce mot en en faisant la définition la plus complète : soit en cherchant ses différents sens, soit en cherchant à quoi il s'oppose (son antonyme dans le dictionnaire). On pourra s'appuyer sur l'exemple ci-dessus : vérité = fidélité à la réalité/contraire de la fausseté, du mensonge.

• Éventuellement, subdiviser l'antonyme trouvé (ici : *fausseté/mensonge*) en ses différentes acceptions ou en catégories (ici : *par omission/par déformation*).

• Poser, à partir de ces définitions diverses, des « sous-questions » qui dérivent du sujet (ici, par exemple : Zola ou Maupassant déforme-t-il la réalité ?).

• Ces « sous-questions » servent de pistes de recherche ou, parfois même, donnent la clé d'une partie de dissertation (ici, la question Zola ou Maupassant déforme-t-il la réalité ? suggère de traiter : « La transfiguration du réel chez Zola ou Maupassant »).

• Essayer de dépasser le sens étroit du mot et élargir le champ de recherche à partir des notions qu'il met en jeu (ici, *l'objectivité/la subjectivité*).

▶ **Faire appel à ses connaissances**
Le sujet exige une bonne connaissance de l'œuvre étudiée, mais il faut aussi connaître les principes essentiels du naturalisme, exposés notamment dans *Le Roman expérimental* de Zola et dans la préface de *Pierre et Jean* de Maupassant.

▶ **Élaborer un plan**
Le plan pourra être dialectique*, dans la mesure où vous serez sans doute amené à dire d'abord : « oui, l'œuvre étudiée est une œuvre de vérité », puis à montrer que « tout roman propose une vision subjective du monde », et enfin que « vérité et réalité ne sont pas exactement synonymes : le roman comme œuvre d'art qui transforme et fait *plus vrai que le vrai* » (retenez quelques directions de recherche définies plus haut et exploitez-les ; vous ne sauriez tout dire).

❏ Corrigé

Ce sujet est traité sous forme de plan succinct. Vous devez faire vous-même le travail de préparation ci-dessus, choisir les « sous-questions » qui vous paraissent le mieux convenir et vous exercer à :
– alimenter le plan d'exemples précis ;
– introduire citations et exemples (sans les mettre entre parenthèses ou sous forme de liste) ;
– rédiger en vous inspirant des corrigés entièrement rédigés de ce volume.

Introduction
– Rappeler contre quoi réagissent les naturalistes (voir préparation du sujet 18, page 250) : l'idéalisme et le romantisme (fuite de la réalité, création d'un monde idéal, goût de l'illusion et des grands sentiments). Ainsi, pour Zola, les romantiques ne font pas « œuvre de vérité ».
– Rappeler le principe du naturalisme : son champ d'action est le réel, sa méthode l'observation et l'expérimentation, son but de reproduire la réalité comme le font les scientifiques.
– Poser le problème en rappelant la définition de Zola et indiquer qu'elle prête à discussion.
– *Annonce du plan*
• *Certes*, le naturalisme est une « œuvre de vérité » en un sens.
• *Mais* l'œuvre n'en est pas moins teintée de la subjectivité de l'auteur, homme et artiste à la fois.
• *En fait*, l'art de l'écrivain et l'écriture romanesque accèdent à une vérité qui n'est pas la pure copie de la réalité, mais une vérité supérieure, artistique : le travail sur le réel.

1. Certes, le naturalisme est une « œuvre de vérité ».
1.1. Un mouvement littéraire qui s'inscrit dans une époque de progrès scientifique et technique et se donne les mêmes principes de rigueur et d'objectivité que les sciences expérimentales.
1.1.1. La nécessité d'objectivité dans la description des lieux.
1.1.2. La description de tous les milieux.
1.1.3. La retranscription fidèle du langage (selon le milieu).
1.2. Un objectif d'étude sur l'homme : la mise en évidence des instincts et des forces qui régissent la conduite de l'être humain et du monde.
1.2.1. Biologiquement : l'importance du sexe, de l'hérédité (exemple de l'alcoolisme).
1.2.2. Socialement : l'argent crée les conflits sociaux (exemple).
1.2.3. L'ambition, la soif de pouvoir mènent la société, le monde (exemple).

1.3. D'où la description de « l'immonde » et du « bestial » dans le roman (voir sujet 18).
1.3.1. Les réalités physiques crues : alcool et misère, corps et nourriture (exemple).
1.3.2. La déchéance sociale : l'adultère et le crime (exemple).
1.3.3. Des personnages « de la rue » menés par leurs instincts plus que par les sentiments (exemple).
Tous les éléments de la réalité sont réunis pour :
– être objectif : « peindre son époque » sans idéaliser et sans concessions hypocrites à la morale bien pensante de la bourgeoisie et de l'aristocratie ;
– « mieux se connaître pour mieux guérir » : volonté de remédier à une situation souvent dramatique ; faire un diagnostic juste pour combattre la « maladie » sociale et humaine ; appel à plus de justice et de solidarité (le projet « socialiste » de Zola).
Transition : mais malgré ce souci constant d'objectivité, de « peinture vraie », le romancier naturaliste est un homme et un individu et ne peut échapper à une certaine subjectivité.

2. La part de subjectivité : l'œuvre n'en est pas moins teintée de la subjectivité de l'auteur, homme et artiste à la fois.
2.1. Une certaine « vision » du monde.
2.1.1. La part de fiction : le roman naturaliste n'est pas une chronique, un journal (des personnages fictifs : exemple), d'où la nécessité de retenir le lecteur par une « histoire » et le suspense.
2.1.2. Les goûts et la personnalité de l'auteur transparaissent dans les lieux (exemple : Maupassant et la Normandie), dans les personnages (exemple de personnages rendus « sympathiques » par l'auteur, malgré leurs défauts).
2.2. L'irruption de la poésie dans le roman.
2.2.1. Le recours aux images, qui, par définition, déforment la réalité : comparaisons, métaphores, personnifications, animalisations.
2.2.2. La vision épique et la transfiguration du monde (exemple).
2.3. Le jeu de la focalisation interne.
2.2.1. La focalisation interne fait voir « à travers » le regard des personnages (ce n'est plus le regard objectif de l'observateur) (exemple).
2.2.2. Derrière le regard des personnages se profile souvent l'auteur lui-même : il leur donne son regard. Les interventions de l'auteur pour corriger le réel trop cru (exemple), pour exprimer ses sentiments (pitié, admiration parfois) (exemple).
Voir préface de *Pierre et Jean* : « Quel enfantillage de croire à la réalité puisque nous portons chacun la nôtre dans notre pensée et dans nos

organes » et « L'adresse consiste à ne pas laisser reconnaître ce moi par le lecteur sous tous les masques divers qui nous servent à le cacher. »
2.2.3. D'où les thèmes récurrents, parfois obsessionnels, chez chacun de ces auteurs (exemple).
Transition : l'écriture romanesque ne saurait être une œuvre de laboratoire, car elle exige un travail sur le réel.

3. Art et vérité. En fait, l'art de l'écrivain et l'écriture romanesque accèdent à une vérité supérieure, artistique : le travail sur le réel.
3.1. Le style : le roman peint par le langage et l'écriture, et utilise leurs ressources.
3.1.1. le langage, par le choix des mots, donne une coloration à la réalité.
3.1.2. les ressources du langage créent une tonalité : emphase et hyperbole (exemple), amplification épique (exemple), pathétique (exemple).
3.2. L'opération qui consiste à « choisir » dans le réel implique la recréation du réel, mais, par des choix pertinents, le romancier met en évidence et crée une vérité plus saisissante encore (exemple), d'où l'effet de réel.
3.3. L'écriture romanesque « plus vraie que le vrai », l'« illusion du vrai » : voir préface de *Pierre et Jean* : « Faire vrai consiste à donner l'*illusion* complète du vrai, suivant la logique ordinaire des faits, et non à les transcrire servilement dans le pêle-mêle de leur succession », d'où illusion artistique (comme en peinture), qui peint l'essence des choses.

Conclusion
– Rappeler la définition par Zola du romancier réaliste dans *Le Roman expérimental* : « Le réaliste cherchera non pas à nous montrer la photographie banale de la vie, mais à nous en donner la vision [...] plus probante que la réalité même. »
– Rappeler que cette volonté d'être vrai correspond à une mutation sociale et esthétique profonde au XIXe siècle, à de nouvelles valeurs.
– Rappeler la volonté des naturalistes d'éclairer le lecteur et d'amender la société.
– Mais un écrivain reste un homme (avec sa subjectivité) et un artiste (avec son « outil » artistique et sa vision du monde). Les romanciers ont donc d'autres façons de « peindre » que les journalistes ou les scientifiques. Mais leur peinture n'en est pas moins « vraie ».
– Enfin, si le roman naturaliste n'était qu'un rapport presque médical sur le monde, le lecteur (notamment moderne) n'y trouverait qu'un intérêt informatif (désormais historique). Or, Zola et Maupassant intéressent aussi par les « histoires » qu'ils nous racontent.

Le sordide

18 GUADELOUPE-GUYANE-MARTINIQUE • JUIN 2000
SÉRIES STI, SMS, STL, STT

« **La peinture de ce qu'il y a de plus sordide** »

Estimez-vous qu'on puisse reprocher à Zola ou à Maupassant, comme l'ont fait leurs adversaires, de se complaire dans la peinture de ce qu'il y a de plus sordide dans la réalité et de plus bestial dans l'homme ? **Vous appuierez votre réflexion sur l'œuvre du programme que vous avez étudiée.**

Œuvre de référence : *L'Assommoir* de Zola.

❏ Travail de préparation

▶ **Analyser le sujet**
• Le sujet est court et sans ambiguïté. Il consiste en une question (« Estimez-vous... ? ») qui elle-même contient une constatation. La dernière phrase n'est que la confirmation de ce que l'on vous dit toute l'année : il faut appuyer votre devoir sur des exemples précis, extraits de l'œuvre que vous avez étudiée. Mais sachez que les copies faisant référence à d'autres romans naturalistes que celui étudié en classe sont systématiquement « valorisées » (c'est le terme même utilisé dans les suggestions officielles de correction). Cependant vous ne devez pas vous limiter à « un panachage » de références non exploitées.
• Les mots « sordide, bestial » indiquent le thème à traiter. Ils sont liés à ce que l'on appelle le réalisme* en littérature, mais prennent une connotation péjorative* (que leur donnent le verbe « reprocher » et le mot « adversaires »). Ils font donc allusion à un réalisme poussé à l'extrême, voire inconvenant.

• Le verbe « estimez-vous » vous invite à donner votre avis sur une **thèse** que vous devez clairement formuler : Zola semble prendre plaisir à **faire une description répugnante du monde et des hommes, au détriment de ce qui est noble et beau en eux et en cela il a tort.**
Cette formulation implique la possibilité d'une discussion* dans laquelle, certes, vous pouvez abonder dans le sens des « adversaires » de Zola, mais aussi leur apporter la contradiction.

▶ **Comprendre la consigne**
Il s'agit de se placer dans une perspective de « jugement » devant un tribunal. L'accusé serait le romancier naturaliste. Chef d'accusation : une œuvre trop « sordide » et par là dégoûtante, sans idéalisme ni vertu divertissante. Vous prendriez successivement la place de l'accusateur puis celle de l'avocat de la défense, chargé quant à lui de trouver 1. des circonstances atténuantes ou des mobiles, 2. des qualités à l'accusé.

▶ **Faire appel à ses connaissances**
• Le sujet exige une bonne connaissance de l'œuvre, mais il renvoie aussi à deux conceptions opposées de la littérature. Il est bon pour le traiter de connaître les courants littéraires opposés à la conception de Zola : le romantisme surtout, la théorie de l'art pour l'art aussi, en somme la littérature idéaliste.
Romantisme : mouvement artistique de l'époque 1820-1850. Chef de file du romantisme en littérature : Victor Hugo.
• Le mouvement romantique :
– tend parfois à fuir la réalité top décevante et à se complaire dans un monde imaginaire ;
– recherche un idéal de sentiments et croit en la grandeur de l'homme (exaltation des sentiments), aux bons sentiments qui exaltent l'âme ;
– recrée la réalité et en vient même parfois à transformer l'histoire (on pense aux romans historiques de Hugo, comme *Notre-Dame de Paris*) pour recréer des époques qui font rêver le lecteur ;
– met en scène des héros au grand cœur (Jean Valjean dans *Les Misérables*), aux vertus extraordinaires ;
– tend à vouloir « grandir l'âme » du lecteur.

▶ **Faire référence à l'œuvre étudiée**
• Relevez les passages particulièrement réalistes, crus, parfois vulgaires.
• Faites aussi une liste :
– des thèmes abordés et des milieux représentés ;
– de mots de vocabulaire crus qui émaillent l'œuvre ;
– des procédés qui soutiennent cette tonalité et peuvent engendrer le dégoût (exemple : l'animalisation*, voir sujet 10, page 164).

▶ **Élaborer un plan**

Le plan dialectique* pur (thèse/antithèse/synthèse) ne saurait être satisfaisant, car il n'est pas possible de dire que le romancier naturaliste ne décrit pas ce qui est « sordide » et « bestial » (antithèse*) ; il s'agit d'accepter l'évidence (première partie), mais de montrer que le romancier a des excuses et des raisons de le faire (deuxième partie), puis que, pour juger son œuvre, il faut dépasser cette seule perspective et admettre qu'elle transfigure le « sordide » et présente des qualités esthétiques (troisième partie).

Introduction

1. La parole à l'accusation. Une littérature « sordide et bestiale » : la pertinence des griefs.

1.1. « Tout montrer » : le refus d'une tradition idéaliste et le goût de l'anecdote, l'écriture journalistique qui « montre » les hommes et le monde dans leur crudité :
– des décors réalistes : la rue et ses cours grasses ;
– le refus du héros : l'homme de la rue ;
– les instincts plus que les sentiments.
– les nouveaux thèmes « bas » : le corps et la nourriture.

1.2. La perspective purement scientifique : une littérature de laboratoire, l'étude des tempéraments.

1.3. Un blasphème contre l'écriture littéraire : une langue « verte » qui scandalise, l'écriture en liberté.

1.4. L'horreur du rêve : l'échec des personnages rêveurs.

2. La parole à la défense. Comment le sordide et le bestial se justifient-ils ? Circonstances atténuantes et mobiles.

2.1. Un grand projet moderne : l'écriture scientifique, la démonstration raisonnée du déterminisme.

2.2. Le souci de l'objectivité.

2.3. Le projet satirique et politique.

2.4. La volonté didactique : « mieux se connaître pour mieux guérir ».

3. La parole à la défense. Au-delà de l'immonde, la beauté, le mythe et la vision.

3.1. Le miracle littéraire : la transfiguration de la laideur, l'écriture artiste.

3.2. Émotion et sensation rendues dans leur immédiateté, à l'état brut.

3.3. Le fantastique et l'épique : la création de mythes modernes.

Conclusion

❏ Corrigé

[Introduction]
Dès leur parution, les œuvres naturalistes n'ont pas manqué d'être la cible de multiples reproches scandalisés et même des disciples de Zola ont fini par faire des comptes rendus assassins des œuvres du maître, refusant de « participer à une dégénérescence inavouable » : « Michel-Ange de la crotte » pour le romancier Barbey d'Aurevilly, créateur d'un « haut tas d'immondices » pour Anatole France, Zola aurait, par un « violent parti pris d'obscénité », tout juste produit dans ses *Rougon Macquart* « une fanfaronnade de cochonnerie », un « étalage de sensualité et de bestialité ». Comme si cela ne suffisait pas pour l'accabler, au banc des plaignants, on trouve un personnage de Zola lui-même, Nana, cette fille du peuple née de la Gervaise de *L'Assommoir* et devenue courtisane. Elle aussi reproche à son créateur de « se complaire dans la peinture de ce qu'il y a de plus sordide dans la réalité et de plus bestial dans l'homme » et préférerait une littérature plus « noble et tendre », capable de « faire rêver ».
Cette mise en accusation de Zola ne peut que nous inciter à étudier le « cas » : après avoir laissé la parole à l'accusation et examiné la pertinence des griefs contre une littérature qu'elle juge immonde, il convient de faire parler la défense et de chercher si ce parti pris de Zola ne correspond pas à des ambitions moins critiquables et si, au-delà des « ordures », le roman naturaliste ne présente pas des qualités et ne propose pas une autre façon de « faire rêver ».

**[1. La parole à l'accusation. Une littérature « sordide et bestiale » :
la pertinence des griefs.]**

[1.1. « Tout montrer » : le refus d'une tradition idéaliste et le goût de l'anecdote, l'écriture journalistique qui « montre » les hommes et le monde dans leur crudité]
Le naturalisme est le résultat d'un refus esthétique des principes des mouvements littéraires qui l'ont précédé, notamment le romantisme. À l'instar du romancier Huysmans, Zola veut « l'enterrement des romans de cape et d'épée, [...] l'envoi au décrochez-moi-ça de toute la défroque des temps passés » et s'oppose à cette fuite devant la réalité perçue comme trop décevante, déprimante, à ce refuge dans un monde imaginaire idéal, poétisé.
Ce principe le conduit à une technique romanesque tout à fait différente qui effectivement fit scandale et qui touche toutes les composantes du roman : celui-ci devient, plus qu'une littérature esthétisante et onirique,

une littérature presque journalistique qui « montre » le monde et les hommes dans toute leur réalité, et même leur crudité. « L'heure n'a-t-elle pas sonné de tout étudier et de tout dire ? » s'interroge Zola. « Tout dire », cela signifie pour lui dire aussi la bassesse et la misère.

[Des décors réalistes : la rue et ses cours grasses]
Cette transformation modifie considérablement les types de descriptions : lieux et décors, même sordides, sont « donnés à voir » le plus objectivement possible. Ce ne sont plus uniquement les beaux quartiers de Paris ou des endroits de rêve, mais aussi le faubourg, les cours grasses et puantes de *L'Assommoir*, où vit la propre mère de Nana. Le roman décrit « le remuement de la populace, le murmure, la houle de la multitude qui flûtent ou mugissent »..., l'humidité grasse, la chaleur, la puanteur et le bruit du lavoir. Ainsi Zola revendique pour *L'Assommoir*, dans sa préface, le statut de « premier roman sur le peuple qui ait l'odeur du peuple », avec sa crasse et ses mauvaises odeurs. Le romancier Huysmans emboîte le pas : « Nous allons à la rue, à la rue vivante et grouillante, aux chambres d'hôtels aussi bien qu'aux palais, aux terrains vagues aussi bien qu'aux forêts ventées. » En conséquence, Zola décrit surtout les milieux urbains, « le coin des pouilleux », l'odeur, la graisse, l'humidité, composantes de tous les lieux de *L'Assommoir*.

[Le refus du héros : l'homme de la rue]
Le refus de l'idéalisation s'étend aux personnages et à la technique du portrait qui devient avant tout réaliste. Pas de héros extraordinaires qui forgent le monde à leur gré, mais des personnages ordinaires : pour Zola, « le premier qui passe est un héros suffisant ». « Nous voulons essayer de ne pas faire comme les romantiques, des fantoches plus beaux que nature, remontés toutes les quatre pages, brouillés et grandis par une illusion d'optique ; nous voulons essayer de camper sur leurs pieds des êtres en chair et en os, [...] des êtres enfin qui palpitent et qui vivent », revendique Huysmans. Ainsi, l'univers de Zola est peuplé de miséreux et de monstres. Gervaise dans *L'Assommoir* est victime d'un « lent avachissement », puis elle devient peu à peu « un tas de quelque chose de pas propre », de pourriture, pour finir cadavre décomposé, oublié sous un escalier. « Bijard l'ouvrier, bête brute, une figure noire et terrible » est déguenillé, il a la « face bleuie, sous sa barbe sale » ; lors de ses crises d'alcoolisme, il a « l'écume aux lèvres », dans ses yeux une « flamme de meurtre ».

[Les instincts plus que les sentiments]
Zola, comme les frères Goncourt, ne veut pas mettre en scène de sentiments « présentables », édulcorés, « hygiéniques », et il y a loin de sa description naturaliste de l'amour à celle des romantiques : « Tel qui a san-

gloté pour une femme et s'est marié avec une autre n'éprouve aucun regret et prend du ventre. Cet homme, je le déclare, me semble tout aussi grand, tout aussi intéressant à mettre en scène que Werther, cet imbécile qui mâchonne des vers d'Ossian quand il est gai et se tue pour Lolotte quand il est triste ! »
Cette vision de l'homme et l'accent mis sur ses instincts expliquent le recours fréquent au procédé de l'animalisation : le père Bru, près de l'agonie, laissé à l'abandon « était comme un chien [...], une bête hors de service, dont les équarrisseurs ne voulaient même pas acheter la peau ni la graisse ».

[Les nouveaux thèmes « bas » : le corps et la nourriture]
Apparaissent alors de nouveaux thèmes jusque-là considérés comme indignes de la littérature au XIXe siècle : le corps est partout présent, la nourriture et tous les besoins élémentaires ont chez Zola droit de cité. L'écriture du corps y domine : ainsi Gervaise voit Coupeau « sur le trône » à l'hôpital, « en fonction, son trou de balle au grand air ».
La vie de Gervaise est ponctuée de crises affreuses, peu ragoûtantes, de scènes de beuverie et de violence, de « rut », racontées dans une tonalité plus que réaliste : « Ça dansait jusqu'au fond de la viande : les os eux-mêmes devaient sauter. » Lors d'une crise de *delirium tremens*, Bijard jette sa femme au sol, la frappe devant ses enfants terrorisés, lacère sa fille de coups de fouet, l'attache au pied du lit. Zola lui-même parle d'un « tableau navrant », propre à « faire pleurer ».
Voici les convives d'un énorme repas offert par Gervaise : « La bouche ouverte, le menton barbouillé de graisse, ils avaient des faces pareilles à des derrières, et si rouges, qu'on aurait dit des derrières de gens riches, crevant de prospérité. »
Certes, ce n'est pas là une littérature qui fait « passer une heure agréable », comme le souhaiterait Nana, que l'histoire de sa mère Gervaise ne charmerait guère.

[1.2. La perspective purement scientifique : une littérature de laboratoire, l'étude des tempéraments]
Le roman de Zola est aussi le fruit d'un projet scientifique, inspiré par les découvertes médicales de l'époque, celles du médecin Claude Bernard par exemple, et appliqué à des réalités humaines. L'auteur y suit les principes et les lois de l'expérimentation : les hommes sont considérés comme des choses, soumis à un déterminisme essentiellement biologique et social, ou encore aux lois de l'hérédité : « Notre héros est le sujet physiologique de notre science actuelle, un être qui est composé d'organes et qui trempe dans un milieu dont il est pénétré à toute heure » (*Le*

Roman expérimental). Pour étudier « la fatalité des tempéraments et des milieux », Zola applique ces principes scientifiques à la littérature : partant d'un fait qu'il observe, il reconstitue avec précision le milieu observé – ce sont, dans *L'Assommoir*, les bas quartiers de Paris avec leurs débits de boisson –, il crée une situation et y fait évoluer ses personnages de façon à ce que la succession des faits mette en valeur le déterminisme qui les mène. Ainsi Gervaise, pourtant bonne et désireuse d'échapper à la misère par le travail, sombre dans l'alcoolisme. Le roman se déroule comme une expérience qui privilégie l'observation méticuleuse, qui « montre tout ».
Mais les critiques se sont acharnés à soutenir que « les figures de cire colorée des cabinets d'anatomie ne sont pas de l'art », que *L'Assommoir* « appartient moins à la littérature qu'à la pathologie » (A. Houssaye). Pour eux, dans la littérature, il faut chercher l'évasion et le loisir et non la reconstitution d'une salle de laboratoire.

**[1.3. Un blasphème contre l'écriture littéraire :
une langue « verte » qui scandalise, l'écriture en liberté]**
« Crotté », « s'empiffrer », « cochonner », « ventre », « derrière », « sentir mauvais », « crever »... Comment s'étonner qu'au milieu de l'eau grasse se trouvent aussi des mots gras ? C'est sans doute, tout autant que le contenu de ses œuvres, le langage de Zola qui a le plus choqué ses lecteurs, scandalisés par la remise en cause de ce qui était considéré comme une des caractéristiques fondamentales de la littérature, une de ses limites. Certes, Hugo avant lui avait introduit l'argot, des mots crus dans ses romans, mais il avait respecté les codes, cantonnant ce vocabulaire vert ou ordurier aux dialogues entre les personnages : le narrateur s'interdisait tout débordement langagier, la dignité de l'écrivain restait sauve.
Or, Zola abolit cette frontière entre le narrateur et ses personnages, ne distingue plus le langage de la voix narrative – censé être correct – et le parler populaire, ce qui a fait dire au romancier Flaubert : « Qu'on fasse parler les voyous en voyous, très bien, mais pourquoi l'auteur prendrait-il leur langage ? » On admet que Zola fasse parler ses personnages de façon ordurière, mais pas qu'il ait écrit les récits, les descriptions dans la langue « grossière et faubourienne qu'il fait parler à ses acteurs. Ce n'est plus du réalisme, c'est de la malpropreté ; ce n'est plus de la crudité, c'est de la pornographie », écrit Albert Millaud. C'est enfin déroger à sa haute mission de sauvegarder la littérature comme art.

[1.4. L'horreur du rêve : l'échec des personnages rêveurs]
Enfin, comme pour prouver par son œuvre même que le « rêve » est hors de saison et qu'il n'est plus question de « grandir l'âme », les fictions de

Zola consacrent l'échec de tous ses personnages un tant soit peu rêveurs : Gervaise, qui avait rêvé de rachat et de bonheur dans le travail et l'honnêteté, meurt comme un chien ; Nana, « mouche envolée de l'ordure » qui avait rêvé et vécu une vie de luxe bien éphémère, succombe affreusement à la « variole noire », bête blonde horriblement défigurée. Dans ce tableau, il ne semble décidément pas y avoir de place pour l'idéal, le rêve, la grandeur d'âme humaine.

[2. La parole à la défense. Comment le sordide et le bestial se justifient-ils ? Circonstances atténuantes et mobiles]
Cependant, ce qui a pu passer pour de la provocation gratuite s'explique par bien des aspects, et le projet de Zola de « tout montrer » n'est pas sans circonstances atténuantes ou, mieux, sans mobiles. Devant ses détracteurs, Zola saurait sans aucun doute se justifier.

[2.1. Un grand projet moderne : l'écriture scientifique, la démonstration raisonnée du déterminisme]
À une société en pleine transformation, il faut une littérature nouvelle. La science ayant fait des progrès spectaculaires, la littérature ne saurait ignorer cette profonde mutation, sous peine d'être en décalage avec son temps. Zola entend donc inventer une écriture scientifique, construire une intrigue selon les lois de la raison et non de l'imagination et en même temps accomplir un travail sur l'hérédité, montrer le modèle déterministe. Son projet d'ensemble des *Rougon-Macquart* répond à cette optique. Nana tient de sa mère Gervaise le passé alcoolique et est marquée dans tout son être par la misère. Jacques Lantier, le héros de la *Bête humaine*, fils aussi de Gervaise, paie pour l'alcoolisme de sa famille qui lui a légué une folie homicide et des instincts irrépressibles qui feront de lui un criminel. Or, observation et expérimentation s'appuient sur le réel et excluent toute intervention du rêve. L'immonde n'est qu'un corollaire du postulat de base que Zola s'est fixé et non un caprice ou l'expression d'un goût pour le morbide et l'ordure.

[2.2. Le souci de l'objectivité]
Par ailleurs, s'opposant en cela à Hugo qui affirmait : « Il est de ces tableaux qu'on ne doit pas faire. Que l'on ne m'objecte pas que tout cela est vrai, que cela se passe ainsi. Je le sais, je suis descendu dans toutes ces misères, mais je ne veux pas qu'on les donne en spectacle. Vous n'en avez pas le droit, vous n'avez pas le droit de nudité sur la misère et sur le malheur », Zola objecte son souci d'objectivité et, somme toute, d'honnêteté : les Gervaise sont légion au XIXe siècle et jeter un voile pudique sur elles, c'est « censurer l'information ».

Si l'écrivain doit s'engager – et cela, Hugo ne le récuserait pas –, s'il veut analyser, démonter, montrer avec objectivité un état de fait, il doit le faire sans manipulation et ne doit ni tricher ni occulter la réalité. Et Zola revendique le principe de vérité et d'objectivité, au nom de la franchise : « Quant à ma peinture d'une certaine classe ouvrière, elle est telle que je l'ai voulue, sans une ombre, sans un adoucissement [...] J'ai mis à nu les plaies d'en haut, je n'irai pas cacher les plaies d'en bas. »

[2.3. Le projet satirique et politique]
À ce souci d'objectivité s'ajoute la volonté avouée de dresser une critique de la société, à un moment crucial. Et si, pour Zola, « le poète a deux armes pour corriger les hommes : la satire et le cantique », son choix est résolument du côté de la première et il avoue : « Je ne suis pas un faiseur d'idylles ; j'estime qu'on n'attaque bien le mal qu'avec un fer rouge. » Il dénonce l'hypocrisie de la bourgeoisie ou de l'aristocratie, pourries par l'argent et l'ambition, et recourt pour cela à tous les procédés de l'écriture satirique : le portrait sans complaisance, qui va parfois jusqu'à la caricature féroce et s'apparente presque à une peinture de Bruegel ou à un dessin de Daumier : on pense par exemple à la « bataille des Gras et des Maigres » dans *Le Ventre de Paris* : « Les Gras, énormes à crever, préparant la goinfrerie du soir, tandis que les Maigres, pliés par le jeûne, regardent de la rue avec la mine d'échalas envieux ; et encore les Gras, à table, les joues débordantes, chassant un Maigre [...] qui ressemble à une quille au milieu d'un peuple de boules. »
Ailleurs, Zola recourt à l'animalisation : son œuvre comporte un bestiaire très fourni, du loup au furet, en passant par le carnassier. Parfois un simple nom croque un personnage de ce carnaval bourgeois : c'est par exemple le marquis de Carnavant, au nom évocateur.
C'est que la critique ne saurait s'embarrasser d'angélisme. S'opposer à ce qu'on appelle alors le bon goût, aux codes des classes, c'est dénoncer la laideur de cette société et renvoyer une image odieuse à ces nantis, pour les effrayer et les confondre.
Et l'on trouve la preuve que Zola a fait mouche dans le tollé de protestations républicaines qu'a soulevé son œuvre de la part des pouvoirs publics, ainsi que dans la censure qu'elle subit, coupée et retaillée.

[2.4. La volonté didactique : « mieux se connaître pour mieux guérir »]
Enfin, pour se défendre, Zola pourrait alléguer son ambition de permettre à l'homme de mieux se connaître pour mieux progresser. Le tableau qu'il dresse a une vertu morale et didactique et il affirme la nécessité de « tout savoir pour tout guérir ».
Ainsi, socialement et politiquement, le diagnostic du mal, de ce qu'il appelle « la lèpre » dont souffre alors le corps des travailleurs, sa des-

cription des « bouts de misère », des « vermines », est nécessaire pour remédier au mal. L'insalubrité dénoncée va dans le sens des théories des « hygiénistes » qui avaient le souci de purifier la ville de Paris.

De plus, le tableau prend une valeur prémonitoire : le flot d'alcool qui coule et ravage tout dans *L'Assommoir* est l'image métaphorique du flot des ouvriers qui menace d'envahir Paris si le Capital se refuse à soulager la misère ; de même, en Nana s'annonce la future mouche d'or qui s'envolera du quartier de la Goutte-d'Or pour contaminer et ruiner les beaux quartiers. L'« effroyable tableau » que peint Zola devient une gigantesque métaphore à valeur pédagogique qui entend « soigner [...] une nation d'après ses besoins ». Voilà pourquoi il refuse toute conception optimiste et euphorique du roman.

Individuellement, chaque lecteur apprendra à mieux connaître son être physique, ses instincts et les contraintes biologiques qu'il faut combattre physiquement : *L'Assommoir* peint les conséquences de l'alcoolisme et les crises de *delirium tremens* de Coupeau de façon explicite.

Moralement et humainement enfin, Zola, en « tentant d'expliquer les passions qui [...] mènent » les hommes, en restituant leurs pensées par la focalisation interne et leur langage même qui s'insinue dans la narration, en mettant en scène des « êtres enfin qui palpitent et qui vivent, qui parlent la langue qui leur fut apprise » (Huysmans), dévoile directement, sans intermédiaire, les méandres de l'âme humaine.

Au bout de cette enquête sur l'homme, il y a la connaissance et le pouvoir de se libérer des contraintes qui pèsent sur l'être humain : Zola ne cachait pas son désir de faire du naturalisme « de la morale en action, tout simplement ».

Mais on pourra objecter alors à Zola que morale et littérature ne sont pas forcément jumelles.

[3. La parole à la défense. Au-delà de l'immonde, la beauté, le mythe et la vision]

Il faudrait alors qu'il présente à Nana et à ses détracteurs une autre défense de son point de vue, plus esthétique et artistique...

[3.1. Le miracle littéraire : la transfiguration de la laideur, l'écriture artiste]

À l'image de Baudelaire qui, du mal voulait extraire les fleurs, du laid la beauté, Zola met en œuvre une nouvelle conception de la beauté que lui inspire le monde moderne. Ainsi, il compose la description du cortège débridé et sauvage des mineurs dans *Germinal* comme auraient pu le faire à la fois un sculpteur, un peintre qui marie formes, lignes, couleurs, un musicien même : la « symphonie » des bruits et du refrain « Du pain ! Du pain ! Du pain ! », le rythme, l'élan des phrases, les harmonies imitatives rendent compte de façon grandiose du « déboulement » des mineurs, de cette « vision rouge de la révolution ». La nature orchestre ce tableau à la Delacroix. Lucie et Jeanne, les filles de Deneulin, « remuées dans leur goût d'artistes par cette *belle* horreur », ne s'y trompent pas. L'écriture de Zola relève le défi de transfigurer « le sordide » et de lui conférer une valeur esthétique au même titre que la peinture du XIXe siècle.

[3.2. Émotion et sensation rendues dans leur immédiateté, à l'état brut]
Si la « peinture » est parfois belle, l'œuvre de Zola comporte aussi une qualité que ses détracteurs ne semblent pas saisir : l'aptitude à rendre émotions et sensations dans leur naturel, à l'état brut, pour mieux les faire partager au lecteur. Ce sont l'emploi même de la « langue verte » — qui lui a été reproché — et le recours au style indirect libre qui, brisant la parole omnisciente du narrateur, rendent le récit à la fois subjectif et « polyphonique ». Avec la parole des personnages qui s'immisce dans la narration, avec le « brouillage des voix » et cette transcription de la sensation, Zola parvient à restituer les pensées, les émotions de son personnage comme aucun romancier ne l'avait encore fait.

Ainsi, aux moments-clés de l'existence de Gervaise, lorsqu'elle est en proie à un trouble intérieur intense, Zola, s'effaçant derrière elle, retranscrit son soliloque, « véritable apothéose de l'abandon, du désespoir », selon le critique Jacques Dubois, avec les mots, les intonations, le naturel du parler du peuple : « Mon Dieu ! s'étendre à son aise et ne plus se relever, penser qu'on a remisé ses outils pour toujours et qu'on fera la vache éternellement ! Voilà qui est bon après s'être esquintée pendant vingt ans !... »

Colette Becker voit dans ce monologue de Gervaise qui « va et vient sur le boulevard comme dans ses pensées » « une amorce des tentatives de Joyce » pour rendre le « courant de conscience », et c'est sans doute là une des réussites de Zola.

[3.3. Le fantastique et l'épique : la création de mythes modernes]
Nana, lorsqu'elle affirme avec mépris que « cette littérature » ne fait pas « rêver », oublie le pouvoir évocateur de Zola qui sait créer le fantastique, l'épique même et invente ainsi de nouveaux mythes.

Est-ce rendre servilement la nature que de transfigurer bêtes et hommes, lieux et machines par un regard qui confine au fantastique ? La réalité se transforme sous nos yeux et l'alambic devient un être étrange : « L'ombre de l'appareil, contre la muraille du fond, dessinait des abominations, des figures avec des queues, des monstres ouvrant leurs mâchoires comme pour avaler le monde » ; la machine est « une grande gueuse », une « sorcière qui lâchait goutte à goutte le feu de ses entrailles »...

Dans cet univers visionnaire, la métaphore, la personnification assurent le passage du réel au mythe. Cette nouvelle mythologie comprend des êtres tels que le Voreux, la mine devenue « bête mauvaise » dont les « boyaux géants » digèrent « tout un peuple », « idole maléfique » qui renouvelle le mythe du Minotaure, ou la Lison de la *Bête humaine*, locomotive « pareille à une cavale monstrueuse », image du progrès et du machinisme. Cette mythologie donne un Ventre à Paris et met en scène le combat entre l'Amour et la Mort dans *La Bête humaine*. Ces visions fantastiques et symboliques à la fois sont-elles au fond si éloignées de celles d'un Hugo et des romantiques, de l'écriture épique où la nature s'anime et où les éléments naturels semblent vibrer à l'unisson du discours d'Étienne dans *Germinal* ou affronter en redoutable ennemi la Lison agonisante ?

L'œuvre de Zola se range dans la lignée de la littérature visionnaire, mais mise au service de temps nouveaux qui voient l'avènement effrayant de la technique et du progrès, du monde ouvrier et de la misère, des forces intérieures cachées – mais désormais débusquées – qui habitent l'homme, d'un monde vertigineux que les « bons sentiments » ne sauraient cerner.

[Conclusion]
Les détracteurs de Zola ne savent ni ne veulent sans doute trouver dans l'écriture de son créateur ces richesses, attirés qu'ils sont par une littérature qui, du temps de Zola, avait déjà vécu et ne tenait plus compte des profondes mutations de leur temps – entendons par là les romantiques, grands en leur temps – ou désireux de se voiler la face devant la réalité. Et pourtant, il faut admettre que Zola a su trouver une nouvelle voie et qu'il avait compris que la littérature fait partie d'une époque, ne saurait stagner et se calquer sur un modèle éternel et universel, qu'elle est vivante, en perpétuelle mutation, et doit sans cesse se réinventer des formes et des fonctions.

Index des auteurs

Barthes, Roland (1915-1980)

Chercheur, professeur d'université, puis directeur d'études à l'École pratique des hautes études, Roland Barthes est surtout connu comme initiateur de la «nouvelle critique» et sémiologue (spécialiste dans l'étude des signes comme moyen de communication). Ses travaux lui ont valu d'être élu au Collège de France.
▶ Quelques titres à connaître : *Le Degré zéro de l'écriture* (1953) ; *Sur Racine* (1963).

Bernardin de Saint-Piere (1737-1814)

Écrivain qui, lors de ses nombreux voyages, a observé la nature et les hommes ; devenu le disciple de Rousseau, il privilégie le sentiment et affirme avec lui que «notre bonheur consiste à vivre suivant la nature et la vertu». Son roman *Paul et Virginie* assure sa célébrité et annonce le mouvement romantique du XIXe siècle et ses thèmes favoris : la mélancolie, la solitude, la nature...
▶ À connaître : *Paul et Virginie* (1787).

Cendrars, Blaise (1887-1961)

Poète et romancier proche du surréalisme et du futurisme, grand voyageur fasciné par le monde moderne. Il libère la poésie de ses contraintes, exalte la poésie du modernisme, de la publicité, des voyages. Il a inspiré Apollinaire. C'est un écrivain aventurier et un original.
▶ Quelques titres à connaître : *Les Pâques à New York* (poème : 1912) ; *La Prose du Transsibérien et de la petite Jehanne de France* (poème, 1913) ; *Moravagine* (roman, 1926).

Closets, François de

Journaliste scientifique de presse et de télévision, auteur de nombreux essais sur la vie politique française, l'évolution de la société contemporaine.

Collange, Christiane

Éditorialiste, chroniqueuse et journaliste, elle a notamment été rédactrice en chef de l'hebdomadaire *L'Express* et a publié quatorze livres, son dernier essai, *Merci, mon siècle* (éd. Fayard) est un hymne aux progrès qui ont amélioré notre quotidien.

Delacomptée, Jean-Michel

Maître de conférences à l'université Bordeaux-III et écrivain (*Racine en majesté*, éd. Flammarion).

Delerm, Philippe (1950)

Né de parents instituteurs, il a passé son enfance dans des «maisons d'écoles». Après des études de lettres à la faculté de Nanterre, il est nommé professeur de Lettres en Normandie. Il vit depuis 1975 à Beaumont-le-Roger dans l'Eure, avec sa femme également professeur et auteur d'albums.
▶ Quelques titres à connaître : *La Première Gorgée de bière et autres plaisirs minuscules* (1997).

Ferry, Luc (1951)

Par quelques essais brillants et accessibles à des lecteurs non spécialistes, cet agrégé de philosophie s'est fait le porte-parole d'un nouvel humanisme. Son intérêt pour les questions éducatives l'a fait choisir comme président du Conseil national des programmes scolaires.

Giono, Jean (1895-1970)

Romancier, autodidacte et nourri de culture antique, il aime à célébrer la vie paysanne, les beautés de la nature, notamment de sa Provence natale, et les sensations. Pacifiste convaincu, il critique violemment la guerre et le machinisme qui détruisent l'homme. Son œuvre est d'abord animée d'un souffle épique ou poétique, que lui inspire la nature, puis prend une facture et un style plus classiques.
▶ Quelques titres à connaître : *Trilogie de Pan* (*Colline*, 1928, *Un de Baumugne*, 1929, *Regain*, 1930) ; *Un roi sans divertissement* (1947) ; *Le Hussard sur le toit* (1951).

Hugo, Victor (1802-1885)

Poète, romancier, auteur dramatique, dessinateur, Victor Hugo domine le XIXe siècle par la force, l'abondance et la diversité de son œuvre. Il s'impose d'abord comme le théoricien et le chef de l'école romantique. Mais la haute conception qu'il se fait de sa mission d'écrivain l'amène à s'engager dans l'action politique pour mettre son art et sa personne au service des « misérables ». Tour à tour lyrique, épique, satirique, dramatique, son imagination visionnaire transfigure tous les thèmes qu'il aborde.
▶ Quelques titres à connaître : *Hernani* (1830), *Notre-Dame de Paris* (1831), *Ruy Blas* (1838), *Les Châtiments* (1853), *Les Contemplations* (1856), *Les Misérables* (1862).

Huysmans, Joris-Karl (1848-1907)

Écrivain français d'origine hollandaise, très vite orphelin de père, délaissé par sa mère, il a une vision pessimiste du monde. D'abord adepte du naturalisme, il s'en détache peu à peu au profit d'une littérature qui marque une attirance vers l'idéal et l'amènera à se convertir au catholicisme (il faillit devenir moine).
▶ Quelques titres à connaître : *À vau-l'eau* (1882) ; *À rebours* (1884).

Le Clézio, Jean-Marie Gustave (1940)

Romancier qui exprime dans son œuvre ses inquiétudes devant le monde moderne et la mort et prône une vie naturelle, authentique et sereine. Un voyage au Panamá lui permet de rencontrer des Indiens qui vivent plus en harmonie avec le monde que les Européens et dont le mode de vie le séduit. Il s'attache désormais à décrire la beauté du monde et à rechercher, grâce à l'écriture, la richesse de l'être intérieur.
▶ Quelques titres à connaître : *Le Procès-verbal* (1963) ; *Désert* (1980).

Maupassant, Guy (1850-1893)

Après une enfance normande, Maupassant fait son apprentissage littéraire sous la direction exigeante du romancier Flaubert. Il fréquente les écrivains naturalistes groupés autour de Zola, mais prend vite ses distances par rapport à la doctrine naturaliste pour suivre sa voie, à la recherche d'« une vérité choisie et expressive ». En dix ans, il produit environ trois cents nouvelles, six romans et de nombreuses chroniques dans les journaux et remporte un succès considérable. Mais la maladie, le surmenage, une vie parfois déréglée ont raison de la vitalité de ce colosse amateur de vie au grand air et de conquêtes féminines.
Dans un style d'une simplicité recherchée, Maupassant n'a jamais cessé d'approfondir sa peinture des mêmes milieux : la campagne normande, avec ses paysans et ses notables provinciaux, ou Paris, où se croisent petits fonctionnaires, grands bourgeois et prostituées. C'est un univers souvent désespérant, peuplé d'êtres assez médiocres, dominé par la puissance de l'argent, l'égoïsme, l'angoisse de la folie et de la mort.
▶ Quelques titres à connaître : *Boule de suif* (1890), *Les Contes de la bécasse* (1883), *Une vie* (1883), *Bel-Ami* (1885), *Pierre et Jean* (1888), *Sur l'eau* (1888).

Montherlant, Henri de (1895-1972)

Romancier, auteur de pièces de théâtre et poète, profondément marqué par le catholicisme, il a fait l'expérience de la guerre. Il s'est intéressé au sport qu'il a beaucoup pratiqué. Son œuvre, dans un style à la fois classique et épique, célèbre un idéal de vie héroïque et met en scène des personnages épris d'absolu. Il s'est souvent inspiré de l'histoire des pays méditerranéens.

▶ Quelques titres à connaître : *Les Jeunes Filles* (1936) ; *La Reine morte* (1936) ; *Le Maître de Santiago* (1947) ; *La ville dont le prince est un enfant* (1952).

Zola, Émile (1840-1902)

Après des débuts dans la vie difficile, Émile Zola devient journaliste et critique d'art (il restera longtemps lié aux peintres contemporains : Manet, Monet, Cézanne). Ses premières œuvres sont d'inspiration romantique, puis il s'enthousiasme pour les théories et les méthodes scientifiques de son temps et devient le chef de file du groupe naturaliste. Il veut ainsi transposer dans le roman les méthodes de l'histoire naturelle et réaliser une illustration littéraire de la philosophie positiviste, qui croit en la toute-puissance de la science pour faire progresser l'humanité. Zola adhère à la thèse de son époque selon laquelle les comportements humains sont régis par des lois scientifiques et déterminées par l'hérédité et l'influence du milieu.

Avec les *Rougon-Macquart, Histoire naturelle et sociale d'une famille sous le Second Empire*, Zola a réalisé une véritable fresque historique : c'est l'histoire, sur plusieurs générations, d'une famille entière, dans la seconde moitié du XIXe siècle, une époque d'intenses mutations économiques et sociales. Ses romans traduisent son engagement dans la vie de son époque, ses idées sociales et politiques empreintes de socialisme (Il prend notamment parti pour Dreyfus dans son célèbre article *J'accuse*).

Mais Zola transgresse souvent les principes simplistes de sa doctrine pour laisser s'exprimer son imagination visionnaire et transfigurer par le souffle de l'épopée et un vocabulaire exubérant la plus dure ou la plus quotidienne des réalités.

▶ Quelques titres à connaître : *Thérèse Raquin* (1867) ; *L'Assommoir* (1877) ; *Au bonheur des dames* (1883) ; *Germinal* (1885) ; *La Bête humaine* (1890) ; *L'Argent* (1891).

Index des conseils de méthode

Conseils de méthode pour	Sujet
Analyser des procédés de persuasion	5
Analyser un sujet littéraire	13
Choisir et exploiter un exemple	16
Commenter un procédé de style	5, 10
Discuter une thèse dans un travail d'écriture	1
Effectuer un relevé	2, 10, 11
Étayer une thèse dans un travail d'écriture	1, 5
Étudier des sensations ou des perceptions sensorielles et leur expression	12
Éviter les répétitions dans la rédaction d'une réponse	11
Lire les questions	7
Réfuter une thèse dans un travail d'écriture	1
Repérer qui désigne le pronom « on » et commenter son emploi	7
Repérer un ou plusieurs arguments dans un texte	3, 5
Repérer, reformuler ou exprimer brièvement une thèse soutenue dans un texte	1, 5
Trouver des sous-questions dans un sujet qui ne comporte qu'un mot-clé	17
Trouver le thème d'un texte	1, 5

Index des notions expliquées

Les chiffres renvoient aux numéros des sujets.

Accumulation	2
Allitérations	8, 12
Amplification	11
Anaphore	1, 3, 11, 12
Animalisation	10
Antiphrase	7
Antithèse	1, 3
Apostrophe	2
argument	1, 2
Assonances	8, 12
Asyndète	1, 3, 12
Caricature	7, 11
Champ lexical / lexique	2
Comique	11
Comparaison	1, 3, 5, 6, 7, 8, 10
Comportement	9
Coupes	8
Description (définition, fonctions)	14
Distanciation	7, 11
Enjambement	8
Énumération	2

Épopée	16
Exemple	1, 2
Fantastique	16
Focalisation	16
Gradation	11
Humour	11
Hyperbole	11
Implicite / explicite	7, 16
Indices personnels	4
Ironie	7, 11
Juxtaposition	1, 3, 12
Lexique emphatique / péjoratif	2, 5
Lyrisme	3
Métaphore	1, 5, 10
Métaphore filée	10, 16
Mètres	8
Mise en page	8
Modes	2
Modes (valeur des)	2
On : (pronom indéfini)	7
Parodie	11

Pathétique	3
Perceptions sensorielles	10, 12
Personnages de roman	16, 17
Personnalité	9
Personnification	2, 8, 10
Phrase composée	1, 3, 12
Phrase simple / complexe	1, 3, 12
Phrase verbale / non verbale	12
Phrases elliptiques du verbe	1, 3, 12
Phrases nominales	1, 3, 12
Plaidoyer	3
Poème en prose	12
Poésie – poète	12, 13
Point de vue	9, 10, 14
Procédés d'écriture	1, 2
Procédés de persuasion	5
Procédés pour impliquer le lecteur	6
Pronoms personnels	4
Question rhétorique	3, 5
Réalisme	16
Réquisitoire	3

Rhétorique	3, 4
Rimes	8
Rimes intérieures	8
Romantisme	18
Rythme	8, 12
Sens figuré	12
Sens propre	12
Sentiments	8
Style / discours direct, style indirect, style indirect libre	5, 10, 11
Sujet d'un verbe	11
Temps verbal	2
Temps verbaux du passé	7, 11
Thème	1, 5
Thèse	1, 2, 5
Tonalité oratoire	5
Tragédie	16
Types de phrase	2
Typographie	8
Verbe	11

Lexique

A

Accumulation	Suite d'un grand nombre de mots (souvent de même nature).
Acmé	Point culminant d'une longue phrase ou période.
Action	– Ensemble des démarches des personnages mis en présence d'obstacles qui ne sont éliminés qu'au dénouement. – Suite des événements.
Adjuration	Supplication à tonalité* religieuse.
Adjuvant	Personnage qui, dans une narration, aide le héros.
Alexandrin	Vers de douze syllabes.
Allégorie	Figure de style consistant à présenter de façon concrète et imagée une idée abstraite (la paix = la colombe).
Allitération	Répétition d'un son consonantique (consonne) visant à produire un effet.
Ambiguïté lexicale	Incertitude dans le sens qui permet deux interprétations différentes.
Anachronisme	Réalité qui a été déplacée d'une époque à une autre (exemple : un avion au Moyen Âge).
Anacoluthe	Rupture de construction qui rend une phrase grammaticalement incorrecte.
Analepse	Retour en arrière dans un récit.
Analogie	Ressemblance établie par l'imagination entre deux ou plusieurs objets de pensée essentiellement différents ; association ; correspondance.
Anaphore	Répétition d'un même mot ou groupe de mots en tête de plusieurs phrases ou propositions.
Animalisation	Figure de style qui consiste à représenter une personne ou une chose sous les traits d'un animal.
Anthologie	Recueil de textes choisis.
Antithèse	Figure de style ; opposition de deux mots ou expressions que l'on rapproche pour en faire mieux ressortir le contraste.
Antithétiques	Qui s'opposent dans une même phrase.
Apologie	Discours qui défend ou justifie une personne.
Apostrophe	Interpellation brusque.
Appréciatif (terme)	Terme exprimant un jugement négatif ou positif.
Argument	Proposition destinée à prouver ou à réfuter une thèse.
Argumentatif (texte)	Qui concerne l'argumentation.
Argumentation	Ensemble organisé d'arguments qui cherche à provoquer l'adhésion aux thèses qu'on présente.
Argumenter	Chercher à agir sur le destinataire pour l'amener à partager une opinion. Chercher à convaincre en soutenant une thèse, en prenant position, à l'aide d'arguments.

Assertion	Prise de position, affirmation.
Assonance	Répétition d'un son vocalique (voyelle) visant à produire un effet.
Asyndète	Absence de liaison entre deux mots ou groupes de mots.

B

Bienséance	Exigence morale ; demande de conformité aux valeurs morales ; préjugés du public ; refus de tout ce qui choque les goûts (au théâtre, au XVIIe siècle : meurtres, débordements).
Bilabiale (consonne)	Consonne émise par le desserrement des deux lèvres *(b, m, p)*.
Binaire (système)	Composé de deux éléments.
Burlesque	Comique extravagant et déroutant. *Genre burlesque :* parodie de l'épopée.

C

Calligramme	Texte souvent poétique dont les mots se disposent en formant un dessin figuratif.
Caricature	Dessin, peinture ou texte qui accentue certains traits ; description comique par l'exagération.
Césure	Coupe ou pose qui sert à marquer le rythme d'un vers. *Césure à l'hémistiche :* coupe au milieu du vers.
Champ lexical	Ensemble des mots formant un réseau dans le texte, qui renvoie à des idées ou des réalités évoquant le même thème.
Champ sémantique	Ensemble des différents sens d'un mot.
Charge	Exagération comique, forme de caricature.
Chiasme	Système de quatre termes disposés selon le schéma AB/BA.
Chronologique (progression, plan)	Qui suit l'écoulement du temps.
Chuintante	Consonne ou groupes de consonnes *ch, j, g + e* ou *g + i*.
Chute	Effet final d'une phrase oratoire.
Circuit argumentatif	Organisation du discours argumentatif, disposition particulière des arguments et des exemples dans le but de convaincre.
Cliché	Image ou expression qui, banalisée, a perdu de sa force.
Cohérence	Ensemble d'éléments qui assure le sens d'un texte (ex. : *champ lexical*).
Comédie	Pièce ayant pour but de divertir, en représentant les travers, les ridicules des caractères et des mœurs d'une société.
Comparaison	Figure de style qui consiste à rapprocher un élément d'un autre par un point commun, à l'aide d'un mot-outil de comparaison.
Comparatif (plan)	Plan qui repose sur une comparaison.
Comparé	Élément d'une comparaison, rapproché d'un autre élément (le comparant).
Composante réaliste	Élément qui dépeint la réalité de façon crue, directe.
Conatif (verbe)	Verbe qui marque un effort.
Concession	Fait d'accepter un contre-argument pour mieux le réfuter.

Concessive (structure)	Construction qui exprime une concession.
Conjecture	Supposition.
Connecteur logique (ou argumentatif)	Mot grammatical assurant un lien logique entre deux éléments de l'argumentation (opposition, cause, conséquence, concession, etc.).
Connotation	Ensemble des réalités suggérées par un mot, par association d'idées.
Connoter	Suggérer d'autres réalités par association d'idées.
Construction accumulative	Construction qui repose sur une accumulation*.
Contradictoire	Qui comprend deux parties en opposition, dont l'une répond à l'autre.

D

Déictique	Terme qui ne prend son sens dans un discours que par rapport à la situation d'énonciation *(ici, là, demain, hier)*.
Démonstration	Raisonnement déductif destiné à établir la vérité d'une proposition à partir d'hypothèses, de prémisses considérées comme vraies.
Dénoter	Renvoyer explicitement à une réalité.
Dénouement	Fin de la pièce. Dans le théâtre classique, élément qui tranche le « fil » de l'action en faisant cesser les périls ou consommer le malheur. Le « nœud » de l'action est dénoué à la fin de la pièce.
Dialectique (plan)	Plan construit sur le schéma arguments pour / argument contre / synthèse.
Didascalies	Indications scéniques, non lues par les acteurs, destinées au metteur en scène et aux comédiens.
Diérèse	Dissociation des éléments d'une diphtongue *(di/é/rèse)*.
Digression	Développement qui s'écarte du sujet.
Dilemme	Alternative contenant deux propositions contradictoires, entre lesquelles on est tenu de choisir.
Dimension scénique	Dimension prenant en compte la mise en scène, la représentation du spectacle.
Discours direct	Paroles rapportées dans un texte ; il préserve l'indépendance du discours cité. Les marques du discours direct sont : tirets, guillemets, alinéas (ex. : *Il a dit : « Je m'en vais. »*).
Discours indirect	Paroles rapportées dans un texte, subordonnées à l'énonciation du verbe introducteur (ex. : *Il a dit qu'il s'en allait.*).
Discussion	Action de s'opposer par des arguments.
Dramatique	1. Destiné au théâtre. 2. Qui relève de l'action. 3. Qui tient du drame. 4. Qui est susceptible d'émouvoir. 5. Terrible, tragique.
Dramaturge	Auteur de pièces de théâtre. Auteur dramatique.
Dramaturgie	Technique propre à l'auteur dramatique.

E

Égocentrique	Tourné vers soi-même.
Élégiaque	Qui exprime une plainte.

Ellipse	Omission sémantique ou syntaxique d'un ou de plusieurs mots que l'esprit rétablit de façon plus ou moins spontanée. *Ellipse temporelle*: rupture dans la temporalité d'un récit.
Émetteur	Celui qui « émet » un message (voir *locuteur*).
Emploi	Au théâtre, type de rôle (ex. : la servante, le jeune premier).
Enjambement	Procédé d'écriture poétique où la fin d'un vers ne coïncide pas avec la fin d'une phrase ou d'un groupe syntaxique.
Énoncé	Message produit dans une situation d'énonciation donnée (un texte, un message oral...).
Énonciation	Situation de communication qui suppose un énonciateur, un destinataire, un lieu, un moment.
Énumération	Juxtaposition de plusieurs mots de même fonction, qui forment une liste.
Épique	Qualifie le caractère grandiose et dramatique de l'épopée.
Épistolaire (forme)	Qui a la forme d'une lettre (missive).
Épopée	Poème héroïque racontant les exploits fabuleux d'un personnage légendaire qui incarne un idéal ou accomplit une action symbolique.
Essence	Nature profonde.
Étayer	Appuyer, soutenir.
Étymologie	Origine et histoire d'un mot, qui en expliquent les différents sens.
Euphémisme	Expression atténuée d'une affirmation dont l'expression directe serait choquante.
Exemple	Dans le texte argumentatif, il fait partie du domaine du concret et s'oppose ainsi à l'argument ou à l'explication. Il sert à illustrer une idée (il fait appel à l'expérience), et à prouver la véracité de cette idée.
Explicite	Ce qui est réellement formulé dans l'énoncé.

F

Fantastique	Élément d'une œuvre littéraire évoquant un univers régi par des lois physiques rationnelles mais envahi par des phénomènes irrationnels et inconnus pour lesquels les personnages manifestent de la peur et/ou de la fascination.
Fil conducteur	Cours, enchaînement des événements de l'intrigue.
Focalisation	Procédé narratif présentant un élément du récit (espace, personnage, action) à partir d'un point de vue repérable.
Fricative	Consonne qui détermine un bruit de frottement ou de souffle : *f* ou *v* ou *s*.

G

Gradation	Progression.
Grotesque	Burlesque, extravagant.

H

Harmonie imitative	Répétition d'un même son qui suggère un bruit particulier.

Hémistiche	Moitié d'un vers, marqué par une pause ou une césure.
Hyperbole	Exagération.

I

Implicite	Sous-entendu, non dit explicitement.
Incise	Proposition qui vient s'insérer dans des paroles rapportées au style direct *(dit-il)*.
Indices	Éléments qui orientent la compréhension. *Pour le texte argumentatif :* indices d'énonciation, d'organisation, indices lexicaux.
Induction	Opération mentale qui fait remonter des faits particuliers à la loi générale.
Informatif	Qui donne des informations objectives.
Intrigue	Action d'une pièce. Ensemble des événements qui forment le nœud d'une histoire (au théâtre, dans un roman, dans un film).
Intuitive (construction)	Qui ne repose pas sur un raisonnement logique, mais sur le sentiment ou l'instinct.
Ironie	Mise à distance, par l'écriture, de l'énoncé. Façon de se moquer qui consiste à dire le contraire de ce que l'on pense et de ce que l'on veut faire comprendre.
Itératif	Qui se répète.

J

Juxtaposition	Fait de mettre l'un à côté de l'autre sans lien logique.

L

Labiale (consonne)	Consonne qui s'articule avec les lèvres (*b, p*).
Lexique	Ensemble de mots (ex. : le lexique de la joie, ensemble des mots se rapportant à ce thème).
Licence poétique	Liberté que prend un poète avec les règles de la versification, de la syntaxe, de l'orthographe.
Liquide (consonne)	Consonne de prononciation aisée et fluide (*l, m, n, r*).
Litote	Figure de style qui atténue l'expression d'une pensée, pour lui donner plus de force (exemple : Je ne te hais point = je t'aime passionnément).
Locuteur	Sujet parlant (émetteur).
Lyrique	Destiné à être chanté. Texte lyrique : texte où sont exprimés des sentiments personnels.
Lyrisme	Expression de sentiments personnels.

M

Merveilleux	Élément d'une œuvre littéraire se référant à un univers régi par des lois autres que celles du monde physique, mais que les personnages trouvent toutes naturelles.

Métaphore	Figure de style dans laquelle un terme remplace un autre terme auquel il est lié par un rapport d'analogie*.
Métaphore filée	Ensemble de termes métaphoriques reliés par un même thème, qui forme un réseau dans le texte ; métaphore qui s'étend sur tout un paragraphe ou un texte.
Métaphoriquement	Par métaphore.
Métonymie	Figure de style qui désigne une réalité (objet, sentiment...) par une de ses caractéristiques ou par un terme qui a un rapport logique avec elle (*les cordes* = *les violons*).
Modalisateur (terme)	Qui indique le degré de certitude ou d'incertitude accordé à l'énoncé *(certainement, douter...)*.
Monologue	Tirade prononcée par un personnage seul ou qui se croit seul, ou qui, écouté par autrui, ne craint pas d'être entendu.

N

Narrateur	Celui qui raconte l'histoire ; il n'existe que par les marques de son énonciation, à l'inverse de l'auteur.
Nasale (consonne)	Consonne qui produit une résonance dans la cavité nasale.
Néologisme	Mot nouveau (créé par déformation, composition, emprunt à d'autres langues, etc.).
Nœud	Péripéties ou suite de péripéties qui mènent l'action à son point culminant.
Nominale (phrase)	Phrase qui repose non sur un verbe mais sur un groupe nominal.

O

Objectif	Se dit d'une description de la réalité (ou d'un jugement sur elle) indépendante des intérêts, des goûts, des préjugés de celui qui la fait.
Objection	Argument que l'on oppose à une thèse ou une proposition pour la réfuter ou la repousser.
Objet	Dans le récit, but de la quête du héros (personne ou chose).
Opinion	Point de vue, position intellectuelle, idée ou ensemble d'idées que l'on a dans un domaine déterminé.
Opposant	Personnage qui s'oppose au héros.
Oratoire (effet)	Qui vise à frapper ou entraîner le public par des effets d'éloquence.

P

Paradoxal	Qui contient un paradoxe.
Paradoxe	Opinion étonnante, contraire à celle qui est communément admise ou qu'on attendait.
Paralittérature	Production littéraire de grande diffusion, qui n'appartient pas aux grands genres littéraires (ex. : roman policier).
Parallélisme de construction	Répétition de structures syntaxiques.

Paratexte	Informations qui sont données sur un texte mais qui ne font pas partie du texte, qui l'accompagnent.
Parodie	Imitation burlesque, comique, d'une œuvre sérieuse.
Parodique	Qui appartient à la parodie, à l'imitation d'une œuvre.
Pathétique	Qui émeut vivement.
Péjoratif (vocabulaire, mot)	Dévalorisant, qui donne une idée négative de quelqu'un ou de quelque chose.
Péremptoire	Qui détruit d'avance toute objection, auquel on ne peut répliquer.
Période	Phrase complexe formée de nombreuses propositions, à la composition savante et aux mouvements harmonieux et variés.
Péripétie	Événement imprévu, créateur de surprise, qui naît d'un élément extérieur aux personnages.
Périphrase	Figure de style. Substitution d'un seul mot par un groupe de mots pour exprimer la même idée (exemple : les habitants de Paris : les Parisiens).
Personnification	Figure de style. Procédé consistant à représenter un animal ou une chose comme s'il s'agissait d'une personne.
Plaidoyer	Discours prononcé en justice pour défendre le droit de quelqu'un.
Plan comparatif	Plan qui repose sur une comparaison.
Plan thématique	Plan dont les parties traitent des différents thèmes liés à un sujet.
Point de vue	1. Opinion. 2. Une narration se fait selon un point de vue précis, une perspective.
Polémique	Qui suppose une attitude critique. Débat vif ou agressif. Le discours polémique suppose une cible, un énonciateur, un destinataire.
Polysémique	Qui a plusieurs sens.
Prétérition	Figure de style qui consiste à attirer l'attention sur quelque chose en déclarant ne pas en parler (Je ne dirai pas que...).
Preuve	Ce qui sert à établir qu'une chose est vraie.
Prosaïque	1. Qui présente les caractères de la prose. 2. Qui est terre à terre.
Prosopopée	Fait de faire parler dans un texte ou un discours un absent, un mort, un animal...

Q

Qualificatif	Mot qui qualifie, qui caractérise.
Quiproquo	Méprise où l'on prend une personne ou une chose pour une autre ; situation qui en résulte.

R

Réalisme	Doctrine littéraire (vers 1850) qui prône le choix d'histoires vécues, nourries d'une documentation précise, présentant des personnages ordinaires, vraisemblables, dans des milieux minutieusement décrits, et offrant un style objectif.
Récurrent	Qui se répète.
Réfuter	Rejeter une thèse en montrant ses failles.

Rejet	Dans un texte en vers, élément d'une phrase ou d'un groupe syntaxique rejeté au début du vers suivant.
Renchérissement	Fait d'aller encore plus loin en paroles ou en actions.
Répétition	Récurrence, reprise.
Réplique	Ce qu'un acteur doit dire quand le personnage qui parle avant lui a fini de parler.
Repoussoir	Élément qui en met en valeur un autre par contraste *(nuit/jour; beauté/laideur)*.
Réquisitoire	Discours prononcé en justice pour accuser quelqu'un.
Restrictif	Qui réduit, qui restreint, qui limite.
Rhétorique *(adj.)*	Qui appartient à la rhétorique (art de bien parler, ensemble des moyens d'expression, de persuasion).
Rhétorique (question)	Fausse question qui n'attend pas de réponse et qui contient implicitement la réponse.
Rime intérieure	Sonorité identique à celle de la rime, mais à l'intérieur d'un vers.
Rôle	1. Partie du texte que doit dire un acteur. 2. Personnage qu'il incarne.
Rythme	Le rythme d'un vers est fondé sur le retour régulier de syllabes accentuées. *Rythme binaire:* ce retour a lieu toutes les deux syllabes.

S

Scène	Partie du théâtre où jouent les acteurs. Partie de la pièce qui commence à l'entrée ou à la sortie d'un acteur et indique le mouvement des acteurs.
Sifflante (consonne)	Consonne qui s'accompagne d'un sifflement.
Sonore (consonne)	Consonne qui s'accompagne de vibrations du larynx.
Sourde (consonne)	Consonne qui ne comporte pas de vibrations de la glotte.
Spectaculaire	Qui utilise toutes les ressources du spectacle pour frapper l'imagination.
Structure concessive	Construction qui exprime une concession*.
Structure syntaxique	Construction de la phrase.
Style direct	Voir *discours*.
Style indirect	Voir *discours*.
Style indirect libre	Fait de rapporter des paroles sans verbe introducteur, mais avec les changements de temps, de lieu et de personne du style indirect.
Subjectif	Propre à un ou plusieurs sujets déterminés (et non à tous les autres). Qui repose sur l'affectivité du sujet. Contraire d'*objectif.*
Sublime	Ce qu'il y a de plus élevé dans l'ordre moral, esthétique, intellectuel. Grandeur.
Subordonnée complétive	Subordonnée qui remplit la fonction de complément du verbe principal, introduite par *que*: «Il s'avoue *qu'il avait commis une action extrême.*» (V. Hugo)
Subordonnée interrogative indirecte	Subordonnée introduite par un verbe du type *demander*, commençant par *si* ou par un pronom interrogatif (Je me demande *qui est là*. Je me demande *s'il viendra*.)

Sujet	En grammaire : mot qui régit le verbe et lui donne sa personne et son nombre ; dans un discours : thème traité.
Symbole	Signe concret évoquant une idée abstraite, choisi en fonction de sa ressemblance avec celle-ci. (La colombe est le symbole de la paix.)
Synecdoque	Figure de style consistant à remplacer la partie par le tout, ou le tout par la partie (*les voiles* = *les bateaux*).
Syntaxique (structure)	Construction d'une phrase.
Synthèse	Fait de rassembler les éléments, les idées ou les informations ; vue d'ensemble.

T

Teneur	Contenu d'un texte, sens.
Ternaire (système)	Système qui repose sur un groupement par trois éléments.
Thème	Sujet, idée, proposition qu'on développe dans un discours.
Thèse	Proposition ou théorie particulière qu'on tient pour vraie et qu'on s'engage à défendre par le discours argumentatif (thèse soutenue ou défendue) ; thèse réfutée ou combattue : ce à quoi le discours argumentatif s'oppose.
Tirade	Longue réplique d'un personnage, dans une pièce de théâtre.
Tonalité	Ton du discours (comique, dramatique, épique, lyrique...).
Tournure	Forme donnée à l'expression par une construction précise.
Tragédie	Genre dramatique, XVIIe s. Œuvre dramatique en vers présentant une action tragique dont les événements, par le jeu de certaines règles ou bienséances, se traduisent essentiellement en conflits intérieurs chez des personnages illustres, aux prises avec un destin exceptionnel.
Tragique	Qui est propre à la tragédie.
Typographie	Manière dont un texte est imprimé (caractères, mise en page...).

V

Voix verbale	Active *(prendre)*, passive *(être pris)* ou pronominale *(se taire)*.
Vraisemblable	Conforme à l'opinion du public. Exigence intellectuelle, demande de cohérence entre les éléments d'une œuvre, qui proscrit l'absurde et l'arbitraire ou du moins ce que le public considère comme tel.

Achevé d'imprimer sur les presses de la Société Nouvelle Firmin-Didot
Dépôt légal n° 11403 - août 2000
N° d'impression : 52410

— BAC 2001 —

Prépabac
La collection anti-bug

(L'Examen)　　### (Les Bases)　　### (Les Exercices)

Le tout-en-un du Bac　　**L'essentiel du cours**　　**L'entraînement progressif**

- Histoire-Géo (L,ES,S)
- Maths (L)
- Maths (ES)
- Maths T1 (S)
- Maths T2 (S)
- Philo (L/ES/S)
- Physique (S)
- Chimie (S)
- SES (ES)
- SVT T1 (S)
- SVT T2 (S)

- Histoire (L,ES,S)
- Géographie (L,ES,S)
- Maths (S)
- Philo (L/ES/S)
- Physique-Chimie (S)
- SES (ES)
- SVT (S)

- Maths (S)
- Maths (ES)
- Physique-Chimie (S)
- SVT (S)
- Anglais (L,ES,S)

(Préparer aussi votre Bac avec Internet sur www.prepabac.com)

Jamais le BAC ne s'est si bien préparé